工程法律实务丛书

实际施工人法律热点 100 问

主 编 宋 波

中国建筑工业出版社

图书在版编目（CIP）数据

实际施工人法律热点 100 问 / 宋波主编 . -- 北京：
中国建筑工业出版社，2025. 4.（2025. 9 重印）--（工程法律实务丛书
）. -- ISBN 978-7-112-31065-4

Ⅰ. D922. 297. 5

中国国家版本馆 CIP 数据核字第 2025B3699P 号

本书聚焦建筑工程领域实际施工人常见的法律问题，系统地梳理了其在工程全周期中可能面临的 100 个核心法律问题，涵盖实际施工人的身份认定、工程款结算、款项追偿、质量责任、刑事风险等方面，旨在为施工企业、实际施工人及相关从业人员提供实用、高效的法律指引。全书共分十四章，从实际施工人的定义和特征入手，并结合案例与法律依据，深入剖析挂靠、转包、违法分包等复杂情形下的权利义务关系，探讨工程款主张路径、优先受偿权行使、结算争议解决等实务难点，解答施工企业追偿、破产风险应对、刑事责任认定等热点、难点问题。

责任编辑：周娟华
责任校对：姜小莲

工程法律实务丛书
实际施工人法律热点 100 问
主　编　宋　波

*

中国建筑工业出版社出版、发行（北京海淀三里河路 9 号）
各地新华书店、建筑书店经销
北京鸿文瀚海文化传媒有限公司制版
北京中科印刷有限公司印刷

*

开本：787 毫米×1092 毫米　1/16　印张：17　字数：391 千字
2025 年 6 月第一版　　2025 年 9 月第三次印刷
定价：**79. 80** 元
ISBN 978-7-112-31065-4
（44818）

前　言

在中国建筑行业波澜壮阔的发展历程中，实际施工人这一群体始终是一个复杂而矛盾的存在。从 2001 年到 2025 年，通过"Alpha 法律智能操作系统"检索"实际施工人"这一关键词，相关结果高达 580983 条，加上大量通过仲裁、调解解决的案件，以及尚未走向司法程序的各类纠纷，与"实际施工人"有关争议的真实数量远超上述数字。

挂靠、转包、违法分包为《中华人民共和国建筑法》明令禁止，却又因建筑资质准入制度而必然存在，实际施工人虽然是这些违法情形下的"产物"，但他们又是实实在在投入资金，组织人工、材料、机械进行施工的群体。他们是建筑行业的"实干家"，用汗水和智慧推动着每一个项目的落地。然而，由于管理不规范，缺乏造价意识、法律意识，许多实际施工人在完成工程后，却无法拿到应有的工程款。这种现象在建筑行业中屡见不鲜，成为困扰实际施工人的一大难题。与此同时，施工企业为了迅速做大规模、增加业绩，也大量采用挂靠、转包的方式，这不仅扰乱了建筑市场的正常秩序，更使企业自身陷入各类纠纷。尤其是在近年来建筑市场行情持续下行的情况下，许多企业因无法妥善处理上述纠纷，最终不得不面对破产的局面。

于建筑企业而言，挂靠、转包、违法分包或许是一条快速做大做强的"捷径"，但最终却可能成为一条"不归路"。《孙子兵法·军形篇》有云："胜兵先胜而后求战，败兵先战而后求胜。"建筑企业在追求规模扩张和业绩增长时，往往忽视了潜在的法律风险，而这些风险最终可能成为压垮企业的最后一根稻草。在建筑市场行情下行的背景下，企业更应以谨慎的态度对待每一个项目，通过规范的管理防范每一个风险。只有这样，才有可能在激烈的市场竞争中占据有利地位。

对实际施工人而言，他们是建筑行业的"先锋"，但也是最容易受到伤害的群体。实际施工人在承接项目时，往往只关注施工本身，却忽视了法律风险的防范。他们缺乏造价意识，导致工程款结算时吃亏；缺乏法律意识，导致权益受损时无处维权；缺乏资料档案意识，导致证据不足时陷入被动。这些短板最终成为他们无法拿到应得工程款的根源。实际施工人只有提升自身的法律意识和管理能力，才不至于在复杂的建筑市场中流汗又流泪。

作为一名专注于建设工程领域的律师，笔者带领团队在过去几年间办理了上千件建设工程案件，其中大部分都涉及实际施工人问题。这些案件的复杂性与多样性，让笔者深刻认识到实际施工人法律问题的棘手程度。每一个案件背后，不仅是法律条文的适用难题，更是实际施工人在现实困境中的无奈与挣扎。这些经历促使笔者决心将多年的办案经验与法律研究心得整理成册，为施工企业和实际施工人提供一本兼具实用性和针对性的工具书。

本书的编写基于最高人民法院、各地省级高级人民法院的经典案例，结合了权威的法律、法规、司法解释、最高人民法院会议纪要以及各地省级高级人民法院的司法文件。通过对实际施工人常见法律问题的系统梳理，我们精心筛选并整理出 100 个最具代表性和实用性的法律问题。这些问题涵盖了实际施工人的身份认定、工程款结算、款项支付和追偿、损失赔偿、刑事责任等多个关键领域。每一个问题的解答都尽量附上相应的案例和法律依据，旨在帮助施工企业和实际施工人在遇到相应问题时，能够迅速找到解决思路，高效应对法律困境。

这是一本为建筑行业从业者量身定制的工具书。它不是晦涩难懂的法学理论著作，而是紧密结合实践、直面问题的实用指南。无论是施工企业的工作人员，还是身处一线的实际施工人，他们在面对法律难题时，都可以通过这本书看到清晰的参考性指引和实务建议，从而在复杂的法律环境中有效规避风险，减少不必要的损失。

孙晓桐、梁潇、王雨镯三位专业工程律师深度参与本书编写，她们在案例检索、文稿校对等工作中付出了自己的智慧和宝贵时间，在此谨致谢忱！

受限于时间和个人认知的边界，书中仍存在诸多不足与疏漏。笔者真诚地期待各位专家学者和读者的宝贵意见，您的批评与指正将是这本书不断完善的动力。

宋 波

法律法规全称简称对照表

序号	法律法规全称	简称
1	《中华人民共和国民法典》	《民法典》
2	《中华人民共和国民事诉讼法》	《民事诉讼法》
3	《中华人民共和国建筑法》	《建筑法》
4	《最高人民法院关于审理建设工程施工合同纠纷案件适用法律问题的解释(一)》	《建工合同案件司法解释一(2020)》
5	《关于做好防止农民工工资专用账户资金和工资保证金被查封、冻结或者划拨有关工作的通知》	《防止农民工工资账户被查冻扣通知》
6	《最高人民法院关于适用〈中华人民共和国民法典〉有关担保制度的解释》	《民法典担保制度司法解释》
7	《中华人民共和国刑法》	《刑法》
8	《中华人民共和国企业破产法》	《企业破产法》
9	《中华人民共和国招标投标法》	《招标投标法》
10	《中华人民共和国合同法》	《合同法》
11	《最高人民法院关于审理建设工程施工合同纠纷案件适用法律问题的解释》	《建工合同案件司法解释(2004)》

目 录

第三章　工程款支付相关问题 / 43

第六章　质量、工期等问题的损失赔偿责任承担 / 89

第七章　结算审计 / 105

第八章　优先受偿权 / 124

第九章　向实际施工人追偿 / 130

第十章　工程上的借款问题 / 145

第十一章　破产 / 151

附　录 / 192

第一章 实际施工人概念类

第1问：什么是实际施工人，如何才能认定为
实际施工人？

律师解答

《最高人民法院新建设工程施工合同司法解释（一）理解与适用》一书中指出："'实际施工人'一般是'无效合同的承包人、转承包人、违法分包合同的承包人、没有资质借用有资质的建筑施工企业的名义与他人签订建筑工程施工合同的承包人'。通俗地讲，实际施工人就是在上述违法情形中实际完成了施工义务的单位或者个人。建设工程层层多手转包的，实际施工人一般指最终投入资金、人工、材料、机械设备实际进行施工的施工人。一般而言：①实际施工人是实际履行承包人义务的人，既可能是对整个建设工程进行施工的人，也可能是对建设工程部分进行施工的人。②实际施工人与发包人没有直接的合同关系或者名义上的合同关系。实际施工人如果直接与发包人签订建设工程施工合同，则属于承包人、施工人，无须强调'实际'二字。③实际施工人同与其签订转包合同、违法分包合同的承包人或者出借资质的建筑施工企业之间不存在劳动人事关系或劳务关系。司法实践中，对于合法专业分包、劳务分包中的承包人不认定为实际施工人。"

上述最高人民法院的观点很清晰，"实际施工人一般指最终投入资金、人工、材料、机械设备实际进行施工的施工人"，那具体需要提供什么样的证据，才能证明实际施工人的身份呢？

1. 用于实际施工的资金投入证明。

2. 与专业分包公司、劳务分包公司、劳务班组、材料供应商、机械设备出租方等签订的合同，以及相关的款项支付、结算、微信等聊天记录、往来函件、会议纪要等所有与工程有关的资料。

3. 直接与发包人之间进行的关于工程的施工、管理的沟通记录，以及参与发包人组织各类会议的记录、微信群聊天记录等证据。

4. 施工过程中收取的施工图纸、检验批资料、分部分项验收资料，以及其他与施工有关的所有资料。

因为实际施工人在实施工程的过程中一般都会以施工企业（转包人、违法分包人、被挂靠企业）的名义对外开展工作，包括合同签订、款项支付、请款、结算办理等，因此，如果实际施工人无法提供能充分证明其实际参与施工的证据，将难以确立其实际施工人身份，进而影响对工程款的主张。

参考案例

最高人民法院（2021）最高法民申 5427 号

实际施工人（执行异议人）：郭某云

建设单位：润某公司

施工企业：华某公司

法院认为：实际施工人一般是指，对相对独立的单项工程，通过筹集资金、组织人员机械等进场施工，在工程竣工验收合格后，与业主方、被挂靠单位、转承包人进行单独结算的自然人、法人或者其他组织。本案中，郭某云提交了两份《瓦工协议书》《安装工程协议书》《木工协议书》《钢筋安装合同书》《脚手架协议书》、一份《外墙油漆施工协议书》，欲证明其实际组织人员进场施工、日常管理东方花园项目；提交了《东方花园1、4和7号楼竣工结算会议记录》，证明其参与东方花园项目的开发商润某公司召开的结算会议，从而证明其向华某公司内部承包了东方花园工程，履行了《建设工程内部承包协议书》，并实际进行了施工。但郭某云未能提供东方花园项目的施工记录、工程签证单、领款单、工程请款单、月进度款支付申请单、材料报验单、工程验收单等施工过程中产生的凭证材料，以证明其进行施工、请款并与华某公司独立进行工程结算等事实……依据《最高人民法院关于适用〈中华人民共和国民事诉讼法〉的解释》第一百零八条第二款规定，郭某云应当承担举证不能的不利后果，原审法院未认定其是东方花园项目实际施工人具有相应的法律依据。综上，因郭某云未能证明其是东方花园项目的实际施工人，原审对其主张未予支持，并无不当。

《最高人民法院关于统一建设工程施工合同纠纷中"实际施工人"的司法认定条件的建议的答复》

《对十二届全国人大四次会议第9594号建议的答复》

您提出的关于统一建设工程施工合同纠纷中"实际施工人"的司法认定条件的建议收悉，现答复如下：

"实际施工人"是指依照法律规定被认定为无效的施工合同中实际完成工程建设的主体，包括施工企业、施工企业分支机构、工头等法人、非法人团体、公民个人等，是《最高人民法院关于审理建设工程施工合同纠纷案件适用法律问题的解释》（以下简称《解释》）确定的概念，目的是区分有效施工合同的承包人、施工人、建筑施工企业等法定概念。

《河北省高级人民法院关于印发〈建设工程施工合同案件审理指南〉的通知》

冀高法〔2023〕30号

五、实际施工人的认定及权利行使问题

22. 实际施工人与名义上的承包人相对，一般是指转包合同、违法分包合同、没有资质借用有资质的建筑施工企业的名义签订建筑工程施工合同的承包人。具有下列情形可认定为实际施工人：（一）存在实际施工行为，包括在施工过程中购买材料、支付工人工资、支付水电费等行为；（二）参与建设工程承包合同的签订与履行过程；（三）存在投资或收款行为。

具有下列情形的，不能认定为实际施工人：（一）属于施工企业的内部职工；（二）与转包人、违法分包人无施工合同关系的农民工、建筑工人或者施工队、班组成员。上述人员不能直接向发包人主张权利，只能依据劳动关系或劳务关系向实际施工人（承包人）主张权利。

《重庆市高级人民法院、四川省高级人民法院关于审理建设工程施工合同纠纷案件若干问题的解答》

九、建设工程施工合同纠纷中实际施工人范围如何确定？

答：实际施工人是指依照法律规定被认定无效的施工合同中，实际完成工程建设的主体。实际施工人身份的界定，应当结合最终实际投入资金、材料，组织工程施工等因素综合予以认定。仅从事建筑业劳务作业的农民工、劳务班组不属于实际施工人范畴，其依据

《最高人民法院关于审理建设工程施工合同纠纷案件适用法律问题的解释（一）》第四十三条的规定向发包人、转包人、违法分包人主张权利的，人民法院不予支持。

第 2 问：什么是转包关系？

律师解答

根据《建筑工程施工发包与承包违法行为认定查处管理办法》第七条规定，转包是指承包单位承包工程后，不履行合同约定的责任和义务，将其承包的全部工程或者将其承包的全部工程肢解后以分包的名义分别转给其他单位或个人施工的行为。

转包分为整体转包与以肢解分包的方式进行转包两种形式。整体转包是指承包单位将其承包的工程全部转包给一个实际施工人施工；肢解分包是指承包单位将整个工程肢解成多个标段，交由多个实际施工人施工。不管哪种方式，共同的特点在于承包单位均不参与工程项目的实际施工和管理。

挂靠和转包虽然都是法律所禁止的违法行为，但不同的定性有着不一样的法律后果，因此，司法实践中对发承包违法行为准确定性极其重要。

参考案例

1. 承包人将工程全部交由实际施工人施工，应当认定承包人与实际施工人之间为转包关系，虽然实际施工人存在借用资质的情形，但其借用资质并非用于承包工程的，双方不属于挂靠关系。

参考案例：最高人民法院（2022）最高法民再 177 号

建设单位：三某房产有限公司

施工企业（转包人）：西安某建公司

实际施工人：三某防水公司

法院认为：《建设工程质量管理条例》第七十八条第三款规定："本条例所称转包，是指承包单位承包建设工程后，不履行合同约定的责任和义务，将其承包的全部建设工程转给他人或者将其承包的全部建设工程肢解以后以分包的名义分别转给其他单位承包的行为。"而挂靠是承包人出借资质给实际施工人，挂靠关系中的挂靠人在投标和合同订立阶段一般就已经参与，甚至就是以被挂靠人的代理人或代表的名义与发包人签订建设工程施工合同。本案中，《建设工程施工合同》系三某房产公司与西安某建公司签订，三某防水公司没有参与，而是在西安某建公司依据前述合同承包案涉三某融锦城项目工程后介入。西安某建公司承包案涉工程后，不履行合同约定的义务，将其承包的三某融锦城一期项目中除水、电、消防安装外的所有工程转给三某防水公司，应当认定西安某建公司与三某防水公司之间为转包关系。虽然三某防水公司存在借用资质的情形，但其借用资质并非用于承包案涉工程，而是在西安某建公司已经承包案涉工程的情况下借用西安某建公司名义用于签订购销合同、租赁合同等，西安某建公司关于双方系挂靠关系的理由不能成立。

2. 区分转包和挂靠的标准应从实际施工人（挂靠人）有没有参与投标和合同订立等缔约磋商阶段的活动及合同实际履行情况加以判断。

参考案例：最高人民法院（2020）最高法民再357号

建设单位：中某公司

承包人（被挂靠人）：新某都公司

实际施工人（挂靠人）：乔某

法院认为：一般而言，区分转包和挂靠的标准应从实际施工人（挂靠人）有没有参与投标和合同订立等缔约磋商阶段的活动及合同实际履行情况加以判断。转包是承包人承接工程后将工程的权利义务概括转移给实际施工人，转包中的实际施工人一般并未参与招投标和订立总承包合同，实际施工人承接工程的意愿一般是在总承包合同签订之后；而挂靠是承包人出借资质给实际施工人，挂靠关系中的挂靠人在投标和合同订立阶段一般就已经参与，甚至就是其以被挂靠人的代理人或代表的名义与发包人签订建设工程施工合同，并实际履行施工合同。本案中，一是从《大理中民大酒店室内装饰施工合同》（A2、A3标段）及《补充协议》的缔约情况来看，案涉工程项目系由乔某磋商洽谈，并最终由乔某代表新某都公司与中某公司签订合同。二是从乔某与新某都公司签订的三份《内部单项工程承包合同》约定内容来看，双方所约定的合同价款与施工合同约定的合同价款一致，同时约定乔某履行新某都公司与中某公司签订的合同条款，维护新某都公司利益和信誉，乔某自行组织项目部及组织施工班组进行施工，新某都公司则负责协调项目部办理施工手续、协调项目部与建设方关系等工作，届时需按工程结算总造价的一定比例向新某都公司缴纳管理费。三是从实际履行行为来看，新某都公司未参与工程施工、管理，而是由乔某投入资金、实际施工，施工合同发包方中某公司的工程款亦是直接向乔某进行支付，而在新某都公司与中某公司工程款纠纷案中也是乔某作为新某都公司特别授权的诉讼代理人参与诉讼和工程造价司法鉴定。四是从身份关系来看，乔某并非新某都公司的工作人员，双方不具有身份上的隶属关系。由此可见，新某都公司与中某公司之间的装饰施工合同是由乔某借用新某都公司的施工资质实际履行，双方之间的法律关系符合挂靠关系的法律特征，应认定为挂靠关系，而非转包关系。原审法院认定新某都公司与乔某之间系转包关系不当。

3. 实际施工人针对工程并未发生利用承包人施工资质与发包人进行工程谈判、签约、履约的具体行为，实际施工人与承包人之间并非挂靠关系。

参考案例：最高人民法院（2020）最高法民终549号

建设单位：宜某公司

承包人（转包人）：荆某公司

实际施工人：杨某忠

法院认为：本案宜某公司主张涉案工程属于借用资质完成施工，其法律关系应当认定为挂靠关系。挂靠关系是指实际施工人借用其他企业资质进行建筑工程承包活动的行为。本案中，杨某忠针对涉案工程并未发生利用荆某公司施工资质与宜某公司进行工程谈判、签约、履约的具体行为，故杨某忠与荆某公司之间并非挂靠关系。杨某忠与荆某公司宜昌分公司签订的《项目承包协议》，主要载明"甲方（荆州宜昌分公司）将已中标青海宜化氯碱工程的人工挖孔桩、焦炭堆场、石灰堆场等工程，责任承包给乙方（杨某忠）操作、施工，其工程内容以甲方与业主方签订的建筑施工合同为准"，该协议的双方当事人之间构成实际的工程转包关系。但该协议违反法律及行政法规的强制性规定，属无效协议，据此，宜某公司该上诉主张，于法无据，本院不予支持。

法律依据

《建筑工程施工发包与承包违法行为认定查处管理办法》

第七条 本办法所称转包，是指承包单位承包工程后，不履行合同约定的责任和义务，将其承包的全部工程或者将其承包的全部工程肢解后以分包的名义分别转给其他单位或个人施工的行为。

第八条 存在下列情形之一的，应当认定为转包，但有证据证明属于挂靠或者其他违法行为的除外：

（一）承包单位将其承包的全部工程转给其他单位（包括母公司承接建筑工程后将所承接工程交由具有独立法人资格的子公司施工的情形）或个人施工的；

（二）承包单位将其承包的全部工程肢解以后，以分包的名义分别转给其他单位或个人施工的；

（三）施工总承包单位或专业承包单位未派驻项目负责人、技术负责人、质量管理负责人、安全管理负责人等主要管理人员，或派驻的项目负责人、技术负责人、质量管理负责人、安全管理负责人中一人及以上与施工单位没有订立劳动合同且没有建立劳动工资和社会养老保险关系，或派驻的项目负责人未对该工程的施工活动进行组织管理，又不能进行合理解释并提供相应证明的；

（四）合同约定由承包单位负责采购的主要建筑材料、构配件及工程设备或租赁的施工机械设备，由其他单位或个人采购、租赁，或施工单位不能提供有关采购、租赁合同及发票等证明，又不能进行合理解释并提供相应证明的；

（五）专业作业承包人承包的范围是承包单位承包的全部工程，专业作业承包人计取的是除上缴给承包单位"管理费"之外的全部工程价款的；

（六）承包单位通过采取合作、联营、个人承包等形式或名义，直接或变相将其承包的全部工程转给其他单位或个人施工的；

（七）专业工程的发包单位不是该工程的施工总承包或专业承包单位的，但建设单位依约作为发包单位的除外；

（八）专业作业的发包单位不是该工程承包单位的；

（九）施工合同主体之间没有工程款收付关系，或者承包单位收到款项后又将款项转拨给其他单位和个人，又不能进行合理解释并提供材料证明的。

两个以上的单位组成联合体承包工程，在联合体分工协议中约定或者在项目实际实施过程中，联合体一方不进行施工也未对施工活动进行组织管理的，并且向联合体其他方收取管理费或者其他类似费用的，视为联合体一方将承包的工程转包给联合体其他方。

《四川省高级人民法院关于审理建设工程施工合同纠纷案件若干疑难问题的解答》

3. 如何认定转包？

转包是指建筑施工企业承包工程后，不履行合同约定的责任和义务，将其承包的全部工程或者将其承包的全部工程肢解后以分包的名义分别转给其他企业或个人施工的行为。

存在下列情形之一的，一般可以认定为转包：

（一）建筑施工企业未在施工现场设立项目管理机构或未派驻项目负责人、技术负责人、质量管理负责人、安全管理负责人等主要管理人员，不履行管理义务，未对该工程的施工活动进行组织管理的；

（二）建筑施工企业不履行管理义务，只向实际施工企业或个人收取费用，主要建筑材料、构配件及工程设备由实际施工企业或个人采购的；

（三）劳务分包企业承包的范围是建筑施工企业承包全部工程，劳务分包企业计取的是除上缴给建筑施工承包企业管理费之外的全部工程价款的；

（四）建筑施工企业通过采取合作、联营、个人承包等形式或名义，直接或变相将其承包的全部工程转给其他企业或个人施工的；

（五）法律、行政法规规定的其他转包情形。

第 3 问：什么是挂靠关系？

律师解答

住房和城乡建设部发布的《建筑工程施工发包与承包违法行为认定查处管理办法》第

九条规定：本办法所称挂靠，是指单位或个人以其他有资质的施工单位的名义承揽工程的行为。前款所称承揽工程，包括参与投标、订立合同、办理有关施工手续、从事施工等活动。

在该办法第十条中，住房和城乡建设部对挂靠的具体情形进行了进一步规定，存在下列情形之一的，属于挂靠："（一）没有资质的单位或个人借用其他施工单位的资质承揽工程的；（二）有资质的施工单位相互借用资质承揽工程的，包括资质等级低的借用资质等级高的，资质等级高的借用资质等级低的，相同资质等级相互借用的；（三）本办法第八条第一款第（三）至（九）项规定的情形，有证据证明属于挂靠的。"

实践中，挂靠与转包常常混杂在一起，导致对二者的定性出现偏差，对此，应当注意从实质上去判定是属于挂靠还是转包，而不是简单地从呈现形式上去认定。认定挂靠应把握以下两点：第一，实际施工人是否参与施工合同的洽谈、签订，若全程参与的，一般认定为挂靠，若是施工企业先洽谈好工程或自己中标工程后再给到实际施工人施工的，则应认定为转包；第二，施工企业是否有实际参与施工的意图，若其一开始就仅是出借资质给实际施工人，坐收管理费，根本就没有过自己要承包工程的意思表示的，一般认定为挂靠。

参考案例

最高人民法院（2021）最高法民终 985 号

建设单位：龙某城投公司

承包人（被挂靠人）：某安集团

实际施工人（挂靠人）：龙某建筑公司

法院认为：龙某建筑公司与龙某城投公司之间并无合同关系，其直接请求龙某城投公司向其支付工程款，首先要明确其与某安集团之间是分包、转包还是挂靠关系。某安集团与龙某建筑公司签订的《一标段分包协议》《剩余工程分包协议》尽管名为分包合同，但综合考虑以下因素，一审判决认定二者之间构成借用资质即挂靠关系符合客观实际，具体来说：一是从缔约过程看，龙某建筑公司的工作人员参与了某安集团的招投标工作，可见其知晓总承包合同的有关内容；二是从实际施工情况看，某安集团与龙某城投公司签订系列建设工程施工合同后，于同日或次日便将所承包的工程交由龙某建筑公司施工建设，可见某安集团没有施工的意图，事实上其也没有实际施工行为；三是从履约过程看，龙某城投公司与龙某建筑公司及施工单位就案涉工程的建设、结算等问题进行磋商并形成会议纪要，在此过程中某安集团并未参会，即龙某城投公司直接与龙某建筑公司交涉工程建设事宜；四是从另案 30 号调解书的内容看，本案三方当事人曾认可龙某建筑公司借用某安集团资质与龙某城投公司签订建设工程施工合同的事实。

《最高人民法院关于审理建设工程施工合同纠纷案件适用法律问题的解释（一）》

第一条　建设工程施工合同具有下列情形之一的，应当依据民法典第一百五十三条第一款的规定，认定无效：

（一）承包人未取得建筑业企业资质或者超越资质等级的；

（二）没有资质的实际施工人借用有资质的建筑施工企业名义的；

（三）建设工程必须进行招标而未招标或者中标无效的。

承包人因转包、违法分包建设工程与他人签订的建设工程施工合同，应当依据民法典第一百五十三条第一款及第七百九十一条第二款、第三款的规定，认定无效。

《建筑工程施工发包与承包违法行为认定查处管理办法》

第九条　本办法所称挂靠，是指单位或个人以其他有资质的施工单位的名义承揽工程的行为。

前款所称承揽工程，包括参与投标、订立合同、办理有关施工手续、从事施工等活动。

第十条　存在下列情形之一的，属于挂靠：

（一）没有资质的单位或个人借用其他施工单位的资质承揽工程的；

（二）有资质的施工单位相互借用资质承揽工程的，包括资质等级低的借用资质等级高的，资质等级高的借用资质等级低的，相同资质等级相互借用的；

（三）本办法第八条第一款第（三）至（九）项规定的情形，有证据证明属于挂靠的。

第4问：什么是违法分包？

律师解答

根据《建筑工程施工发包与承包违法行为认定查处管理办法》第十一条规定，违法分包是指承包单位承包工程后违反法律法规规定，把单位工程或分部分项工程分包给其他单位或个人施工的行为。违法分包主要有以下几种情形：承包单位将其承包的工程分包给个人的；施工总承包单位或专业承包单位将工程分包给不具备相应资质单位的；施工总承包单位将施工总承包合同范围内工程主体结构的施工分包给其他单位的，钢结构工程除外；专业分包单位将其承包的专业工程中非劳务作业部分再分包的；专业作业承包人将其承包的劳务再分包的；专业作业承包人除计取劳务作业费用外，还计取主要建筑材料款和大中型施工机械设备、主要周转材料费用的。

实践中，违法分包与转包关系中的肢解分包容易混淆，二者的区别在于，承包人将其所承包工程的其中一部分分包给其他企业或个人施工的，属于分包行为；承包人对其所承包的建设工程均不施工，而是将全部工程肢解后分包给不同的施工人施工，或者将整个工程转包给一个主体施工，则属于转包行为。不管是何种形式的转包行为，均系法律所禁止的违法行为，但对于分包行为，并不是所有的分包行为都违法，法律允许合法的专业分包和劳务分包。因此，在实践中要严格注意区分分包行为与转包行为。

参考案例

1. 发包人许可的情况下将劳务分包给劳务公司，属于合法分包。

参考案例：最高人民法院（2017）最高法民终 154 号

建设单位：星某公司

施工企业：（分包人）：浦某公司

劳务分包：四某建筑劳务公司、飞某建筑劳务公司

法院认为：2009 年 2 月 10 日，浦某公司与星某公司就涉案工程经招投标后签订了一份《建设工程施工合同》，该合同在山东省烟台市建设行政主管部门审查备案。后在合同履行过程中，双方就施工范围、工期、消防等陆续签订了《一期工程总承包合同补充协议》《关于一期工程总承包合同补充协议书的消防工程变更合同》等多份补充协议。上述合同、补充协议是当事人真实意思表示，不违反法律强制性规定，合法有效。合同履行过程中，双方对浦某公司原承包工程范围"一期设计图纸所有内容"进行了调整并签订《一期工程总承包合同补充协议书》，该协议第三条约定："原备案合同的工程范围调整为：法律法规、烟台市地方政府主管部门规定、总包单位不能分包的工程除外的全部工程"。即星某公司同意浦某公司在符合法律规定的前提下，将涉案工程予以分包。实际施工过程中，浦某公司分别与四某建筑劳务公司、飞某建筑劳务公司等签订了《劳务分包合同》，双方在合同中就工程价款的结算、取费标准、竣工验收、付款方式等权利义务的约定属于劳务分包合同的内容。据此，根据《建筑法》第二十九条"建筑工程总承包单位可以将承包工程中的部分工程发包给具有相应资质条件的分包单位；但是，除总承包合同中约定的分包外，必须经建设单位认可"的规定，浦某公司依据双方对于分包工程的约定，将涉案劳务、材料等工程予以分包不违反法律强制性规定。一审法院认定涉案工程总承包合同、补充协议及分包合同等为有效协议并无不当。星某公司称浦某公司将全部工程肢解分包、涉案分包合同无效的主张，没有事实依据和法律依据，本院不予支持。

2. 施工企业将部分主体工程分包给他人施工，属于违法分包。

参考案例：最高人民法院（2021）最高法民再 93 号

建设单位：某铁路公司

施工企业（分包人）：中某八局

实际施工人：中某十五局

法院认为：《合同法》第二百七十二条第一款规定："发包人可以与总承包人订立建设工程合同，也可以分别与勘察人、设计人、施工人订立勘察、设计、施工承包合同。发包人不得将应当由一个承包人完成的建设工程肢解成若干部分发包给几个承包人。"《建工合同案件司法解释（2004）》第四条规定："承包人非法转包、违法分包建设工程或者没有资质的实际施工人借用有资质的建筑施工企业名义与他人签订建设工程施工合同的行为无效……"本案中，中某八局作为新建铁路××至××段××段的承包方，将其承包工程中"新建铁路××至××段××段××道××分之一处（铁路里程约为××＋050）至××路××道××分之一处（铁路里程约为××＋250）区段"的部分工程肢解分包给中某十五局，中某十五局被编为"中某八局××铁路工程项目经理部五分部"进场施工，中某八局与中某十五局就上述工程于2008年4月10日签订《会谈纪要》，该《会谈纪要》对案涉工程价款、管理费、质量与工期等事宜达成协议，故中某八局与中某十五局签订的《会谈纪要》系违法分包，违反《合同法》第二百七十二条第一款及上述司法解释的规定，属于无效合同。

法律依据

《建筑工程施工发包与承包违法行为认定查处管理办法》

第十一条 本办法所称违法分包，是指承包单位承包工程后违反法律法规规定，把单位工程或分部分项工程分包给其他单位或个人施工的行为。

第十二条 存在下列情形之一的，属于违法分包：

（一）承包单位将其承包的工程分包给个人的；

（二）施工总承包单位或专业承包单位将工程分包给不具备相应资质单位的；

（三）施工总承包单位将施工总承包合同范围内工程主体结构的施工分包给其他单位的，钢结构工程除外；

（四）专业分包单位将其承包的专业工程中非劳务作业部分再分包的；

（五）专业作业承包人将其承包的劳务再分包的；

（六）专业作业承包人除计取劳务作业费用外，还计取主要建筑材料款和大中型施工机械设备、主要周转材料费用的。

《四川省高级人民法院关于审理建设工程施工合同纠纷案件若干疑难问题的解答》

4. 如何认定违法分包？

违法分包是指建筑施工企业承包工程后违反法律法规规定或者施工合同关于工程分包

的约定，把单位工程或分部分项工程分包给其他企业或个人施工的行为。

存在下列情形之一的，一般可以认定为违法分包：

（一）建筑施工企业将工程分包给个人的；

（二）建筑施工企业将工程分包给不具备相应资质的企业的；

（三）施工合同中没有约定，又未经建设单位认可，建筑施工企业将其承包的部分工程交由其他企业施工的；

（四）施工总承包企业将除钢结构工程以外的房屋建筑工程的主体结构的施工分包给其他企业的；

（五）专业分包企业将其承包的专业工程中非劳务作业部分再分包的；

（六）劳务分包企业除计取劳务作业费用外，还计取主要建筑材料款、周转材料款和大中型施工机械设备费用的；

（七）法律、行政法规规定的其他违法分包情形。

第5问：合伙施工的任一合伙人是否属于实际施工人，是否都可以单独起诉主张工程款？

律师解答

一、合伙施工的任一合伙人是否属于实际施工人，需要分情况讨论

情形一，甲从施工企业（转包人、违法分包人、被挂靠单位）处先拿到工程，因甲方在资金、施工管理、施工技术等方面欠缺，便寻求了乙和丙合伙共同施工，与施工企业建立合同关系的仅是甲方，施工企业对乙丙并不知情，或施工企业即使知道有此二人，但对其合伙人身份并不知情。对内而言，甲、乙、丙三人是合伙关系，但对外而言，乙、丙仅是甲方的授权代表或管理人员的名义，乙、丙为隐名合伙人。此种情形下，不宜将乙、丙单独认定为实际施工人。

情形二，在情形一中，虽然对外仅是以甲方的名义洽谈、对接、签订合同，但在后续的施工过程中，乙、丙向施工企业披露了其合伙人身份，或在施工过程中的相关会议纪要、往来函件中明确了甲、乙、丙三人合伙施工的事实，或施工企业从乙、丙所实施的出资、管理、请款、结算、收款等行为中应当知道其合伙人身份，乙、丙已经从一开始的隐名合伙人显名出来，此时，应当认定乙、丙与甲方共同组成了实际施工的合伙体。

情形三，与施工企业的合同上，是甲、乙、丙共同签字，此种情形应当然地认定甲、乙、丙为实际施工的合伙体。

二、任一合伙人能否单独起诉主张工程款？

实践中，合伙体成员之间往往会因财务、利益分配等问题产生争议，于是会出现还未

团结一致地对外解决债权债务问题，内部就先产生了分歧。笔者认为，此种情形下，只要该合伙人的身份在内部得以确认的，就应将其确定为实际施工的合伙体成员，当合伙体内部无法达成一致意见的，应当允许合伙体成员之一单独起诉主张工程款，否则，将会出现因合伙关系内部争议而导致部分合伙人权益永远无法实现。只是应注意：几人组成合伙体施工的，工程资料很可能集中保存于某合伙人或合伙体聘请的资料员处，其他合伙人手上仅有零散的少部分资料甚至仅有证明合伙人身份的证据，此时，无资料的合伙体成员之一单独起诉，将面临证据不足从而导致其诉求无法得到法院支持的困境。

参考案例

1. 最高人民法院（2020）最高法民终 287 号

显名合伙人：郭某林

未显名合伙人：李某万

法院认为：关于李某万、郭某林是否为本案适格诉讼主体的问题。郭某林个人作为合同当事人一方与潘某签订有关案涉工程转包协议，前述协议对郭某林具有约束力。案涉工程施工过程中，郭某林亦以个人名义参与了相关争议的处理和结算协议的签订，郭某林应当承担因本案相关合同争议产生的民事责任。一审判决认定郭某林是本案适格被告并无不当。从案涉各方当事人往来函件和相关协议来看，李某万实际参与了案涉工程的施工和结算，并与建某公司、郭某林签订多份书面协议，潘某亦认可李某万为其施工合伙人。原审判决确认李某万为本案适格原告，亦无不当。建某公司、郭某林关于李某万、郭某林不是本案适格诉讼主体的上诉理由不能成立，本院不予支持。

2. 江西省高级人民法院（2020）赣民终 132 号

显名合伙人：赖某根

未显名合伙人：卢某根

法院认为：本案审查的主要焦点是上诉人卢某根的起诉应否受理，即卢某根是否系本案适格的原告。根据《民事诉讼法》第一百一十九条第（一）项的规定，原告是与本案有直接利害关系的公民、法人或其他组织。上诉人卢某根提起的本诉是合同纠纷，虽然根据其起诉的事实与理由及提交的相关诉讼证据材料，可知与二被告某厦房地产公司、某厦建设公司存在直接合同关系的是第三人赖某根，但其是基于与第三人赖某根的个人合伙关系提起本诉的，且其提交证据证明，其依合伙协议向二被告支付了相关款项。《最高人民法院关于适用〈中华人民共和国民事诉讼法〉的解释》第六十条规定，个人合伙的全体合伙人为共同诉讼人，故卢某根作为合伙体，与本案有直接的利害关系，系为本案适格的原告，应指出的是，赖某根应是本案的共同原告，卢某根将其列为第三人错误，一审法院可追加赖某根为共同原告。因此，一审裁定认定"卢某根不是本案适格原告"不当，本院予以纠正。

3. 河北省唐山市中级人民法院（2020）冀 02 民终 5576 号

显名合伙人：张某生、方某庆

未显名合伙人：牛某波

法院认为：对于合伙积累的财产归合伙人共有。牛某波就案涉工程系张某生名下的隐名合伙人，占工程总出资额的 17.4%，有权按该比例分配案涉工程款，该事实由已经发生法律效力的民事判决书予以确认。虽然借用河北某建资质的显名合伙人为张某生、方某庆，但在二人怠于行使权利的情况下，牛某波作为合伙人之一有权就其自有份额提起诉讼，要求河北某建承担支付工程款义务。上诉人河北某建主张被上诉人牛某波并未与上诉人建立法律关系，无权要求上诉人支付工程款，被上诉人并无起诉上诉人的相应主体资格，理据不足，本院不予支持。

法律依据

《中华人民共和国民法典》

第九百七十二条　合伙的利润分配和亏损分担，按照合伙合同的约定办理；合伙合同没有约定或者约定不明确的，由合伙人协商决定；协商不成的，由合伙人按照实缴出资比例分配、分担；无法确定出资比例的，由合伙人平均分配、分担。

《最高人民法院
关于适用〈中华人民共和国民事诉讼法〉的解释》

第七十三条　必须共同进行诉讼的当事人没有参加诉讼的，人民法院应当依照民事诉讼法第一百三十五条的规定，通知其参加；当事人也可以向人民法院申请追加。人民法院对当事人提出的申请，应当进行审查，申请理由不成立的，裁定驳回；申请理由成立的，书面通知被追加的当事人参加诉讼。

第 6 问：层层转包、违法分包情形下的中间人是否为实际施工人？他们能否向上家主张工程款？他们是否要对工期延误、质量问题承担责任？

律师解答

实践中，在实际施工人与施工企业之间往往还有一层甚至多层的中间人，即我们常说的层层转包、违法分包，或者是挂靠后的再转包、违法分包，此种情形下的中间人是否为实际施工人？他们能否向上家主张工程款？他们是否要对工期延误、质量问题承担责任？

第一，实际施工人与施工企业之间中间环节的人不能认定为实际施工人，因为他们仅是将工程当成交易标的，转卖给他人谋取非法利益，并没有真正地投入资金以及组织人工、材料、机械进行施工，他们的身份不符合最高人民法院对实际施工人的认定标准，即不是"最终投入资金、人工、材料、机械设备实际进行施工的施工人"。

第二，"既然中间人不能认定为实际施工人，那他就肯定无权主张工程款了"，这是很多工程人的第一反应，但法律上并不能如此简单地推论。《最高人民法院民事审判第一庭2021年第20次专业法官会议纪要》指出："可以突破合同相对性原则请求发包人在欠付工程款范围内承担责任的实际施工人不包括借用资质及多层转包和违法分包关系中的实际施工人"。因此，在多层转包、违法分包情形下的实际施工人无法向工程的发包人主张工程款，也无法向与其没有直接建立合同关系的施工企业主张工程款，其只能向自己的合同相对方（即中间人）主张工程款，如果判定了中间人向实际施工人承担付款责任后，而又不允许他们向其上家的施工企业主张工程款，将导致中间人自掏腰包承担巨额的工程款，显然各方利益严重失衡。

第三，对于工期延误和质量问题的责任承担，需分开讨论。

先说质量问题，《建筑法》明确规定："建筑施工企业转让、出借资质证书或者以其他方式允许他人以本企业的名义承揽工程的……对因该项承揽工程不符合规定的质量标准造成的损失，建筑施工企业与使用本企业名义的单位或者个人承担连带赔偿责任。""承包单位将承包的工程转包的，或者违反本法规定进行分包的……对因转包工程或者违法分包的工程不符合规定的质量标准造成的损失，与接受转包或者分包的单位承担连带赔偿责任。"虽然导致工程质量问题的主要责任人是最终的实际施工人，但作为挂靠、转包、违法分包中间环节的人，自然存在一定的过错，也应依法承担相应的赔偿责任。

对于工期延误的赔偿问题，并无法律明确规定各方如何承担责任，主要是各方在合同中进行违约责任或索赔的约定，如果中间人是施工企业或实际施工人的直接合同相对方，则其可能依据合同约定承担相应的赔偿责任；如果其并非施工企业或实际施工人的合同相对方，除非能证明其的确存在有导致工期延误的侵权行为，否则无法向其主张索赔。

权威观点

《最高人民法院民事审判第一庭2021年第20次专业法官会议纪要》

法律问题：《最高人民法院关于审理建设工程施工合同纠纷案件适用法律问题的解释一》（以下简称《建工解释（一）》）第四十三条规定的实际施工人是否包含借用资质及多层转包和违法分包关系中的实际施工人？

法官会议意见：可以依据《建工解释（一）》第四十三条规定突破合同相对性原则请求发包人在欠付工程款范围内承担责任的实际施工人不包括借用资质及多层转包和违法分

包关系中的实际施工人，即《建工解释（一）》第四十三条规定的实际施工人不包含借用资质及多层转包和违法分包关系中的实际施工人。

主要理由：本条解释涉及三方当事人之间的两个法律关系。一是发包人与承包人之间的建设工程施工合同关系；二是承包人与实际施工人之间的转包或者违法分包关系。

原则上，当事人应当依据各自的法律关系，请求各自的债务人承担责任。

本条解释为保护农民工等建筑工人的利益，突破合同相对性原则，允许实际施工人请求发包人在欠付工程款范围内承担责任。对该条解释的适用应当从严把握。该条解释只规范转包和违法分包两种关系，未规定借用资质的实际施工人以及多层转包和违法分包关系中的实际施工人有权请求发包人在欠付工程款范围内承担责任。

因此，可以依据《建工解释（一）》第四十三条规定，能突破合同相对性原则，请求发包人在欠付工程款范围内承担责任的实际施工人，不包括借用资质及处于多层转包和违法分包关系中的实际施工人。

第 7 问：劳务班组是否是实际施工人？可以向哪些主体主张工程款？

律师解答

最高人民法院在《最高人民法院新建设工程施工合同司法解释（一）理解与适用》一书中对实际施工人的定义为："'实际施工人'一般是'无效合同的承包人，转承包人、违法分包合同的承包人、没有资质借用有资质的建筑施工企业的名义与他人签订建筑工程施工合同的承包人'。通俗地讲，实际施工人就是在上述违法情形中实际完成了施工义务的单位或者个人。建设工程层层多手转包的，实际施工人一般指最终投入资金、人工、材料、机械设备实际进行施工的施工人。"而劳务班组是受雇从事建筑劳务作业的人员，其工作内容仅涉及劳务部分，不涉及材料、机械，不是最高院所定义的实际施工人，其无权突破合同相对性向发包人主张工程款，仅能向与其有合同关系的合同相对方主张工程款。

参考案例

1. 最高人民法院（2019）最高法民申 5594 号
泥水班组负责人：乐某平
实际施工人（挂靠人）：彭某瑞
施工企业（被挂靠人）：四某公司
建设单位：淮某房地产开发有限公司

法院认为：基于本案已经查明的事实，四某公司认可彭某瑞系挂靠其进行施工，彭某瑞是淮某商业广场项目的实际施工人；四某公司与彭某瑞是内部承包关系，乐某平为彭某瑞承包施工的淮某商业广场C地块项目中的泥水班组负责人；2017年1月10日，彭某瑞签署的《淮安项目人工工资支付表》中确认应付乐某平（班组）"1.2.3.6内外收尾工资" 349849.50元，"2号1～3层电工工资"10000元，合计359849.50元；2016年11月15日，四某公司（甲方）与乐某平（乙方）签订《协议书》，其中亦明确"鉴于彭某瑞未按照内部承包合同的约定履行相关的义务，甲方作为该项目的承建单位，现就内部承包人彭某瑞拖欠乙方劳务费用等事宜，经友好协商达成如下协议"。由此，乐某平及其班组与彭某瑞之间形成劳务法律关系的事实清楚，乐某平在本案中诉请支付的也是"劳务费359849.50元及利息"，申请再审中也认可拖欠的款项系"农民工工资"。故二审判决认定乐某平与彭某瑞之间并非建设工程施工合同关系，将本案案由定为劳务合同纠纷，并无不当。彭某瑞拖欠乐某平（班组）劳务费359849.50元事实清楚，四某公司作为案涉项目的承建单位，与乐某平就彭某瑞拖欠前述劳务费等事宜签订《协议书》，二审判决据此认定四某公司系以债务加入的方式自愿承担彭某瑞拖欠乐某平劳务费的偿付义务，有相应的理据。

《建工合同案件司法解释（2004）》第二十六条规定："实际施工人以转包人、违法分包人为被告起诉的，人民法院应当依法受理。实际施工人以发包人为被告主张权利的，人民法院可以追加转包人或者违法分包人为本案当事人。发包人只在欠付工程价款范围内对实际施工人承担责任。"鉴于乐某平与彭某瑞之间系劳务法律关系，乐某平（班组）作为受彭某瑞雇佣从事泥水劳务的人员，并非前述法律意义上的实际施工人，二审判决认定本案不具备适用前述司法解释第二十六条规定的前提条件，有相应的事实依据，不属于法律适用错误。乐某平以该规定为由请求案涉工程项目发包人淮某公司在欠付工程款范围内承担偿付责任，缺乏相应的事实基础和法律依据，二审判决未予支持，并无不当。

2. 江苏省徐州市中级人民法院（2016）苏03民终4638号

劳务班组：孙某

实际施工人（挂靠人）：王某雨

施工企业（被挂靠人）：江苏某建设有限公司（原江苏某科技有限公司）

建设单位：江苏某商城发展有限公司

法院认为：关于一审法院对上诉人王某雨与被上诉人孙某之间法律关系的认定问题，上诉人主张其与孙某之间形成的是建设工程施工合同关系，而非劳务关系。《建工合同案件司法解释（2004）》中的"实际施工人"应当是指无效建设工程施工合同的承包人，即违法的专业工程分包和劳务作业分包合同的承包人、转承包人、借用资质的施工人；建设工程经数次转包的，实际施工人应当是最终投入资金、材料和劳力进行工程施工的法人、非法人企业、个人合伙、包工头等民事主体。包工头下属的施工班组、建筑工人不属于"实际施工人"范围，上述人员追索劳务报酬或欠付工资的，不属于建设工程施工合同纠纷。本案中，上诉人从韵某公司处承包了盛大国际商贸城7、8号楼的水电及通风管道安装工作，承包方式为包工包料。上诉人后将7、8号楼的室内穿线、开关插座等安装工作交由孙某施工，材料仍由上诉人提供，由此可见孙某是上诉人下属的一个施工班组，上诉人投入了资金、材料，并组织施工班组进行施工，上诉人才具备司法解释中"实际施工人"的身份，其与孙某之间形成的是劳务合同关系。一审法院对于上诉人与被上诉人孙某之间的法律关系认定和案由确定，并无不当。并且上诉人作为孙某的合同相对方，无论其与孙某之间的法律关系如何定性，都不影响其对孙某承担责任。

法律依据

《重庆市高级人民法院、四川省高级人民法院关于审理建设工程施工合同纠纷案件若干问题的解答》

九、建设工程施工合同纠纷中实际施工人范围如何确定？

答：实际施工人是指依照法律规定被认定无效的施工合同中，实际完成工程建设的主体。实际施工人身份的界定，应当结合最终实际投入资金、材料，组织工程施工等因素综合予以认定。仅从事建筑业劳务作业的农民工、劳务班组不属于实际施工人范畴，其依据《建工合同案件司法解释一（2020）》第四十三条的规定向发包人、转包人、违法分包人主张权利的，人民法院不予支持。

第8问：法院能否在案外人执行异议之诉中认定实际施工人身份？

律师解答

不能。所谓执行异议，是指人民法院在民事案件执行过程中，当事人、利害关系人认为执行行为违反法律规定并要求人民法院撤销或改正执行的请求（执行行为异议），或案外人对被执行人财产的全部或一部分主张权利并要求人民法院执行停止或变更执行的请求（执行标的异议）。

第一，实际施工人提起的执行异议之诉主要是针对执行程序提起的诉讼，并非实际施工人以发包人和承包人为被告提起的建设工程施工合同纠纷诉讼，二者案由不同，法院若在执行异议之诉中就实际施工人的身份进行认定，超出了执行异议之诉的审理范围。

第二，实际施工人是人民法院在审理建设工程施工合同纠纷案件中的一个法律概念，只有在建设工程施工合同纠纷案件中，结合各方主体关系以及各主体在工程施工过程中享有的权利和履行义务的情况，才适宜对实际施工人的身份作出认定。

最高人民法院 2017 年公报案例——最高人民法院（2016）最高法民再 149 号

执行异议之诉原告：李某国

法院认为：原判决认定李某国系蓝天佳苑二期工程的实际施工人，超出了本案的审理范围。实际施工人是《建工合同案件司法解释（2004）》中规定的概念，旨在对于那些已实际施工诉争工程但无法因合同关系主张工程款的人予以限制性保护，因其规范情形之特定性，故亦应在该规范所涉之建设工程施工合同纠纷案件中，才适宜对实际施工人的身份作出认定。本案系案外人执行异议之诉，并非实际施工人以发包人和承包人为被告提起的建设工程施工合同纠纷，原判决认定李某国为蓝天佳苑二期工程的实际施工人，一方面，超出了本案的审理范围，另一方面，因一、二审法院并非针对建设工程施工合同纠纷进行审理，并未围绕该工程所涉各方之诉辩主张、举证质证情况进行庭审、判断及裁决，故作出该认定可能有失公正且可能对于该工程所涉各方之权利义务关系造成一定影响。因此，原判决作出的关于李某国为蓝天佳苑二期工程的实际施工人的认定欠妥，本院予以纠正。

第二章 向谁主张工程款

第9问：挂靠关系下，挂靠人能否向被挂靠企业主张工程款？

律师解答

挂靠关系下，挂靠人与被挂靠人之间交易标的是"建筑资质"，而非工程本身，即被挂靠人仅是将建筑资质出借给挂靠人用于承揽工程，其坐收管理费。投入资金并组织人工、材料、机械进行施工的主体是挂靠人，工程款的享有者也当然是挂靠人。此种情形下，被挂靠人只负有在收到发包人支付的工程款后将其转付给挂靠人的义务，并不负有直接向挂靠人支付工程款的义务。

《建工合同案件司法解释一（2020）》第四十三条第一款规定的"实际施工人以转包人、违法分包人为被告起诉的，人民法院应当依法受理"，仅是指转包、违法分包情形实际施工人可以起诉施工企业，并不包括挂靠情形。

参考案例

最高人民法院（2021）最高法民申 2114 号

发包人：某泰隆公司

被挂靠企业：某安信公司

实际施工人：杨某国

法院认为：本案争议焦点之一为某安信公司在本案中应否承担支付工程款责任。本案中，某安信公司与杨某国之间构成挂靠的法律关系。首先，某安信公司与杨某国签订的

《资质挂靠协议》中约定，杨某国挂靠某安信公司资质，承建案涉工程，明确该工程附属部分除外，其他工程由杨某国与某泰隆公司协商沟通。以上约定内容表明双方具有出借资质、挂靠施工的合意。其次，在挂靠协议签订前，杨某国作为某安信公司的委托代理人在2014年3月6日的《建设工程施工安装合同书》上签字，但某安信公司并未实际承担案涉工程的施工义务，实际施工人系杨某国。且某泰隆公司直接或通过某安信公司向杨某国支付部分工程款，故履行建设工程施工安装合同的主体实际为某泰隆公司和杨某国。第三，在一审法院审理过程中，某泰隆公司以及某安信公司均认可杨某国系挂靠某安信公司进行施工。

据此，可以认定某安信公司与杨某国之间构成挂靠法律关系，某泰隆公司关于某安信公司与杨某国之间构成转包合同关系的申请再审主张不能成立，某泰隆公司要求某安信公司承担支付工程款的责任缺乏事实与法律依据。杨某国作为案涉工程的实际施工人与发包人某泰隆公司在订立和履行施工合同的过程中，形成事实上的法律关系，故某泰隆公司应当承担支付杨某国欠付工程款的责任。

因某安信公司与杨某国之间系挂靠关系，而非转包关系，故某泰隆公司不能依据《建工合同案件司法解释（2004）》第二十六条第二款的规定，要求某安信公司承担支付工程款的责任，对某泰隆公司该项申请再审理由，不予支持。

法律依据

《最高人民法院关于审理建设工程施工合同纠纷案件
适用法律问题的解释（一）》

第四十三条　实际施工人以转包人、违法分包人为被告起诉的，人民法院应当依法受理。

第10问：挂靠关系下，挂靠人能否直接向发包人主张工程款？

律师解答

挂靠人能否直接向发包人主张工程款，需要区分两种情况。

情形一：发包人明知挂靠人的挂靠行为。

如果发包人明知挂靠人的挂靠行为，则发包人与被挂靠人之间建立的施工合同关系是虚假意思表示，二者之间并不存在工程上的发承包关系；在此种情形下，发包人与挂靠人之间建立了事实上的施工合同关系，挂靠人有权直接向发包人主张工程款。

情形二：发包人并不知情挂靠人的挂靠行为。

此种情形下，发包人与被挂靠人之间签订的施工合同，于发包人而言，是真实的意思表示。在合同洽谈、签订、履行的全过程中，挂靠人都会以被挂靠人的名义对外开展工作，从法律上，挂靠人此时的一切行为对被挂靠人而言是代理、代表或履行职务行为，与发包人建立施工合同关系的就只有被挂靠人，此时的挂靠人当然不能直接向发包人主张权利。

那挂靠人该如何主张自己的权利呢？

最高人民法院在《最高人民法院新建设工程施工合同司法解释（一）理解与适用》中指出："根据《建筑工程施工发包与承包违法行为认定查处管理办法》第七条规定，有证据证明属于挂靠或其他违法行为的，不认定为转包。当事人无法证明实际施工人与承包人系挂靠的，一般认定为转包，并依照本条之规定处理。"此处的"依照本条之规定处理"即《建工合同司法解释一（2020）》第四十三条规定："实际施工人以转包人、违法分包人为被告起诉的，人民法院应当依法受理。实际施工人以发包人为被告主张权利的，人民法院应当追加转包人或者违法分包人为本案第三人，在查明发包人欠付转包人或者违法分包人建设工程价款的数额后，判决发包人在欠付建设工程价款范围内对实际施工人承担责任。"

对于上述观点，最高人民法院（2021）最高法民终985号案件中也进行了明确："本院认为，在挂靠关系中，挂靠人能否依据被挂靠人与发包人之间的合同向发包人主张权利，主要取决于发包人在缔约时对挂靠关系是否知情：知情的，挂靠人可以基于事实关系直接向发包人主张权利；反之，则不可以。"

参考案例

最高人民法院（2021）最高法民终985号
发包人：某凤城投公司
施工企业（被挂靠人）：某安集团
实际施工人（挂靠人）：某安建筑公司

法院认为：在挂靠关系中，挂靠人能否依据被挂靠人与发包人之间的合同向发包人主张权利，主要取决于发包人在缔约时对挂靠关系是否知情：知情的，挂靠人可以基于事实关系直接向发包人主张权利；反之，则不可以。就本案而言，某凤城投公司与某安集团于2012年7月5日签订《一标段施工合同》后，其于2012年7月31日组织某安建筑公司及相关施工单位召开会议时，作为名义上的总承包人的某安集团并未参会，而某安建筑公司则以总承包人身份参加会议。2012年8月1日，某凤城投公司与某安集团签订《剩余工程施工合同》《配套工程施工合同》后，又于2014年12月组织某安建筑公司及施工单位召开会议。前述事实表明，某凤城投公司对某安建筑公司是案涉工程的实际承包人不仅知情，而且予以认可。在此情况下，某安建筑公司作为案涉工程的实际承包人，有权依据某安集团与某凤城投公司签订的施工合同的有关约定，向某凤城投公司主张工程款。

法律依据

《最高人民法院关于审理建设工程施工合同纠纷案件适用法律问题的解释（一）》

第四十三条　实际施工人以转包人、违法分包人为被告起诉的，人民法院应当依法受理。实际施工人以发包人为被告主张权利的，人民法院应当追加转包人或者违法分包人为本案第三人，在查明发包人欠付转包人或者违法分包人建设工程价款的数额后，判决发包人在欠付建设工程价款范围内对实际施工人承担责任。

权威观点

《最高人民法院民事审判第一庭 2021 年第 20 次专业法官会议纪要》

法律问题：借用资质的实际施工人是否有权请求发包人对其施工工程折价补偿？

法官会议意见：没有资质的实际施工人借用有资质的建筑施工企业名义与发包人签订建设工程施工合同，在发包人知道或者应当知道系借用资质的实际施工人进行施工的情况下，发包人与借用资质的实际施工人之间形成事实上的建设工程施工合同关系。

主要理由：该建设工程施工合同因违反法律的强制性规定而无效。《中华人民共和国民法典》第七百九十三条第一款规定："建设工程施工合同无效，但是建设工程经验收合格的，可以参照合同关于工程价款的约定折价补偿承包人。"因此，在借用资质的实际施工人与发包人之间形成事实上的建设工程施工合同关系且建设工程经验收合格的情况下，借用资质的实际施工人有权请求发包人参照合同关于工程价款的约定折价补偿。❶

第 11 问：挂靠人能否代位被挂靠企业向发包人主张工程款？

律师解答

挂靠情形下，实际施工人（挂靠人）主张工程款有两个困境：

---

❶ 最高人民法院民事审判第一庭．民事审判指导与参考（总第 87 辑）[M]．北京：人民法院出版社，2022．

一是挂靠人无法根据《建工合同案件司法解释一（2020）》第四十三条之规定起诉发包人，让其在欠付施工企业的工程款范围内直接向实际施工人支付工程款。

二是施工企业（被挂靠人）与挂靠人之间并非施工合同的发承包关系，被挂靠人无向挂靠人支付工程款的义务，其仅是在收到发包人支付工程款后负有向挂靠人转付的义务，即当被挂靠人将收到的工程款已全部转付给挂靠人的情形下，对于发包人未付的工程款挂靠人无权起诉被挂靠人。

面对上述困境，挂靠人不得不问：那我的工程款该如何主张？

如果各方并无证据证明挂靠关系，则挂靠人可以按照转包关系起诉被挂靠人或直接起诉发包人，此观点在《最高人民法院新建设工程施工合同司法解释（一）理解与适用》一书中进行了明确："当事人无法证明实际施工人与承包人系挂靠的，一般认定为转包，并依照本条之规定处理。"

如果被挂靠人有证据证明挂靠关系，则无法照上述方法执行，此时的挂靠人只剩下唯一路径：通过代位权之诉直接向发包人主张工程款。

参考案例

湖南省高级人民法院（2020）湘民终 1196 号
实际施工人（挂靠人）：章某涛
施工企业（被挂靠人）：广东某建公司
发包人：某信公司

法院认为：关于章某涛向某信公司行使债权人代位求偿权的条件是否成就的问题。《建筑施工合同》及《承包经营合同》虽无效，但章某涛已根据协议约定对案涉项目进行了全面施工，故章某涛与广东某建公司、广东某建公司与某信公司之间存在工程款支付的债权债务关系。《合同法》第七十三条规定："因债务人怠于行使到期债权，对债权人造成损害的，债权人可以向人民法院请求以自己的名义代位行使债务人的债权，但该债权专属于债务人自身的除外"。《最高人民法院关于适用〈中华人民共和国合同法〉若干问题的解释（一）》第十一条规定："债权人依照合同法第七十三条的规定提起代位权诉讼，应当符合下列条件：（一）债权人对债务人的债权合法；（二）债务人怠于行使其到期债权，对债权人造成损害；（三）债务人的债权已到期；（四）债务人的债权不是专属于债务人自身的债权"。首先，债务人广东某建公司与次债务人某信公司之间的合同虽然无效，但根据《建工合同案件司法解释一（2020）》第二条"建设工程施工合同无效，但建设工程经竣工验收合格，承包人请求参照合同约定支付工程价款的，应予支持"之规定，由于案涉工程已办理房产权证并交付使用，工程已经竣工验收合格，故广东某建公司有权要求某信公司支付对应工程价款。而债权人章某涛作为案涉工程的实际施工人，其劳动及投入已物化到建筑工程当中，根据《合同法》第五十八条"合同无效或者被撤销后，因该合同取得的财产，应当予以返还；不能返还或者没有必要返还的，应当折价补偿"的规定，章某涛有权向广东某建公司行使债权。因此，无论是广东某建公司对某信公司享有的债权，还是章某涛对广东某建公司享有的债权，均为合法债权。其次，广东某建公司怠于行使其到期债权，对章某涛已造成损害。《最高人民法院关于适用〈中华人民共和国合同法〉若干问题的解释（一）》第十三条规定："合同法第七十三条规定的'债务人怠于行使其到期债权，对债权人造成损害的'，是指债务人不履行其对债权人的到期债务，又不以诉讼方式或者仲裁方式向其债务人主张其享有的具有金钱给付内容的到期债权，致使债权人的到期债权未能实现"。广东某建公司虽曾于2016年10月对某信公司提起诉讼，但其在该案审理过程中申请撤诉，致使章某涛未能实现到期债权。再次，章某涛对广东某建公司享有到期债权，广东某建公司对某信公司享有到期债权。最后，广东某建公司对某信公司享有的债权系金钱债权，并非专属于债务人的债权。综上，原审法院认为本案符合债权人行使代位权的条件，章某涛有权向某信公司行使债权人代位求偿权。

法律依据

《最高人民法院关于审理建设工程施工合同纠纷案件适用法律问题的解释（一）》

第四十三条　实际施工人以转包人、违法分包人为被告起诉的，人民法院应当依法受理。

实际施工人以发包人为被告主张权利的，人民法院应当追加转包人或者违法分包人为本案第三人，在查明发包人欠付转包人或者违法分包人建设工程价款的数额后，判决发包人在欠付建设工程价款范围内对实际施工人承担责任。

第四十四条　实际施工人依据民法典第五百三十五条规定，以转包人或者违法分包人怠于向发包人行使到期债权或者与该债权有关的从权利，影响其到期债权实现，提起代位权诉讼的，人民法院应予支持。

第12问：被挂靠人能不能向发包人主张工程款？

律师解答

需要区分发包人对挂靠行为是否明知。

情形一，发包人对被挂靠人与挂靠人之间的挂靠行为明知，即发包人明确知道挂靠人系借用被挂靠人的资质与其签订的施工合同。虽然形式上的承包人为被挂靠人，但被挂人并无承包工程的意思表示，其与发包人之间签订的施工合同是虚假意思表示，实质上的施工合同相对方为挂靠人与发包人，工程款的权利人为实际组织人工、材料、机械进行施工的挂靠人，被挂靠人无权向发包人主张工程款。

情形二，发包人在合同订立和履行过程中不知道挂靠事实，此时的发包人对于其与被挂靠人之间签订施工合同是善意的，只要被挂靠人不主动披露挂靠关系，则施工合同关系建立于发包人与被挂靠人之间，被挂靠人可以依据施工合同向发包人请求支付工程款。

参考案例

1. 发包人不明知挂靠，被挂靠人有权向发包人主张工程款。

最高人民法院（2021）最高法民再 178 号

发包人：某建公司

施工企业（被挂靠人）：某达公司

实际施工人（挂靠人）：李某虎

法院认为：李某虎借用某达公司的名义承包案涉工程……本院认为某达公司作为案涉工程承包人，有权主张工程款。首先，李某虎借用某达公司的名义承包案涉工程，其二者之间存在借用资质的挂靠关系。无论案涉《建设工程施工合同》是否有效，某达公司均为该合同关系的当事人……其次，工程报验单等施工资料均加盖了某达公司的印章，某达公司办理了竣工验收事宜。由此可见，被挂靠方某达公司参与了建设工程施工合同的履行，实际施工人李某虎亦认可某达公司的承包人地位。某建公司于 2018 年 6 月以某达公司为被告，起诉请求某达公司向其移交工程竣工验收资料，配合办理工程验收备案手续，生效判决支持了某建公司的诉讼请求，某建公司的诉讼行为亦表明其认可某达公司为案涉工程的承包人。最后，《最高人民法院关于审理建设工程施工合同纠纷案件适用法律问题的解释（二）》规定，实际施工人以发包人为被告主张权利，突破合同相对性，系基于保护实际施工人权益的目的，该规定作为例外并不排除承包人依据建设工程施工合同主张工程款的权利。

2. 发包人明知挂靠，被挂靠人无权向发包人主张工程款。

最高人民法院（2020）最高法民终 1269 号

发包人：某世纪公司

施工企业（被挂靠人）：南通某建公司

实际施工人（挂靠人）：黄某荣

法院认为：南通某建公司与某世纪公司并无签订、履行案涉建设工程施工合同的真实意思表示，双方签订的《建设工程施工合同》及《补充协议》无效；黄某荣为借用南通某建公司资质的案涉工程实际施工人。主要理由如下。

首先，本案已查明……上述证据可以证明黄某荣在南通某建公司中标案涉工程之前与某世纪公司接洽工程具体事宜，并在南通某建公司中标之前就已进场施工，案涉工程的主要工作人员均为黄某荣聘请，黄某荣实际组织了案涉工程的施工。

其次，……在黄某荣并非南通某建公司员工的情况下，其实施的接洽案涉工程、组织实施案涉工程的施工等行为，不能视为南通某建公司员工的职务行为……上述行为应视为黄某荣借用南通某建公司的资质承揽案涉工程，黄某荣与南通某建公司之间为挂靠关系。因此，南通某建公司主张其与黄某荣为内部承包关系的主张缺乏证据证明。

最后，南通某建公司上诉主张已就案涉工程对外支出的有关款项不足以认定为其对案涉项目的投入。……可证明本案南通某建公司与黄某荣之间不仅存在借用资质的关系，双方还存在资金及设备的借贷、借用关系，故南通某建公司向黄某荣借支货款的事实亦不足以证明南通某建公司是实际施工人。

综上所述，本案中，南通某建公司虽然与某世纪公司签订了《建设工程施工合同》及《补充协议》，实际是将其施工资质出借予黄某荣用于案涉工程的施工，南通某建公司并无签订、履行合同的真实意思表示，原审依据《中华人民共和国民法总则》第一百四十三条、第一百四十六条规定，认定案涉《建设工程施工合同》及《补充协议》因不是真实意思表示无效并无不当，本院予以维持。南通某建公司上诉主张其为《建设工程施工合同》及《补充协议》的一方当事人并向某世纪公司主张工程价款及优先受偿权，缺乏事实和法律依据，本院不予支持。

法律依据

《中华人民共和国民法典》

第一百四十三条　具备下列条件的民事法律行为有效：

（一）行为人具有相应的民事行为能力；

（二）意思表示真实；

（三）不违反法律、行政法规的强制性规定，不违背公序良俗。

第一百四十六条　行为人与相对人以虚假的意思表示实施的民事法律行为无效。以虚假的意思表示隐藏的民事法律行为的效力，依照有关法律规定处理。

第13问：挂靠关系下，发包人不明知挂靠人与被挂靠人之间的挂靠关系，挂靠人能否直接向发包人主张权利？

答：在这种情况下，法律、司法解释并未赋予挂靠人可突破合同相对性原则的权利，挂靠人一般无权直接向发包人主张权利。但当发包人对挂靠人的挂靠行为明知的情形下，发包人与挂靠人之间就建立了事实上的合同关系，二者为实质上的合同相对方，挂靠人可以绕开被挂靠人直接向发包人主张权利。

参考案例

最高人民法院（2021）最高法民终 394 号

法院认为：实践中，挂靠又可分为发包人明知和不明知两种情形。前一种挂靠情形，尽管建设工程施工合同名义上还是被挂靠人，但实质上挂靠人已和发包人之间建立事实上的合同关系。根据合同相对性原则，被挂靠人对挂靠人的施工行为无法产生实质性影响，施工过程中的具体工作也往往由挂靠人越过被挂靠人，和发包人直接进行联系。而在后一种挂靠情形下，法律、司法解释并未赋予挂靠人可突破合同相对性原则。根据案件的具体情况，挂靠人一般无权直接向发包人主张权利，这与转包关系中的转承包人权利不同。

法律依据

《建筑工程施工发包与承包违法行为认定查处管理办法》

第十条　存在下列情形之一的，属于挂靠：

（一）没有资质的单位或个人借用其他施工单位的资质承揽工程的；

（二）有资质的施工单位相互借用资质承揽工程的，包括资质等级低的借用资质等级高的，资质等级高的借用资质等级低的，相同资质等级相互借用的；

（三）本办法第八条第一款第（三）至（九）项规定的情形，有证据证明属于挂靠的。

《最高人民法院关于审理建设工程施工合同纠纷案件适用法律问题的解释（一）》

第四十三条　实际施工人以转包人、违法分包人为被告起诉的，人民法院应当依法受理。

实际施工人以发包人为被告主张权利的，人民法院应当追加转包人或者违法分包人为本案第三人，在查明发包人欠付转包人或者违法分包人建设工程价款的数额后，判决发包人在欠付建设工程价款范围内对实际施工人承担责任。

第14问：挂靠人借用资质承包工程后又将工程转包的，应当由谁向实际施工人承担付款责任？

律师解答

为了便于理解，我们将题干中涉及的法律关系梳理一下：第一，发包人是甲公司，其将工程发包给了乙公司，二者之间是工程的发承包关系；第二，乙公司并不是真正要承包工程的一方，而是将自己的建筑资质出借给丙方牟利，丙方才是实际进行工程招投标或洽谈、签合同的人，乙方与丙方之间是挂靠关系，乙是被挂靠人，丙是挂靠人；第三，丙拿到工程后并没有自己施工，其将工程转包给了丁，丁才是最终实际投入人工、材料、机械进行施工的实际施工人，丙与丁之间是转包关系，丙是转包人，丁是转承包人，也是最终的实际施工人。

现在的问题是，实际施工人做了工程，应当向谁主张工程款？在三个法律关系中，基于合同相对性原则，甲基于施工合同向乙支付工程款，如果甲明知乙、丙之间有挂靠行为，则甲可以直接向丙付款；乙基于和丙的挂靠关系，负有工程款的转付义务，其在收到甲支付工程款后应将其转付给丙；丙与丁之间是转包关系，也可以说是转包关系下的"工程发承包关系"，作为工程的"发包人"，丙应当向丁支付工程款，丁无权向与自己没有合同关系的乙和甲主张工程款。当然，如果丙的行为让丁有足够的理由相信其是代表乙或代理乙，则乙应当向丙支付工程款。

司法实践中，也有基于乙违法出借资质的行为，让乙跟着承担责任的相关案例。笔者认为，让乙承担付款责任的请求权基础依然存在欠缺，有待进一步完善相关的法律法规。

作为最终的实际施工人，自己应该清楚此项目存在的层层挂靠、转包关系，工程利润已经被层层抽取，很容易产生工程款问题，所以实际施工人应当在付款上全程跟进，不能让仅是"买卖工程"的丙从中掌控，否则极易出现争议与纠纷。

参考案例

最高人民法院（2022）最高法民再124号
发包人：某融达利公司
承包人（被挂靠人）：某辉哈密分公司
转包人（挂靠人）：丁某彦
实际施工人：吕某
法院认为：本案中，丁某彦明知吕某作为自然人，没有建筑承包单位的资质，与吕某签订施工合同，将工程交由昌某施工违反法律、行政法规强制性规定，二审判决认定施工合同无效，本院予以确认。

一审中，某融达利公司、丁某彦、某辉哈密分公司均认可某融达利公司已与丁某彦就案涉工程款进行结算，并向丁某彦支付相应工程款。丁某彦作为施工合同的相对人，在收到某融达利公司的工程款后，怠于向昌某支付，应承担向昌某支付工程款及利息的责任。《建筑法》第二十六条规定："承包建筑工程的单位应当持有依法取得的资质证书，并在其资质等级许可的业务范围内承揽工程。禁止建筑施工企业超越本企业资质等级许可的业务范围或者以任何形式用其他建筑施工企业的名义承揽工程。禁止建筑施工企业以任何形式允许其他单位或者个人使用本企业的资质证书、营业执照，以本企业的名义承揽工程。"

本案中，某辉哈密分公司明知法律禁止建筑承包单位将本企业的资质证书等出借他人，仍允许丁某彦借用其资质，并向丁某彦出具授权委托书，且工程施工合同中明确约定某辉哈密分公司委派丁某彦为案涉项目现场某辉哈密分公司代表，负责施工现场的项目管理工作。

丁某彦虽以自己的名义与昌某签订施工合同，但施工合同系在复印的工程施工合同上签订，昌某根据合同内容有理由相信丁某彦签订施工合同系代表某辉哈密分公司，某辉哈密分公司在施工合同签订中存在明显过错，应承担相应的补充责任。因某辉哈密分公司已注销，相应责任由某辉公司承担。本院综合工程施工合同及施工合同的履行情况、当事人的过错程度等因素，根据公平原则和诚实信用原则，酌情认定丁某彦向昌某支付工程款及利息，某辉哈密分公司在欠付工程款及利息的范围内承担30％的赔偿责任。

法律依据

《最高人民法院关于审理建设工程施工合同纠纷案件适用法律问题的解释（一）》

第七条　缺乏资质的单位或者个人借用有资质的建筑施工企业名义签订建设工程施工合同，发包人请求出借方与借用方对建设工程质量不合格等因出借资质造成的损失承担连带赔偿责任的，人民法院应予支持。

第15问：转包、违法分包关系下，实际施工人可以向哪些主体主张工程款？

律师解答

《建工合同案件司法解释一（2020）》第四十三条规定："实际施工人以转包人、违法分包人为被告起诉的，人民法院应当依法受理。实际施工人以发包人为被告主张权利的，人民法院应当追加转包人或者违法分包人为本案第三人，在查明发包人欠付转包人或者违法分包人建设工程价款的数额后，判决发包人在欠付建设工程价款范围内对实际施工人承担责任。"根据该规定可知：转包、违法分包情形下，实际施工人可以向两个主体主张工程款，一是可以起诉其合同相对方转包人（施工企业）主张工程款；二是可以突破合同相对性，直接起诉发包人，法院会在查明发包人欠付转包人、违法分包人的工程款数额后，判决其在欠付转包人、违法分包人的范围内向实际施工人支付工程款。

对此，实际施工人在起诉前应当注意以下几点。

1. 务必在诉讼前收集充分的证据证明实际施工的情况，否则有可能会承担证据不足而导致诉讼请求不被支持的后果

实践中有大量的实际施工人不注重资料的整理和收集，他们的朴素认知是只要做了工程，法院就肯定支持拿工程款，殊不知生活事实并不等于法律事实，只有通过大量证据证明的生活事实才会成为法律事实。若实际施工人不能提供充分证据来证明自己的施工行为，法院很可能会认为其未能完成举证责任，从而不支持其关于工程款的请求。因此，实际施工人应该有最基本的资料收集意识，注意收集施工过程中产生的如施工日志、验收资料、会议纪要、往来函件、采购合同、付款凭证、请款资料、材料出入库单、工人工资支付记录、工程质量检验报告、微信工作群聊天记录等，确保每一个环节都有据可查，以便在日后发生争议时能够有效证明自己的身份、所完成的工程量、计价方式等，以便更好地维护自身的合法权益。

2. 转包情形下，若发包人与转包人、违法分包人之间并未结算，法院很可能不支持实际施工人对发包人的起诉

实践中，工程的实施大多情形下都会有变更、签证、索赔、违约等情形出现，在发包人与转包人、违法分包人之间没有办理结算时，是无法确定发包人是否还欠付转包人、违法分包人工程款的。比如当存在转包人的原因导致工期延误几年的情形，完全有可能在扣除转包人、违法分包人应向发包人承担的赔偿款后，转包人反过来还应向发包人支付款项。因此，在司法实践中，法院会以发包人与转包人、违法分包人之间欠付工程款的数额因未结算无法查清，实际施工人与发包人之间的权利义务并不明确为由，不支持实际施工人对发包人的主张。

参考案例

1. 实际施工人的证据不足，法院未支持其工程款主张。

参考案例：最高人民法院（2019）最高法民终 1090 号

实际施工人：罗某保

法院认为：如罗某保确系涉案工程的实际施工人，涉案工程款项往来、投入、支出情况关系其重大利益，其应当明确知晓，并及时提供其应当持有的相关支付凭证或者转账凭

证，但至一审判决作出，罗某保仍未提供其主张的 88049782.98 元巨额款项的相关支付凭证或者转账凭证。罗某保虽然提供了协议书、退股协议、对账单、借款协议书、（2017）赣 0102 民初 4969 号民事调解书等证据，但该组证据以协议为主，缺乏罗某保与胡某、熊某文等人之间的支付凭证或者转账凭证，亦不足以证明罗某保的主张。因此，罗某保提供的证据不足以证明其对涉案工程进行了实际施工或者投入。

2. 发包人与转包人未结算，法院未支持向发包人主张工程款。

参考案例：最高人民法院（2021）最高法民终 339 号

发包人：某发源公司

转包人：某瓦台公司

实际施工人：李某军、崔某良

法院认为：李某军、崔某良主张某发源公司应在欠付工程款范围内承担责任。根据《建工合同案件司法解释一（2020）》规定，发包人向实际施工人承担责任的前提是其欠付转包人或者违法分包人工程价款。该规定是从实质公平的角度出发，实际施工人向发包人主张权利后，发包人、转包人或者违法分包人以及实际施工人之间的连环债务相应消灭，且发包人对实际施工人承担责任以其欠付的建设工程价款为限。本案中，案涉时代广场并未完工，某发源公司与某瓦台公司亦未进行结算，仅能确定某瓦台公司、某瓦台青海分公司欠付李某军、崔某良工程款的事实。某发源公司是否欠付某瓦台公司、某瓦台青海分公司工程款，欠付工程款的数额等事实因未结算无法查清，实际施工人与发包人之间的权利义务并不明确，故李某军、崔某良向某发源公司主张其在欠付工程款范围内承担责任的条件不成就。李某军、崔某良的该项上诉理由不能成立，本院不予支持。

法律依据

《中华人民共和国民事诉讼法》

第六十四条　当事人对自己提出的主张，有责任提供证据。

《最高人民法院关于审理建设工程施工合同纠纷案件适用法律问题的解释（一）》

第四十三条　实际施工人以转包人、违法分包人为被告起诉的，人民法院应当依法受理。

实际施工人以发包人为被告主张权利的，人民法院应当追加转包人或者违法分包人为本案第三人，在查明发包人欠付转包人或者违法分包人建设工程价款的数额后，判决发包人在欠付建设工程价款范围内对实际施工人承担责任。

第 16 问：施工企业已经起诉发包人的情形下，实际施工人能否申请加入到该诉讼中主张工程款？

律师解答

承包人已经起诉发包人支付工程款的情况下，实际施工人可以在一审辩论终结前申请作为第三人参加诉讼，其另诉请求发包人在欠付工程款范围内承担责任的，不应受理。实际施工人作为第三人参加诉讼后，如果请求发包人在欠付工程款范围内承担责任，法院应当将承包人的诉讼请求和实际施工人的诉讼请求合并审理。

参考案例

最高人民法院（2021）最高法民终 1305 号

发包人：某投公司

承包人：某邦公司

实际施工人：某铁公司

法院认为：本案中，某邦公司和某铁公司通过招投标程序订立的《施工总包合同》仅包含基础工程和钢结构工程，而某邦公司在其 EPC（Engineering Procurement Construction，设计-采购-施工）总包范围内交由某铁公司实际施工的工程范围包含基础工程、钢结构工程、屋面幕墙工程、室内精装修工程、暖通空调工程、给排水消防工程和强电工程。基础工程和钢结构工程属于合法分包，某铁公司主张某投公司在欠付工程价款范围内对其承担责任无法律依据，本院不予支持。余下工程项目未经过招投标程序，已违反《招标投标法》第三条"在中华人民共和国境内进行下列工程建设项目包括项目的勘察、设计、施工、监理以及与工程建设有关的重要设备、材料等的采购，必须进行招标：（一）大型基础设施、公用事业等关系社会公共利益、公众安全的项目……"的规定，属于违法分包，因案涉工程已经竣工验收合格，某铁公司原则上可作为实际施工人主张某投公司在欠付工程价款范围内对其承担责任。但是，承包人某邦公司已经通过（2021）最高法民终 1312 号案件［一审案号：（2018）黔民初 109 号］起诉发包人某投公司支付工程款，并没有存在怠于主张权利情形，且本院已判决某投公司向某邦公司支付欠付金额，为防止出现不同生效判决，判令发包人就同一债务向承包人和实际施工人重复清偿，本院不再另行判决某投公司在欠付某邦公司工程款范围内向某铁公司承担连带责任。

《最高人民法院关于审理建设工程施工合同纠纷案件适用法律问题的解释（一）》

第四十三条　实际施工人以转包人、违法分包人为被告起诉的，人民法院应当依法受理。

实际施工人以发包人为被告主张权利的，人民法院应当追加转包人或者违法分包人为本案第三人，在查明发包人欠付转包人或者违法分包人建设工程价款的数额后，判决发包人在欠付建设工程价款范围内对实际施工人承担责任。

《最高人民法院关于适用〈中华人民共和国民事诉讼法〉的解释》

第八十一条　根据民事诉讼法第五十九条的规定，有独立请求权的第三人有权向人民法院提出诉讼请求和事实、理由，成为当事人；无独立请求权的第三人，可以申请或者由人民法院通知参加诉讼。

第一审程序中未参加诉讼的第三人，申请参加第二审程序的，人民法院可以准许。

第二百三十二条　在案件受理后，法庭辩论结束前，原告增加诉讼请求，被告提出反诉，第三人提出与本案有关的诉讼请求，可以合并审理的，人民法院应当合并审理。

《最高人民法院民事审判第一庭 2021 年第 21 次专业法官会议纪要》

法律问题：承包人已经起诉请求发包人支付工程款的，实际施工人能否申请作为第三人参加诉讼或者另行起诉请求发包人在欠付工程款范围内承担责任？

法官会议意见：转包和违法分包涉及三方当事人两个法律关系。一是发包人与承包人之间的建设工程施工合同关系；二是承包人与实际施工人之间的转包或者违法分包关系。承包人有权依据与发包人之间的建设工程施工合同关系请求发包人支付工程款。实际施工人有权依据转包或者违法分包的事实请求承包人承担民事责任。《建工合同案件司法解释一（2020）》第四十三条第二款规定："实际施工人以发包人为被告主张权利的，人民法院应当追加转包人或者违法分包人为本案第三人，在查明发包人欠付转包人或者违法分包人建设工程价款的数额后，判决发包人在欠付建设工程价款范围内对实际施工人承担责任。"本款解释是为保护农民工等建筑工人利益所作的特别规定。实践中存在承包人与实际施工人分别起诉请求发包人承担民事责任的情况。为防止不同生效判决判令发包人就同一债务分别向承包人和实际施工人清偿的情形，需要对承包人和实际施工人的起诉做好协调。在承包人已经起诉发包人支付工程款的情况下，实际施工人可以在一审辩论终结前申请作为第三人参加诉讼，其另诉请求发包人在欠付工程款范围内承担责任的，不应受理。实际施工人作为第三人参加诉讼后，如果请求发包人在欠付工程款范围内承担责任，应当将承包人的诉讼请求和实际施工人的诉讼请求合并审理。

第 17 问：施工企业员工通过内部承包方式承包工程后，又将该工程转包给第三人，第三人是否有权向施工企业主张工程款？

律师解答

甲为施工企业的员工，二者之间为劳动关系，施工企业将工程以内部承包的方式发包给甲施工，由甲对工程自主经营、自负盈亏，此种情形为合法的内部承包，甲在该工程上实施的行为是代表施工企业的职务行为。

甲私下将工程转包给第三人施工，虽然转包合同上并无施工企业盖章，但如前所述，作为施工企业员工的甲，其行为代表着施工企业，其将工程转包给第三人施工对施工企业具有法律约束力，此时应视为第三人与施工企业之间建立了转承包关系。根据《建工合同案件司法解释一（2020）》第四十三条"实际施工人以转包人、违法分包人为被告起诉的，人民法院应当依法受理"的规定，第三人有权直接向施工企业主张工程款。

参考案例

最高人民法院（2023）最高法民申 1418 号
施工企业：某甲公司
某甲公司员工：陈某
实际施工人：周某
法院认为：本案中，某甲公司主张其既不是周某前手合同相对人，也不是发包人，周某不能向某甲公司主张工程款。但（2019）吉 02 民终 1514 号某丙公司诉某甲公司买卖合同纠纷一案中，生效判决认定："2016 年 9 月份，某甲公司与案外人陈某签订了《装饰装修工程内部考核认定书》，该份合同约定陈某对工程合同的施工负全部责任，在承包价款的范围内自负盈亏，代表某甲公司组织施工，确保工程质量、进度、工期及其他事项符合工程合同的要求"和"2013 年 8 月至 2017 年 5 月，某甲公司为陈某缴纳社会保险，2014 年 1 月份至 2017 年 8 月份，某甲公司为李某缴纳社会保险，在此期间，陈某、李某均系某甲公司员工"。据此，可以认定某甲公司与陈某签订《装饰装修工程内部考核认定书》是将工程内部承包给陈某，而非转包。陈某与周某又签订《合作协议》，周某与某甲公司之间基于前述《装饰装修工程内部考核认定书》《合作协议》，形成事实上的直接转包关系。某甲公司是转包人，且属于《建工合同案件司法解释一（2020）》第四十三条规定的转包人，周某作为案涉工程的实际施工人有权向转包人某甲公司主张权利。

法律依据

《最高人民法院关于审理建设工程施工合同纠纷案件适用法律问题的解释（一）》

第四十三条　实际施工人以转包人、违法分包人为被告起诉的，人民法院应当依法受理。实际施工人以发包人为被告主张权利的，人民法院应当追加转包人或者违法分包人为本案第三人，在查明发包人欠付转包人或者违法分包人建设工程价款的数额后，判决发包人在欠付建设工程价款范围内对实际施工人承担责任。

《中华人民共和国民法典》

第一百七十条　执行法人或者非法人组织工作任务的人员，就其职权范围内的事项，以法人或者非法人组织的名义实施的民事法律行为，对法人或者非法人组织发生效力。

法人或者非法人组织对执行其工作任务的人员职权范围的限制，不得对抗善意相对人。

第 18 问：实际施工人将其应收工程款债权转让给第三人，第三人能否向发包人主张工程款？

律师解答

根据《建工合同案件司法解释一（2020）》第四十三条的规定，转包和违法分包情形下，实际施工人可以突破合同相对性，直接向发包人主张工程款。若实际施工人将其应收工程款债权转让给了第三人，第三人是否也能承继该权利，直接起诉发包人？

答案是否定的，受让债权的第三人不能直接起诉发包人。

因为根据《建工合同案件司法解释一（2020）》第四十三条的规定，允许实际施工人可以突破合同相对性向发包人主张工程款，其本意是通过对实际施工人权利的保护从而实现对施工环节末端农民工生存权益的保护，是特定背景之下的司法考量。而当实际施工人进行债权转让时，其已经取得了相应的对价，该对价应可以解决其雇佣农民工的工资，对此，不宜随意扩大该条司法解释的适用范围。

参考案例

安徽省滁州市中级人民法院（2017）皖 11 民终 2700 号

债权受让人：刘某

实际施工人：某业公司脚手架搭设分公司

施工企业：某方公司和某方公司全椒分公司

建设单位：教场村委会

法院认为：刘某在本案中是合同权利受让人，不是实际施工人，故没有权利向发包人主张权利，只能就债权转让合同约定向某方公司和某方公司全椒分公司主张权利，因此，对刘某要求教场村委会在欠付工程款范围内承担责任的诉讼请求不予支持。

法律依据

《中华人民共和国民法典》

第五百三十五条　因债务人怠于行使其债权或者与该债权有关的从权利，影响债权人的到期债权实现的，债权人可以向人民法院请求以自己的名义代位行使债务人对相对人的权利，但是该权利专属于债务人自身的除外。

第五百四十七条　债权人转让债权的，受让人取得与债权有关的从权利，但是该从权利专属于债权人自身的除外。受让人取得从权利不因该从权利未办理转移登记手续或者未转移占有而受到影响。

《最高人民法院关于审理建设工程施工合同纠纷案件适用法律问题的解释（一）》

第四十三条　实际施工人以转包人、违法分包人为被告起诉的，人民法院应当依法受理。

实际施工人以发包人为被告主张权利的，人民法院应当追加转包人或者违法分包人为本案第三人，在查明发包人欠付转包人或者违法分包人建设工程价款的数额后，判决发包人在欠付建设工程价款范围内对实际施工人承担责任。

第 19 问：转包、违法分包情形下，发包人能否直接向实际施工人付款？

律师解答

发包人没有得到承包人同意或存在其他合理依据的情形下，发包人通常不应直接向实际施工人支付工程款；若发包人坚持要向实际施工人支付款项，则存在这笔款项不被视为已经向承包人支付工程款的风险。因为发包人的合同相对方是承包人，在没有获得承包人事先同意或事后认可的情况下，如果允许其随意打破合同相对性而直接向实际施工人付款，完全有可能会损害承包人的权益。

根据各地司法文件的规定及相关司法判例，上述"其他合理依据"包括以下几方面。

（1）生效裁决予以确定或受政府有关部门指示而付款（比如民工工资等）。

（2）发包人垫付人工费、材料款等行为具有现实紧迫性，虽未经承包人授权，但在并未损害承包人实质利益的情况下，可以抵扣应付工程款。

（3）发包人直接向实际施工人付款虽然无承包人授权，但付款原因涉及职务行为或表见代理。

（4）承包人对于发包人长期直接支付给实际施工人的行为未提出异议，且通过其他行为能够反映承包人对此知情且认可。

（5）挂靠情形下，发包人明知系借用资质的实际施工人进行施工。

对于以上各种情形下，发包人需绕开承包人直接向实际施工人或其下游的人工、材料、机械等交易方付款的，应当及时进行告知，并保留可以直接支付的证据（如会议纪要、往来函件、聊天记录以及关于交易习惯、表见代理、职务行为等各方面的证据），以避免在最终结算时产生纠纷。

参考案例

1. 施工企业对发包人长期直接支付给实际施工人的行为未提出异议，视为对施工企业的支付。

参考案例：安徽省高级人民法院（2015）皖民四终字第 00330 号

实际施工人：李某华

施工企业：某班公司

建设单位：某霞公司

法院认为：根据发包人某霞公司与承包人某班公司合同约定，某班公司设立工程款支付的专有账户，某霞公司直接付款至该账户。合同同时明确注明："本合同项下的工程款一律汇入以下银行账户：户名：安徽某班建设投资集团有限公司；开户银行：南陵县建行营业部。"根据上述约定，某霞公司应当将案涉的工程款汇入约定账户。但在实际施工过程中，某霞公司在长达两年中将部分工程款直接支付给实际施工人李某华，对此，某班公司并未及时提出异议。且在某班公司与实际施工人李某华签订的《项目承包合同书》中亦有李某华"应按照施工合同约定及现场实际情况及时向建设单位申请工程款支付"的约定，故某班公司对施工期间李某华直接从某霞公司领取工程款是认可的，在此期间某霞公司支付给李某华的工程款应视为支付给某班公司。

2. 发包人的支付行为具有现实紧迫性和必要性的，支付有效。

参考案例：最高人民法院（2017）最高法民终 19 号

发包人：某高公司

承包人：某阳三建

法院认为：某天会计所专审字（2014）第 045 号、（2015）第 036 号司法会计鉴定书中确认的某高公司已垫付的 2728.7104 万元款项，均为案涉工程建设支付的人工费、材料款、土方工程款、租赁费以及人民法院相关法律文书确定的应支付款项等费用。其中部分款项的支付虽未经某阳三建的明确授权，但鉴于案涉工程未实际完工的情况，某高公司的支付行为具有现实紧迫性和必要性，且上述费用经鉴定确已实际发生，某高公司的垫付行为未损害某阳三建的实质利益，一审法院据此认为该部分款项应抵扣某阳三建工程款并无不当。

法律依据

《中华人民共和国民法典》

第五百二十四条　债务人不履行债务，第三人对履行该债务具有合法利益的，第三人有权向债权人代为履行；但是，根据债务性质、按照当事人约定或者依照法律规定只能由债务人履行的除外。

债权人接受第三人履行后，其对债务人的债权转让给第三人，但是债务人和第三人另有约定的除外。

《北京市高级人民法院关于审理建设工程施工合同纠纷案件若干疑难问题的解答》

21. 发包人主张将其已向合法分包人、实际施工人支付的工程款予以抵扣的，如何处理？

承包人依据建设工程施工合同要求发包人支付工程款，发包人主张将其已向合法分包人、实际施工人支付的工程款予以抵扣的，不予支持，但当事人另有约定、生效判决、仲裁裁决予以确认或发包人有证据证明其有正当理由向合法分包人、实际施工人支付的除外。

第 20 问：挂靠情形下，发包人能否直接向挂靠人付款？

律师解答

挂靠情形下，需要区分发包人对挂靠行为是否明知，进而分别进行讨论。

若发包人明知挂靠，则被挂靠人仅是出借资质，其与发包人之间的施工合同是虚假意思表示，发包人与挂靠人才是施工合同的实际相对方，被挂靠人仅是名义上的施工人，故发包人有权直接向挂靠人支付工程款。

若发包人不明知挂靠的，除非有正当理由，原则上发包人不能直接向挂靠人支付工程款，如果直接向实际施工人付款，不能够抵扣其与承包人之间的工程款。

参考案例

1. 发包人不明知挂靠的情形下，不能直接向挂靠人付款。

参考案例：最高人民法院（2019）最高法民申 6732 号

法院认为：挂靠施工情况下，虽然实际施工人直接组织施工但对外仍然是以承包人的名义，承包人可能会因实际施工人的行为对外承担法律责任，也即承包人对建设施工合同的履行具有法律利益。如容许发包人随意突破合同相对性，直接向实际施工人付款，则可能会损害承包人的权益。故在缺乏正当理由情况下，发包人不能未经承包人同意，违反合同约定直接向实际施工人支付工程款。

2. 发包人明知挂靠的情形下，可以直接向挂靠人付款。

参考案例：江苏省高级人民法院（2020）苏民再 20 号

实际施工人（挂靠人）：潘某

施工企业（被挂靠人）：某羊公司

发包人：某辉公司

法院认为：某羊公司虽签订了该施工合同，但实际系由潘某具体组织施工，潘某实际享有和承担该合同项下工程相关的权利和义务，包括收取工程价款。且该合同未明确约定工程价款仅能由某羊公司直接收取，未排除当事人之间实际发生的其他支付方式的给付效力。因此，潘某为履行施工合同而从某辉公司处实际收取的款项，可以从某辉公司应向某羊公司支付的施工合同项下工程价款中抵扣，具体的抵扣范围除了可以包括潘某从某辉公司处直接领取的工程价款、某辉公司代付的材料款等之外，还可以包括不违反合同约定的以借款方式预支的工程价款。

《中华人民共和国民法典》

第五百二十四条　债务人不履行债务，第三人对履行该债务具有合法利益的，第三人有权向债权人代为履行；但是，根据债务性质、按照当事人约定或者依照法律规定只能由债务人履行的除外。

债权人接受第三人履行后，其对债务人的债权转让给第三人，但是债务人和第三人另有约定的除外。

第 21 问：转包和违法分包情形下，实际施工人只起诉发包人主张工程款有何风险？

律师解答

《建工合同案件司法解释一（2020）》第四十三条明确规定，实际施工人可突破合同相对性向发包人主张权利。该条司法解释并未要求实际施工人向发包人主张权利时，必须同时起诉转包人，只是要求法院应当追加转包人或违法分包人为第三人，以查明欠付工程款的事实来确定责任范围。

该条司法解释的立法本意在于解决农民工等弱势群体的权益保护问题，避免因转包人、违法分包人无力偿付导致实际施工人无法获得工程款。但发包人仅是在欠付转包人或违法分包人的工程款范围内向实际施工人承担付款责任，本质上是一种代付行为，真正向实际施工人承担付款责任的主体是与其有合同关系的转包人或违法分包人。如果实际施工人起诉时并没有将转包人或违法分包人列为被告，那么，法院还会判决他们承担付款责任吗？

答案是否定的，法院并不会判决没有被列为被告的转包人或违法分包人承担付款责任，因为民法上有一个"不告不理"的原则。所以，实际施工人突破合同相对性起诉发包人时，应当同时将转包人或违法分包人列为被告，如此法院才会判决发包人和转包人或违法分包人都成为工程款的责任支付主体，以更好地保障实际施工人的利益。

参考案例

最高人民法院（2020）最高法民终 898 号

实际施工人：李某初

施工企业（转包人）：某冶公司及某冶西宁分公司

发包人：某源公司

法院认为：本案中李某初的诉讼请求为要求某源公司支付工程款46841668.60元，某冶公司及某冶西宁分公司支付工程款575万元，系分别向某源公司、某冶公司及某冶西宁分公司提出的明确诉讼请求。一审判决在判令某冶公司及某冶西宁分公司支付575万元的同时，就其余欠付工程款在李某初仅要求某源公司承担付款责任，未向某冶公司及某冶西宁分公司提出主张的情况下，判令某冶公司及某冶西宁分公司亦承担付款责任，违反民事诉讼处分原则和不告不理原则，确属超出李某初的诉讼请求，本院对此予以纠正。

综上所述，最高人民法院判决撤销一审"某冶公司、某冶西宁分公司于判决生效后十日内共同给付李某初工程款23302064.57元；某源公司在欠付工程款23302064.57元的范围内承担责任"的判项，并改判"青海某源房地产开发有限公司于本判决生效后十日内向李某初支付工程款22671724.63元"。即发包人承担责任，转包人不承担责任。

法律依据

《最高人民法院关于审理建设工程施工合同纠纷案件适用法律问题的解释（一）》

第四十三条　实际施工人以转包人、违法分包人为被告起诉的，人民法院应当依法受理。

实际施工人以发包人为被告主张权利的，人民法院应当追加转包人或者违法分包人为本案第三人，在查明发包人欠付转包人或者违法分包人建设工程价款的数额后，判决发包人在欠付建设工程价款范围内对实际施工人承担责任。

第三章 工程款支付相关问题

第22问：转包、违法分包情形下，实际施工人一并起诉施工企业和发包人主张工程款时，若发包人与施工企业尚未进行结算，能得到支持吗？

律师解答

为了通过保护实际施工人从而最终实现保护农民工的合法权益，《建工合同案件司法解释一（2020）》突破了合同相对性的原则，允许实际施工人可以一并起诉发包人和转包人、违法分包人（以下统称为"承包人"），让发包人在欠付承包人工程款的范围内向实际施工人承担付款责任，在发包人向实际施工人支付工程款后，发包人、承包人以及实际施工人之间的连环债务相应消灭。

值得注意的是：司法解释规定"在查明发包人欠付转包人或者违法分包人建设工程价款的数额后，判决发包人在欠付建设工程价款范围内对实际施工人承担责任"，若发包人与承包人之间并未结算，在工程计量、计价等方面存在争议的情形下，让法院在审理实际施工人起诉工程款的案件中，去查明发包人欠付承包人工程款的情况，难度较大，耗时也很长。

对此，司法实践中存在两种观点，具体如下。

观点一：发包人与承包人之间尚未结算，欠付工程款的数额无法查清，实际施工人与发包人之间的权利义务并不明确，故实际施工人向发包人主张在欠付工程款范围内承担责任的条件不成就。

观点二：实际施工人以转包人、违法分包人为被告起诉的，人民法院应当依法受理。

至于施工事实及相应价款是否成立，应在实体审理时通过委托鉴定查明或依照证据规则依法认定并作出相应判决。

笔者同意第二种观点。因为在实践中，承包人与发包人之间在未结算的情形下，承包人是否会积极推动向发包人的结算工作（包括诉讼、仲裁）是未知数，不排除承包人因考虑各种因素而将结算工作完全搁置，若按第一种观点的逻辑，实际施工人想要直接从发包人处拿到工程款的想法将成为镜中月，司法解释的相关规定也将落空。

参考案例

1. 发包人与承包人之间未结算，实际施工人向发包人主张支付工程款的条件不成就。

参考案例：最高人民法院（2021）最高法民终 339 号

实际施工人：李某军、崔某良

施工企业：某瓦台公司、某瓦台青海分公司

建设单位：某发源公司

法院认为：本案中，案涉时代广场并未完工，某发源公司与某瓦台公司亦未进行结算，仅能确定某瓦台公司、某瓦台青海分公司欠付李某军、崔某良工程款的事实。某发源公司是否欠付某瓦台公司、某瓦台青海分公司工程款，欠付工程款的数额等事实因未结算无法查清，实际施工人与发包人之间的权利义务并不明确，故李某军、崔某良向某发源公司主张其在欠付工程款范围内承担责任的条件不成就。李某军、崔某良的该项上诉理由不能成立，本院不予支持。

2. 发包人与承包人虽未结算，但应在审理时通过鉴定等方式查明结算金额，以确定发包人向实际施工人的付款。

参考案例：最高人民法院（2023）最高法民再 2 号

实际施工人：高某友

施工企业：江苏山某公司

建设单位：江某水城度假区住建局

法院认为：高某友以其系案涉工程实际施工人为由提起诉讼，请求判令江苏山某公司支付工程款，江某水城度假区住建局在欠付江苏山某公司工程款范围内承担责任，符合前述法律规定，原审法院依法应当进行审理。至于高某友所主张的施工事实及相应价款是否成立，可在实体审理时通过委托鉴定查明或依照证据规则依法认定并作出相应判决。原审法院虽对高某友提交的证据组织质证，但最终以工程审计没有完毕、施工工程量及价款无法确定等为由驳回其起诉，显然不符合法律规定。至于原审法院认为高某友待工程审计完毕后再行主张可以较好维护各方当事人合法权益的意见，亦无事实和法律依据。综上，原审法院裁定驳回高某友的起诉，适用法律明显错误，依法予以纠正。判决撤销山东省高级人民法院（2021）鲁民终 2475 号民事裁定及山东省聊城市中级人民法院（2021）鲁 15 民初 99 号民事裁定，指令山东省聊城市中级人民法院对本案进行再审。

《最高人民法院关于审理建设工程施工合同纠纷案件适用法律问题的解释（一）》

第四十三条　实际施工人以转包人、违法分包人为被告起诉的，人民法院应当依法受理。

实际施工人以发包人为被告主张权利的，人民法院应当追加转包人或者违法分包人为本案第三人，在查明发包人欠付转包人或者违法分包人建设工程价款的数额后，判决发包人在欠付建设工程价款范围内对实际施工人承担责任。

第23问：实际施工人工程资料缺失，如何应对"证据不足，不支持对工程款的主张"？

律师解答

在工程领域，层层转包、违法分包情形下的实际施工人、劳务班组，因各种原因没签订施工合同就开始施工的情况屡见不鲜。他们虽实际组织人工、材料、机械进行了施工，但苦于法律意识差、无资料员进行规范的档案管理，导致整个工程做完后手中的工程资料杂乱无序，甚至寥寥无几，在实际施工人主张工程款时，将面临证据不足而败诉的风险。

工程款争议，主要就是量与价的问题，但工程量是基础依据，只要能想办法证明具体的施工内容及工程量，计价问题便有方法解决。司法实践中，法院也并非完全依赖书面资料，而是综合审查实际施工情况、行业惯例、间接证据等要素，以合理认定施工情况及工程款。

因此，当实际施工人因各种原因导致施工资料缺失的情形下，首先应当固定现有证据材料，特别要注意收集施工过程中的电子通讯记录（包括但不限于微信、短信、邮件等即时通讯内容），并以此为基础将碎片化的各种资料、凭证、付款记录等进行拼凑梳理，再结合实际参与施工工人的证人证言等尽量还原施工内容和工程量；其次，可以申请造价鉴定，根据《建设工程造价鉴定规范》GB/T 51262—2017 第 5.10.2 条的规定，在工程资料不完整时，鉴定机构可结合现场勘验、行业惯例等作出推断性意见，法院可据此认定工程款。

参考案例

1. 因证据不足，法院未支持主张工程款的请求。

参考案例：云南省高级人民法院（2008）云高民一再终字第 12 号

法院认为：根据谁主张谁举证的原则，邹某华应当提供其所完成工程量及价款的证据，以证实其主张，但邹某华未提供相应的证据。邹某华一审时主张的工程价款 4450170.5 元，是自己算出方量后，委托他人按云南省的定额标准算出来的，无事实依据，被告又不予认可，因此是无效的，不能作为认定其工程量及工程款的依据。其二审时主张的工程价款 8041063.5 元，是以某洲坝公司景洪项目部完成的整个左岸工程的土石方量减某昌公司完成的土石方量为其所完成的工程量，乘以邹某华自己认定的土石方单价，再扣减应当付给肖某元的管理费和自己已领取的材料款、工程款后算出来的，其计算方法及所使用的数字均不正确……

至于邹某华再审时提出的对其所做工程进行鉴定的问题，因邹某华未提供其所做工程的图纸，无法进行鉴定。而其要求本院向勘测设计单位调取的景洪电站左岸 K3＋380—K3＋948.3 段山体路基土石方断面勘测设计图，系该段土石方的勘测设计图，而不是邹某华所完成的爆破工程的勘测设计图。即使本院调取了该图纸最多也只能鉴定出其曾经施工过的路段总的土石方量及造价，而不能鉴定出其所做的爆破工程的土石方量及造价……

总之，本院认为，邹某华不能提供有效证据证明其所完成的工程量及价款，也无相应的资料可对其所完成的工程量及价款进行鉴定，依法邹某华应承担举证不能的法律后果；邹某华的诉讼请求没有事实和法律依据，依法应予驳回；原判认定事实、适用法律正确，程序合法，应予维持。

2. 基于公平原则，对证据不够充分的可通过鉴定等方式确定工程款。

参考案例：最高人民法院（2020）最高法民终 852 号

法院认为：对部分确实发生的施工，仅以施工量无法计量为由对相应工程价款未予支持不妥。本案已经委托相关中介机构进行鉴定。对于确实发生的施工，即使无法准确计量施工量，亦应当委托相关中介机构予以估算，并对施工方要求支付工程价款的诉请视情形予以相应支持，方为公平。一审判决多处在认定已实际施工的情况下，仅因工程量无法准确计量，而不予认定相应工程价款不妥。

法律依据

《建设工程造价鉴定规范》（GB/T 51262—2017）

5.10.2　当事人对已完工程数量不能达成一致意见，鉴定人现场核对也无法确认的，应提请委托人委托第三方专业机构进行现场勘验，鉴定人应按勘验结果进行鉴定。

《最高人民法院关于适用〈中华人民共和国民事诉讼法〉的解释》

第一百零八条　对负有举证证明责任的当事人提供的证据，人民法院经审查并结合相关事实，确信待证事实的存在具有高度可能性的，应当认定该事实存在。

对一方当事人为反驳负有举证证明责任的当事人所主张事实而提供的证据，人民法院经审查并结合相关事实，认为待证事实真伪不明的，应当认定该事实不存在。

法律对于待证事实所应达到的证明标准另有规定的，从其规定。

《最高人民法院关于审理建设工程施工合同纠纷案件适用法律问题的解释（一）》

第二十条　当事人对工程量有争议的，按照施工过程中形成的签证等书面文件确认。承包人能够证明发包人同意其施工，但未能提供签证文件证明工程量发生的，可以按照当事人提供的其他证据确认实际发生的工程量。

第 24 问：发包人已经支付给施工企业的工程款被冻结，实际施工人能否提起执行异议排除冻结？

律师解答

实际施工人的应收工程款，却被施工企业的其他债权人冻结，导致实际施工人需要承担的工人工资、材料款、分包工程款等均受影响，甚至这一冻结行为就成为压垮实际施工人的最后一根稻草。

实际施工人能否以自己为该工程款的实质权利人为由要求排除冻结呢？对此，司法实践中存有不同的观点。

第一种观点认为，实际施工人有权排除冻结。首先，该笔工程款是实际施工人投入人工、材料、机械，完成了相应的施工内容所换来的对价，工程款的最终所有人是实际施工人，而施工企业仅是为了合规而辅助实际施工人收取，但他并非该笔工程款的实质所有者；其次，该笔工程款从发包人处支付给施工企业，转账路径以及付款金额是很清晰的，很容易与施工企业的其他资金区分，实际施工人只要求对该金额解除冻结，理所应当。

第二种观点认为，实际施工人无权排除冻结。《最高人民法院民事审判第一庭 2021 年第 22 次专业法官会议纪要》即持此观点，主要内容为：被执行人账户被执行法院冻结后，案外人以其系账户的借用人和账户中资金的实际权利人为由提起执行异议之诉，请求排除强制执行的，除法律、行政法规另有规定外，人民法院应不予支持。其理由如下。第一，《民法典》第二百二十四条规定："动产物权的设立和转让，自交付时发生效力，但法律另有规定的除外。"第二，货币作为一种特殊动产，同时作为不特定物，流通性系其基本属性，货币占用即所有，账户借用人违规借用银行账户，由此带来的风险应自行承担。第三，"法律、行政法规另有规定"主要是指，法律或司法解释等明确特殊账户有专款专用的安排，实质上不属于开户人所有，经法定程序可以解除冻结相应款项。如以相关基金会、政府监管账户名义开立的生态损害修复赔偿金账户。再如，最高人民法院、人力资源和社会保障部、中国银行保险监督管理委员会发布的《防止农民工工资账户被查冻扣通知》对农民工工资账户的安排。

笔者同意第一种观点，一般实际施工人和施工企业之间的合同都会约定施工企业在扣除管理费、税金及相关费用后，其余的工程款都为实际施工人所有，因此，施工企业账户上的工程款仅为代实际施工人持有，在法律性质上类似于辅助占有，本质上并非施工企业的资金。另外，该笔资金系发包人就特定的某工程项目，依据施工合同关于进度款、结算款的相应支付条件，并结合实际施工完成情况，向施工企业支付的用途确定、金额确定的一笔款项，完全能与施工企业的其他资金相区别，实质是被特定化的货币。

还有一种情形需要明确：若实际施工人有证据证明发包人明知挂靠时，是可以排除冻结的，因为被挂靠人（施工企业）与发包人虽然签订了施工合同，但该合同系双方的虚假意思表示，发包人的实质合同相对方是实际施工人，被挂靠人不是施工合同权利人，不具有享有发包人所拨付工程进度款的权利基础，故不能仅凭账户名义外观即认定该款项属被挂靠人所有，亦不应属于被挂靠人可供执行的责任财产范围。

参考案例

1. 最高人民法院（2019）最高法民申 2147 号

发包人：某交公司

施工企业（被挂靠人）：某瓦台公司

实际施工人（挂靠人）：刘某鑫

法院认为：某瓦台公司与刘某鑫均认可刘某鑫系借用某瓦台公司资质承揽"某交·王府景"四期复合地基与基础工程。根据某交公司出具的《情况说明》，某交公司在与某瓦台公司签订案涉施工合同时，就知晓系刘某鑫借用某瓦台公司资质与其签订合同，某交公司也认可刘某鑫是案涉施工合同项下建设工程的施工人。这表明，某交公司对刘某鑫作为案涉施工合同实际履行人是明知且认可的，也意味着某瓦台公司与某交公司之间并没有订立施工合同的真实意思表示……作为投入对价的工程款应由刘某鑫享有，即刘某鑫是案涉工程进度款的实际权利人和给付受领人。

其次，某瓦台公司与某交公司虽然签订了施工合同，但因合同双方均欠缺订立合同的真实意思表示，施工合同关系未能在双方之间订立，某瓦台公司不是施工合同权利人，不具有享有某交公司所拨付 3894970 元工程进度款的权利基础。同时，案涉款项进入某瓦台公司账户时，该账户已被人民法院冻结，不受某瓦台公司的支配和控制，某瓦台公司因而未实际占有该款项，故不能仅凭账户名义外观即认定该款项属某瓦台公司所有……综上，可认定案涉款项不属于某瓦台公司可供执行的责任财产范围。

2. 江苏省高级人民法院（2019）苏民再 548 号

发包人：某产业公司

承包人（施工企业）：某拓公司

实际施工人：徐某

法院认为：案涉工程款不是某拓公司的责任财产，不应纳入某拓公司、王某民间借贷纠纷一案强制执行的范围。人民法院在执行程序中对被执行人所采取的强制执行措施，应当以其责任财产为限。如果有证据证明拟执行标的不属于被执行人的责任财产，则人民法院应当停止对该标的的执行。债权人无权要求债务人用其责任财产之外的财产偿付其的债务。本案中，洪泽法院（2018）苏 0813 民初 578 号民事判决生效判决查明，案涉经九路道路工程系实际施工人徐某完成，经竣工验收合格，案涉工程系徐某劳动所凝集的成果，且某拓公司与某产业公司并无其他工程项目。因此，某产业公司应支付的全部案涉工程款均具有归属于徐某的特定性，并非某拓公司的责任财产。洪泽法院在执行赵某春与某拓公司、王某民间借贷纠纷一案过程中，作出（2017）苏 0813 执 973 号之二执行裁定，裁定对某拓公司在某产业公司的工程款在 400 万元范围内予以冻结；于 2018 年 2 月 8 日作出（2017）苏 0813 执 973 号之六执行裁定书，裁定提取某拓公司在某产业公司的工程款，没有事实与法律依据，应予撤销。

法律依据

《工程建设领域农民工工资专用账户管理暂行办法》

第八条　除法律另有规定外，专用账户资金不得因支付为本项目提供劳动的农民工工资之外的原因被查封、冻结或者划拨。

《江苏省高级人民法院执行异议及执行异议之诉案件办理工作指引（三）》

29. 建设工程承包人为被执行人的，执行法院对案涉到期工程款债权采取强制执行措施，案外人以其系实际施工人为由提出执行异议，请求排除执行的，适用《民事诉讼法》第二百三十四条规定进行审查。因此引发的执行异议之诉案件，同时符合下列情形的，对案外人的主张应予以支持：

（1）案外人符合最高人民法院关于审理建设工程施工合同纠纷案件适用法律问题的相关解释中实际施工人身份；

（2）案外人提供的证据能够支持其所主张的债权数额，包括但不限于发包人欠付建设工程价款的数额以及承包人欠付其工程款数额等；

（3）案外人主张的工程价款数额覆盖案涉债权的，对其超过案涉债权部分的主张不予支持。

第25问：实际施工人直接起诉发包人主张工程款，发包人能否以转包人与其有借贷债权为由要求与应付工程款相互抵销？

律师观点

发包人的要求不能得到支持。转包情形中，实际施工人以《建工合同案件司法解释一（2020）》第四十三条规定为依据起诉发包人支付工程价款时，发包人欠付施工企业（转包人）的款项性质为工程款债务，该债务和发包人与施工企业（转包人）借贷合同关系中约定的一般债务性质不同，二者属于《民法典》第五百六十八条第一款规定的"不得抵销"的情形，不应发生债权抵销效力。

参考案例

最高人民法院（2013）民提字第96号

发包人：某经济特区保税区管理委员会

施工企业：某侨集团

实际施工人：黄某明

法院认为：某侨集团未取得建筑施工企业资质而承包保税区海关大楼工程，黄某明亦在不具备施工资质的情况下实际参与工程施工，根据《建工合同案件司法解释（2004）》第一条第（一）项、第（二）项的规定，案涉《建安合同》应为无效合同。案涉各方当事人对此均无异议。《建安合同》虽然无效，因案涉保税区海关大楼工程已于1996年9月25日竣工，并于同年10月验收合格且交付使用，根据《建工合同案件司法解释（2004）》第二条关于"建设工程施工合同无效，但建设工程经竣工验收合格，承包人请求参照合同约定支付工程价款的，应予支持"的规定，某侨集团作为承包人，仍可请求保税区参照合同约定支付工程价款。但此工程价款偿付之债务，非根据合同原因，而是直接基于法律规定。简言之，该债务性质为承揽合同项下的特殊法定债务，而某侨集团依据保税区从汕头市财政局处取得的债权而对保税区负有的支付周转金的债务，为借款合同项下的一般约定债务，由此，二者因债务性质不同，属于《合同法》第九十九条第一款规定的"依据法律规定或者按照合同性质不得抵销"的情形。且本案中，保税区所欠付的某侨集团工程款不仅仅是当事人之间的互负债务，亦直接关涉第三人，即实际施工人的切身利益。保税区在案涉实际施工人诉请支付工程价款的情形下，仍向某侨集团发出债务抵销之通知，主张将案涉工程价款抵销某侨集团拖欠保税区的财政周转金债务，与《建工合同案件司法解释（2004）》第二条及第二十六条的规定精神相悖，损害了第三人的利益。

《中华人民共和国民法典》

第五百六十八条　当事人互负债务，该债务的标的物种类、品质相同的，任何一方可以将自己的债务与对方的到期债务抵销；但是，根据债务性质、按照当事人约定或者依照法律规定不得抵销的除外。

当事人主张抵销的，应当通知对方。通知自到达对方时生效。抵销不得附条件或者附期限。

第26问：发包人在施工过程中发现施工企业有挂靠或转包、违法分包行为，能否主张少支付工程款？

律师解答

第一，过错责任的划分仅在计算损失赔偿时有意义，对于工程款数额的认定并无影响。若发包人认为实际施工人的挂靠行为给其造成了损失，应提供充分的证据并另行主张或在同一案件中提出反诉，无法要求直接少支付工程款。

第二，《民法典》第七百九十三条规定，建设工程施工合同无效，但是建设工程经验收合格的，可以参照合同关于工程价款的约定折价补偿承包人。根据该规定可知，在挂靠、转包、违法分包等各种合同无效情形之下，工程款的金额仍应参照合同约定来确定，即在工程款金额的确认上，并未指出应当作任何扣减。

参考案例

最高人民法院（2011）民提字第 235 号

法院认为：过错责任的划分，仅在计算损失赔偿时有意义，对于涉案工程款数额的认定并无影响。依据《合同法》第五十八条的规定，"合同无效或者被撤销后，因本合同取得的财产，应当予以返还；不能返还或者没有必要返还的，应当折价补偿。有过错的一方应当赔偿对方因此所受到的损失，双方都有过错的，应当各自承担相应的责任。"而本案中双方仅对工程款的计算数额存在争议，双方当事人均未提起损害赔偿之诉，因此，过错责任的认定其并不影响对于涉案工程款数额的计算。

《中华人民共和国民法典》

第一百五十七条 民事法律行为无效、被撤销或者确定不发生效力后，行为人因该行为取得的财产，应当予以返还；不能返还或者没有必要返还的，应当折价补偿。有过错的一方应当赔偿对方由此所受到的损失；各方都有过错的，应当各自承担相应的责任。法律另有规定的，依照其规定。

第27问：实际施工人为合伙体，其中一名合伙人对外签订合同产生的债务，其他合伙人是否要承担连带责任？

律师观点

在建设工程领域，实际施工人常以合伙形式承接工程。当其中一名合伙人对外签订合同产生债务时，其他合伙人是否需要承担连带责任，需要从是否有明确的合伙协议，合同签订是否在合伙事务范围内，其他合伙人是否知情或追认，还有是否存在表见代理等方面进行考虑。

第一，如果合伙体内部有明确的合伙协议，且其中一名合伙人对外签订合同在合伙事务范围内（如采购建材、租赁设备），那么这一行为通常被视为代表整个合伙体，其他合伙人对该合同产生的债务应承担责任。因合伙体具有"共同经营、共担风险"的特征，根据《民法典》第九百七十三条"合伙人对合伙债务承担连带责任。清偿合伙债务超过自己应当承担份额的合伙人，有权向其他合伙人追偿"的规定，其他合伙人应当对该合伙人为执行合伙事务而对外签订的合同产生的债务承担连带责任。

第二，如果合伙体内部有明确的合伙协议，但其中一名合伙人超出其权限范围对外签订合同，其他合伙人对该合同产生的债务是否承担连带责任需分情况考虑。

情形一，该合同得到其他合伙人的事后追认。例如，合伙人以合伙体名义超出权限范围签订塔吊租赁合同，但租赁期间其他合伙人多次与租赁公司沟通、对账等，这种情况下其他合伙人应当承担连带责任。

情形二，该合同未得到其他合伙人的事后追认，则需要考虑是否构成表见代理。当合伙人签订合同的行为超越了其内部权限，但合同内容属于合伙事务范围，且相对人有理由相信该合伙人有代理权时，构成表见代理。比如，在建筑工程领域，长期负责与供应商对接的某合伙人，其一直以合伙体名义进行采购活动，虽合伙体内部对其采购金额的限制有明确约定，但供应商对此并不知情，基于对该合伙人身份的信赖以及过往交易习惯与其签订合同产生的债务，其他合伙人应承担连带责任。反之，如果相对人明知该合伙人没有代理权，则不构成表见代理，则其他合伙人不应承担责任。例如，合伙协议明确约定重大采购合同需全体合伙人一致同意方可签订，而某合伙人擅自与供应商签订大额采购合同，且该供应商明确知晓该合伙体此项内部规定。此时，相对人并非善意，不满足表见代理的构成要件，该合同对其他合伙人不具有约束力，债务应由实施无权代理行为的合伙人独自承担。

第三，如果其中一名合伙人对外签订的合同并非基于合伙体的施工事务，即超出了合伙事务范围，而是纯粹为了其个人利益，那么其他合伙人不应承担责任。例如，某合伙人以合伙体名义签订一份与施工项目毫无关联的电子产品采购合同，该合同的目的并非为了推进合伙的施工业务，其他合伙人更没有因此获利。这种情况下，该行为系签订合同的合伙人的个人行为，由此产生的债务当然应由该合伙人自行承担。

第四，上述情形中合伙体成员要承担连带责任的，即使合伙人之间无书面协议，只要对外是以合伙体的身份开展经营活动，其他合伙人也得承担连带责任。

参考案例

湖南省高级人民法院（2018）湘民初 62 号
合伙体（挂靠人）：何某华、首某雄、杨某斌
相对人：邓某刚
被挂靠人：海南某成
法院认为：何某华、首某雄、杨某斌三人系合伙投资承包案涉项目道路建设，借用海南某成的名义与邓某刚签订建筑施工合同，作为合同的实际相对方和履行人，三人应当对何某华等所欠工程款承担直接偿还责任。根据《中华人民共和国民法通则》第三十五条规定，"合伙的债务，由合伙人按照出资比例或者协议的约定，以各自的财产承担清偿责任。合伙人对合伙的债务承担连带责任，法律另有规定的除外。偿还合伙债务超过自己应当承担数额的合伙人，有权向其他合伙人追偿。"何某华、首某雄、杨某斌作为合伙人应当对本案债务承担连带偿还责任。

法律依据

《中华人民共和国民法典》

第九百七十三条　合伙人对合伙债务承担连带责任。清偿合伙债务超过自己应当承担份额的合伙人，有权向其他合伙人追偿。

第一百七十二条　行为人没有代理权、超越代理权或者代理权终止后，仍然实施代理

行为，相对人有理由相信行为人有代理权的，代理行为有效。

《最高人民法院关于适用〈中华人民共和国民法典〉总则编若干问题的解释》

第二十八条 同时符合下列条件的，人民法院可以认定为民法典第一百七十二条规定的相对人有理由相信行为人有代理权：

（一）存在代理权的外观；

（二）相对人不知道行为人行为时没有代理权，且无过失。

因是否构成表见代理发生争议的，相对人应当就无权代理符合前款第一项规定的条件承担举证责任；被代理人应当就相对人不符合前款第二项规定的条件承担举证责任。

第四章 工程款相关费用的主张

第 28 问：无资质的实际施工人可以计取企业管理费、规费等间接费用吗？

律师解答

当实际施工人为自然人，其在主张工程款时，发包人或施工企业常有这样一个抗辩点：实际施工人是无施工资质的自然人，而企业管理费、规费等是施工主体为企业时才可能产生的成本，所以实际施工人没有资格计取该类费用。

该观点是错误的，根据住房和城乡建设部、财政部印发的《建筑安装工程费用项目组成》的规定，企业管理费、规费均是工程造价的组成部分，并没有进行施工主体的区分。其中，企业管理费是指组织施工生产和经营管理所需的费用，包括管理人员工资、办公费、差旅交通费、固定资产使用费、工具用具使用费、劳动保险和职工福利费、劳动保护费、检验试验费、工会经费、职工教育经费、财产保险费、财务费、税金、其他共 14 项费用。我们可以看到，这些名目的费用并不会因施工主体是自然人就不会产生。规费是指按国家法律、法规规定，由省级政府和省级有关权力部门规定必须缴纳或计取的费用，包括社会保险费、住房公积金、工程排污费，而这些费用施工企业也会在实际施工人的应收工程款中进行扣除，最终的承担者还是实际施工人。

因此，企业管理费、规费作为施工过程中必然产生的成本，不应仅以实际施工人的自然人身份而不予计取。

最高人民法院（2021）最高法民终 412 号

发包人：中铁某局某公司

施工企业（被挂靠人）：河南某公司

实际施工人（挂靠人）：潘某进

法院认为：对潘某进已完工程的工程价款，中铁某局某公司上诉主张，间接费 868820 元和按照税率 3.35％计算的营业税 218898 元，应从潘某进应得工程价款中予以扣除。对此，本院认为，华昆咨询价鉴〔2019〕2 号鉴定意见书载明，间接费 868820 元包括了企业管理费、规费和利润。因企业管理费与实际施工人的资质无关，且潘某进在建设施工过程中进行了具体的工程管理，故管理费不应从潘某进应得工程价款中扣除。而规费作为政府和有关权力部门规定必须缴纳的费用，包括为职工缴纳的五险一金以及按规定缴纳的施工现场工程排污费等费用，因案涉工程由潘某进组织的工人施工，所涉及的五险一金等应由潘某进承担，故规费不应从潘某进应得工程价款中扣除。至于利润，作为施工方的潘某进，其劳力、材料等已物化在建设工程的整体价值中，在潘某进完成的工程不存在质量问题的情况下，中铁某局某公司的合同目的已实现，利润是潘某进理应获得的相应对价，如将该部分利润留给中铁某局某公司，则基于同样一份无效合同，中铁某局某公司将获得更多的非法利益，有违合同公平合理的基本原则，故利润亦不应从潘某进应得工程价款中扣除。营业税在本案中是对提供应税劳务的单位和个人就其所取得的营业额征收的税种，中铁某局某公司并非提供应税劳务的单位，中铁某局某公司上诉主张由其在当地税务局缴纳，但并未提供证据证明。综上，中铁某局某公司关于间接费、营业税应从潘某进应得工程价款中予以扣除的上诉理由不能成立。

法律依据

《住房和城乡建设部、财政部关于印发〈建筑安装工程费用项目组成〉的通知》

一、《费用组成》调整的主要内容：

（一）建筑安装工程费用项目按费用构成要素组成划分为人工费、材料费、施工机具使用费、企业管理费、利润、规费和税金。

（二）为指导工程造价专业人员计算建筑安装工程造价，将建筑安装工程费用按工程造价形成顺序划分为分部分项工程费、措施项目费、其他项目费、规费和税金（见附件2）。

（三）按照国家统计局《关于工资总额组成的规定》，合理调整了人工费构成及内容。

（四）依据国家发展改革委、财政部等9部委发布的《标准施工招标文件》的有关规定，将工程设备费列入材料费；原材料费中的检验试验费列入企业管理费。

（五）将仪器仪表使用费列入施工机具使用费；大型机械进出场及安拆费列入措施项目费。

（六）按照《社会保险法》的规定，将原企业管理费中劳动保险费中的职工死亡丧葬补助费、抚恤费列入规费中的养老保险费；在企业管理费中的财务费和其他中增加担保费用、投标费、保险费。

（七）按照《社会保险法》《建筑法》的规定，取消原规费中危险作业意外伤害保险费，增加工伤保险费、生育保险费。

（八）按照财政部的有关规定，在税金中增加地方教育附加。

第 29 问：挂靠、转包导致合同无效，实际施工人能否计取工程款中的利润？

律师解答

实际施工人可以计取工程价款中的利润，具体理由如下。

首先，实际施工人是对工程实际投入资金，并组织人工、材料、机械进行施工的主体，根据《民法典》第七百九十三条"建设工程施工合同无效，但是建设工程经验收合格的，可以参照合同关于工程价款的约定折价补偿承包人"的规定，实际施工人有权利获取所对应的工程价款。

其次，根据住房和城乡建设部、财政部印发的《建筑安装工程费用项目组成》的规定，建筑安装工程费用项目按费用构成要素组成划分为人工费、材料费、施工机具使用费、企业管理费、利润、规费和税金。可见利润是工程价款的组成部分，既然实际施工人有权获得工程价款，那利润部分自然也应当计取。

最后，工程利润是实际施工人基于人工、材料、机械投入后应获得的相应对价，基于公平原则，不应从工程价款中扣除；如果不予支持向实际施工人支付利润，则会出现违法转包、挂靠的施工企业反而因违法行为获得额外的利益，与违法者不受益的基本法理相悖。

参考案例

1. 最高人民法院（2019）最高法民终 1549 号

发包人：某房公司

施工企业（转包人）：某渭公司银川分公司

实际施工人：武某

法院认为：对于施工利润，某渭公司银川分公司认为合同无效，武某不应当获得工程利润。在本案中，某渭公司银川分公司将案涉工程转包给没有资质的个人武某，某渭公司银川分公司对《项目施工委托书》的无效存在过错。一审中已经按照《项目施工委托书》的约定扣除了某渭公司银川分公司收取的管理费，如再扣除利润，该利润被某渭公司银川分公司获得，某渭公司银川分公司违法转包反而取得了实际施工人本应获得的利润，不仅违背《项目施工委托书》的约定，违背诚信，亦有失公平。因此，某渭公司银川分公司主张扣减施工利润的上诉理由不能成立。

2. 最高人民法院（2021）最高法民终 412 号

发包人：中铁某局某公司

施工企业（被挂靠人）：河南某公司

实际施工人（挂靠人）：潘某进

法院认为：至于利润，作为施工方的潘某进，其劳力、材料等已物化在建设工程的整体价值中，在潘某进完成的工程不存在质量问题的情况下，中铁某局某公司的合同目的已实现，利润是潘某进理应获得的相应对价，如将该部分利润留给中铁某局某公司，则基于同样一份无效合同，中铁某局某公司将获得更多的非法利益，有违合同公平合理的基本原则，故利润亦不应从潘某进应得工程价款中扣除。

法律依据

《中华人民共和国民法典》

第七百九十三条　建设工程施工合同无效，但是建设工程经验收合格的，可以参照合同关于工程价款的约定折价补偿承包人。

《住房和城乡建设部、财政部关于印发〈建筑安装工程费用项目组成〉的通知》

一、《费用组成》调整的主要内容：

（一）建筑安装工程费用项目按费用构成要素组成划分为人工费、材料费、施工机具使用费、企业管理费、利润、规费和税金。

第 30 问：实际施工人向承包人主张工程款时，承包人是否有权预留质保金？

律师解答

对此，司法实践中有两种观点。一种认为有权预留，理由是质保金是指发包人与承包人在建设工程承包合同中约定，从应付的工程款中预留，用以保证承包人在缺陷责任期内对建设工程出现的缺陷进行维修的资金，是一种法定义务，故不应以合同无效否定该义务。另一种认为无权预留，理由是实际施工人与承包人之间因挂靠、转包、违法分包而签订的施工合同无效，该担保条款自然无效。如果双方的合同中没有关于质保金预留的约定，则承包人更无依据在结算时进行预留。

笔者认为，承包人有权预留质保金，底层逻辑就是"违法者不受益"。根据《建筑法》《建设工程质量保证金管理办法》之规定，建筑工程实行质量保修制度，在合法的发承包关系下，承包人应当依法预留质保金并承担质量保修责任，而挂靠、转包和违法分包行为系法律所禁止，此种情形下，若让实际施工人比合法承包工程还提前拿到质保金，显然与"违法者不受益"的原则相悖。

参考案例

1. 认为有权预留的案例。

参考案例：最高人民法院（2018）最高法民终 587 号

发包人：某丰公司

施工企业（转包人）：某冶公司

实际施工人：周某军

法院认为：以某冶公司为发包人、周某军为承包人签订的《建设工程内部承包合同》，因属于《建工合同案件司法解释（2004）》第一条第（二）项所规定的"没有资质的实际施工人借用有资质的建筑施工企业名义的"而被认定为无效，但合同无效并不意味着实际施工人对所建工程就无需承担质量保修义务。作为《建设工程内部承包合同》附件的《工程质量保修书》明确约定，质量保修期从工程实际竣工之日算起，分单项竣工验收的工程按单项工程分别计算质量保修期，并根据土建、屋面防水、道路、管线安装等不同的工程分别约定了 1 至 5 年不等的质量保修期。工程质量保修金为施工合同价款的 3%，质量保修期满 2 年，某冶公司扣留全部质保金的 30% 后，14 天内将剩余部分全部返还周某军，质量保修期满 5 年后 14 天内，某冶公司将剩余保修金全部返还周某军。双方形成的《工程验收会议结论》载明，永某奢香大酒店（永某财富中心）地基与基础部分工程于 2014 年 11 月 28 日验收合格，永某奢香大酒店（永某财富中心）ABC 区、主体结构工程于 2015 年 10 月 21 日验收合格，经施工单位、监理单位、勘察单位、设计单位、建设单位及质量监督单位共同签字盖章确认。现周某军并未依据分单项竣工验收而主张质量保修期已经届至，故应当在质量保修期满后 2 年和 5 年分别退还相应款项。同时，双方对于经过验收合格的地基与基础部分、ABC 区、主体结构工程究竟属于质量保修期为 1 至 5 年中的哪类工程也未达成一致，故原审依照合同约定扣除结算总价 3% 的费用作为质保金并无不当。周某军如认为某冶公司未依约按期退还质保金，可就质保金之退还另行主张。

2. 认为无权预留的案例。

参考案例：最高人民法院（2018）最高法民终 846 号

发包人：某顺公司

施工企业（转包人）：某都公司

法院认为：关于约定 5% 质量保证金应否从工程价款中扣除问题。本院认为，根据《建设工程质量保证金管理办法》第二条第一款规定，"质量保证金为发包人与承包人在建设施工合同中约定，从应付的工程款中预留，用以保证承包人在缺陷责任期内对建设工程出现的缺陷进行维修的资金。"质量保证金的交纳和返还应依当事人约定。本案中，各方当事人对于一审判决认定案涉五份建设工程施工合同无效均无异议……因案涉五份建设工程施工合同无效，故双方关于在工程结算价款中预留 5% 质量保证金的约定亦无效。一审判决按双方合同约定预留结算价款 5% 质量保证金缺乏合同和法律依据，显属不当，本院予以纠正。

法律依据

《中华人民共和国建筑法》

第六十二条　建筑工程实行质量保修制度。

建筑工程的保修范围应当包括地基基础工程、主体结构工程、屋面防水工程和其他土建工程，以及电气管线、上下水管线的安装工程，供热、供冷系统工程等项目；保修的期限应当按照保证建筑物合理寿命年限内正常使用，维护使用者合法权益的原则确定。具体的保修范围和最低保修期限由国务院规定。

《建设工程质量保证金管理办法》

第二条　本办法所称建设工程质量保证金（以下简称保证金）是指发包人与承包人在建设工程承包合同中约定，从应付的工程款中预留，用以保证承包人在缺陷责任期内对建设工程出现的缺陷进行维修的资金。

缺陷是指建设工程质量不符合工程建设强制性标准、设计文件，以及承包合同的约定。

缺陷责任期一般为 1 年，最长不超过 2 年，由发、承包双方在合同中约定。

《最高人民法院关于审理建设工程施工合同纠纷案件适用法律问题的解释（一）》

第十七条　有下列情形之一，承包人请求发包人返还工程质量保证金的，人民法院应予支持：

（一）当事人约定的工程质量保证金返还期限届满；

（二）当事人未约定工程质量保证金返还期限的，自建设工程通过竣工验收之日起满二年；

（三）因发包人原因建设工程未按约定期限进行竣工验收的，自承包人提交工程竣工验收报告九十日后当事人约定的工程质量保证金返还期限届满；当事人未约定工程质量保证金返还期限的，自承包人提交工程竣工验收报告九十日后起满二年。

发包人返还工程质量保证金后，不影响承包人根据合同约定或者法律规定履行工程保修义务。

《河南省高级人民法院民事审判第四庭关于建设工程合同纠纷案件疑难问题的解答（2022）》

3. 在施工合同无效的情况下，合同中约定的质量保证金返还期限能否参照适用？

答：建设工程质量保证金具有担保性质，根据建设工程质量保证金管理制度规定，建设工程施工合同无效后并不免除承包人的工程质量缺陷责任，故施工合同中约定的质量保证金返还期限可以参照适用。

第31问：实际施工人通过施工企业转交给发包人的保证金，能否直接向发包人主张退还？

律师解答

转包和违法分包情形下，实际施工人可以直接起诉发包人，让其在欠付承包人的工程款范围内向实际施工人支付工程款。既然建设工程司法解释有此条规定，那很多人就要问了：照此逻辑，那我通过施工企业向发包人交纳的保证金也应该可以直接起诉发包人退还吧？

对此，答案是否定的，理由有二。

第一，质保金不属于工程款的性质，不适用建设工程司法解释的规定。《建工合同案件司法解释一（2020）》第四十三条规定："实际施工人以发包人为被告主张权利的，人民法院应当追加转包人或者违法分包人为本案第三人，在查明发包人欠付转包人或者违法分包人建设工程价款的数额后，判决发包人在欠付建设工程价款范围内对实际施工人承担责任。"该条规定特指的仅是"建设工程价款"，是为了保护农民工的生存权益而做出的特殊立法考量。根据住房和城乡建设部、财政部联合发布的《建筑安装工程费用项目构成》的规定，不管是按费用构成要素划分，还是按工程造价形成顺序划分，工程费用的组成中均没有包含保证金，即保证金并不属于《建工合同案件司法解释一（2020）》第四十三条第二款规定的发包人承担的责任范围，因此，实际施工人不能据此突破合同相对性向发包人主张保证金。

第二，从合同相对性原则出发，实际施工人并未直接与发包人建立合同关系，其保证金也并非直接向发包人交纳。2011年全国民事审判工作会议中，最高人民法院明确对实际施工人向与其没有合同关系的转包人、分包人、总承包人、发包人提起的诉讼，要严格依照法律、司法解释的规定进行审查；不能随意扩大《最高人民法院关于审理建设工程施工合同纠纷案件适用法律若干问题的解释》第二十六条第二款（现《建工合同案件司法解释一（2020）》第四十三条第二款）的适用范围，并且要严格依据相关司法解释规定，明确发包人只在欠付工程款范围内对实际施工人承担责任。

参考案例

最高人民法院（2019）最高法民申1901号

发包人：某豪公司

承包人：某泰公司

实际施工人：肖某友、刘某德

法院认为：保证金属于履约担保性质，均不属于《建工合同案件司法解释（2004）》第二十六条规定突破合同相对性原则向发包人追溯的工程款范围。肖某友、刘某德作为多层转包关系的最后实际施工人，不能援引该司法解释第二十六条规定向与其没有直接合同关系的某泰公司、某豪公司主张非工程款性质的损失赔偿和返还保证金，而应当遵循合同相对性原则，向与其有合同关系的中间转包人主张权利。

法律依据

《住房和城乡建设部、财政部关于印发〈建筑安装工程费用项目组成〉的通知》

一、《费用组成》调整的主要内容：

（一）建筑安装工程费用项目按费用构成要素组成划分为人工费、材料费、施工机具使用费、企业管理费、利润、规费和税金。

（二）为指导工程造价专业人员计算建筑安装工程造价，将建筑安装工程费用按工程造价形成顺序划分为分部分项工程费、措施项目费、其他项目费、规费和税金。

《最高人民法院关于审理建设工程施工合同纠纷案件适用法律问题的解释（一）》

第四十三条　实际施工人以转包人、违法分包人为被告起诉的，人民法院应当依法受理。

实际施工人以发包人为被告主张权利的，人民法院应当追加转包人或者违法分包人为本案第三人，在查明发包人欠付转包人或者违法分包人建设工程价款的数额后，判决发包人在欠付建设工程价款范围内对实际施工人承担责任。

第 32 问：实际施工人在向发包人主张工程款时，可否主张利息、违约金以及停窝工损失？

律师解答

《建工合同案件司法解释一（2020）》第四十三条规定，转包、违法分包情形下，实际施工人可以突破合同相对性直接向发包人主张工程款，发包人在欠付施工企业的工程价款范围内对实际施工人承担付款责任。此种情形下，发包人承担的支付责任应仅限于工程款，不应包括实际施工人主张的利息、违约金及停窝工损失。对此，最高人民法院在《最高人民法院新建设工程施工合同司法解释（一）理解与适用》一书中明确："建设部颁布的《建设工程施工发包与承包价格管理暂行规定》第五条第二款规定：'工程价格由成本（直接成本、间接成本）、利润（酬金）和税金构成。'住房和城乡建设部、财政部颁布的《建筑安装工程费用项目组成》第一条第一款规定：'建筑安装工程费用项目按费用构成要素组成划分为人工费、材料费、施工机具使用费、企业管理费、利润、规费和税金……'，实际施工人主张工程价款时，往往还会向发包人或转包人、违法分包人主张工程款利息、违约金、工程奖励、损失赔偿等款项。对于这些不同类别的款项，实际施工人可以突破合同相对性原则向发包人主张的款项范围应当限定为工程价款，不包括违约金、损失、赔偿等。至于工程款利息……倾向性意见对工程款利息不予支持。"

参考案例

最高人民法院（2019）最高法民申 1901 号

发包人：某豪公司

施工企业：某泰公司

实际施工人：肖某友、刘某德

法院认为：逾期付款利息和临时设施费损失系违约损失赔偿性质，保证金属于履约担保性质，均不属于《建工合同案件司法解释（2004）》第二十六条规定的突破合同相对性原则向发包人追溯的工程款范围，肖某友、刘某德作为多层转包关系的最后实际施工人，不能援引该司法解释第二十六条规定向与其没有直接合同关系的某泰公司、某豪公司主张非工程款性质的损失赔偿和返还保证金，而应当遵循合同相对性原则，向与其有合同关系的中间转包人主张权利。

《最高人民法院关于审理建设工程施工合同纠纷
案件适用法律问题的解释（一）》

第四十三条　实际施工人以转包人、违法分包人为被告起诉的，人民法院应当依法受理。

实际施工人以发包人为被告主张权利的，人民法院应当追加转包人或者违法分包人为本案第三人，在查明发包人欠付转包人或者违法分包人建设工程价款的数额后，判决发包人在欠付建设工程价款范围内对实际施工人承担责任。

第 33 问：挂靠、转包、违法分包情形下，施工企业收取的所谓管理费实际为违法所得，实际施工人能要求施工企业退还吗？

律师解答

工程领域的挂靠、转包、违法分包情形下，施工企业往往并不实际参与工程施工，而是由实际施工人自行组织施工，自主经营、自负盈亏、自担风险，施工企业仅收取一定比例或固定数额的具有牟利性质的费用称为管理费。这种管理费的收取并非基于合法的施工管理行为，而是基于非法的转包、违法分包或出借资质行为的非法牟利。

最高人民法院在多个专业法官会议纪要中均明确指出，合同无效后，承包人请求实际施工人按照合同约定支付管理费的不予支持，相关合同中约定的管理费不能理解为施工企业转包、违法分包工程或者出借资质的对价或好处。

但是，如果转包人、违法分包人或者出借资质人在给予工程或出借资质后也实施了一定的施工行为或管理行为，最高人民法院法官会议纪要明确："应当考虑转包人、违法分包人或者出借资质人的支出成本、合同各方的过错程度、实现利益平衡等因素，在各方之间合理分担该管理成本损失"；同时，重庆市高级人民法院、四川省高级人民法院在《关于审理建设工程施工合同纠纷案件若干问题的解答》中明确："转包人、违法分包人、出借资质的建筑施工企业已经收取了管理费，实际施工人以建设工程施工合同无效为由请求返还的，人民法院不予支持"。

1. 施工企业参与了施工管理，可以收取管理费。

参考案例：最高人民法院（2020）最高法民申 2954 号

施工企业（转包人）：某北公司

实际施工人：某塬公司

法院认为：关于管理费问题，《劳务分包协议》约定，某北公司按照每次收到建设单位支付工程款的 95％向某塬公司支付劳务费。该条内容属于双方关于工程价款的约定内容之一，如前所述，可以参照适用。原审中，某塬公司认可某北公司在施工过程中有代付工人工资，支付塔吊费、打桩费，参与工程结算等行为，证明某北公司参与了工程管理。原审判决参照双方合同约定，扣除 5％管理费，按照世纪某投资公司支付给某北公司工程款的 95％计算某北公司应付某塬公司工程款，并无不当，且不存在超出诉讼请求的情形。

2. 施工企业未进行施工管理，无权收取管理费。

参考案例：最高人民法院（2019）最高法民申 763 号

施工企业（被挂靠人）：贵州某建公司

挂靠人、转包人：冉某敏

实际施工人：刘某贵、李某渠

法院认为：二审法院依法查明案涉工程为冉某敏借用贵州某建公司资质承接工程后全部转包给李某渠、刘某贵，且贵州某建公司在（2015）遵市法民商终字第 180 号案件中也称"涉案工程系冉某敏借用上诉人资质挂靠承建"，故《目标责任书一》是借用资质承接案涉工程而签订的协议，《目标责任书二》是案涉工程非法转包协议，二审法院据此认定上述两份协议无效，并无不当。根据《最高人民法院关于审理建设工程施工合同纠纷案件适用法律问题的解释》第二条之规定，工程款可参照合同的约定计算，但并不代表相关条款独立有效。故二审法院认为冉某敏与贵州某建公司之间的管理费约定，以及冉某敏与李某渠、刘某贵之间的转包费的约定均为无效条款，亦不存在适用法律不当的情形。一、二审中贵州某建公司或冉某敏并未举证证明其对涉案工程实际提供了管理服务，且二审法院另查明在（2017）黔 03 民终 4669 号民事判决书中贵州某建公司明确称"被上诉人四建公司以内部承包的方式将工程款转包给冉某敏以后其完全退出该工程的管理，并收取管理费"，故二审法院认定其未对涉案工程进行管理，无权收取管理费，不缺乏证据证明。贵州某建公司及冉某敏支付的工程款在扣除管理费后并未超出刘某贵、李某渠应得之工程价款。故二审法院对贵州某建公司提出李某渠、刘某贵应返还其超付工程款的主张不予支持，不缺乏事实依据和法律依据。

《最高人民法院第二巡回法庭 2020 年第 7 次法官会议纪要》

法律问题： 建设工程施工合同被认定为无效，合同中约定的"管理费"如何处理？

法官会议意见： 建设工程施工合同因非法转包、违法分包或挂靠行为无效时，对于该合同中约定的由转包方收取"管理费"的处理，应结合个案情形根据合同目的等具体判断。如该"管理费"属于工程价款的组成部分，而转包方也实际参与了施工组织管理协调的，可参照合同约定处理；对于转包方纯粹通过转包牟利，未实际参与施工组织管理协调，合同无效后主张"管理费"的，应不予支持。合同当事人以作为合同价款的"管理费"应予收缴为由主张调整工程价款的，不予支持。基于合同的相对性，非合同当事人不能以转包方与转承包方之间有关"管理费"的约定主张调整应支付的工程款。

《最高人民法院民一庭 2021 年第 21 次法官会议纪要》

法律问题： 合同无效，承包人请求实际施工人按照合同约定支付管理费的，是否应予支持？

法官会议意见： 转包合同、违法分包合同及借用资质合同均违反法律的强制性规定，属于无效合同。前述合同关于实际施工人向承包人或者出借资质的企业支付管理费的约定，应为无效。实践中，有的承包人、出借资质的企业会派出财务人员等个别工作人员从发包人处收取工程款，并向实际施工人支付工程款，但不实际参与工程施工，既不投入资金，也不承担风险。实际施工人自行组织施工，自负盈亏，自担风险。承包人、出借资质的企业只收取一定比例的管理费。该管理费实质上并非承包人、出借资质的企业对建设工程施工进行管理的对价，而是一种通过转包、违法分包和出借资质违法套取利益的行为。此类管理费属于违法收益，不受司法保护。因此，合同无效，承包人或者出借资质的建筑企业请求实际施工人按照合同约定支付管理费的，不予支持。

《最高人民法院第六巡回法庭裁判规则》

转包、违法分包、借用资质情形下，相关转包合同、违法分包合同、出借资质签订的施工合同中约定的管理费该如何认定和处理？

建设工程施工领域，相关转包合同、违法分包合同、出借资质签订的施工合同无效。相关合同中约定的管理费不能理解为转包人、违法分包人或者有资质的施工单位转包、违法分包工程或者出借资质的对价或好处。如果转包人、违法分包人或者有资质的施工单位仅仅给予工程或出借资质但没有实施具体的施工行为或管理行为，对于转包人、违法分包人或者出借资质人提出的支付管理费的请求，一般不予支持；如果转包人、违法分包人或者出借资质人在给予工程或出借资质后也实施了一定的施工行为或管理行为，应当考虑转包人、违法分包人或者出借资质人的支出成本、合同各方的过错程度、实现利益平衡等因素，在各方之间合理分担该管理成本损失。

法律依据

《重庆市高级人民法院、四川省高级人民法院关于审理建设工程施工合同纠纷案件若干问题的解答》

六、无效建设工程施工合同中约定的管理费如何处理？

答：转包人、违法分包人、出借资质的建筑施工企业已经收取了管理费，实际施工人以建设工程施工合同无效为由请求返还的，人民法院不予支持。

未实际参与施工、组织管理协调的转包人、违法分包人、出借资质的建筑施工企业请求实际施工人按照无效建设工程施工合同约定支付管理费，人民法院不予支持。

实际施工人请求转包人、违法分包人、出借资质的建筑施工企业支付的工程款中包含管理费的，对于管理费部分不予支持。

《湖南省高级人民法院关于审理建设工程施工合同纠纷案件若干问题的解答》

湘高法〔2022〕102 号

十一、建设工程施工合同无效，当事人之间约定的管理费如何处理？

建设工程施工合同无效，合同约定的管理费原则上不予支持。当事人主张的，法院可以根据合同系借用资质或转包、违法分包等不同类型，结合出借资质人、转包人、违法分包人是否履行管理职责因素予以适当支持，一般不宜超过总工程款的 3%。

第 34 问：合同约定由实际施工人承担税款，施工企业结算时能否直接从工程款中将其扣除？

律师解答

该问题应当区分实际施工人是自然人还是企业，不同的主体答案是不一样的。

情形一，实际施工人为企业。

此种情形下，实际施工人本身就是纳税义务人，如果其收取相应工程款的同时，向施工企业开具了发票，则施工企业不得再进行税款的扣除，否则就是让实际施工人承担了双重税负，有失公允、于理不通。

情形二，实际施工人为自然人。

此种情形下，实际施工人并非税金的法定缴纳主体，税金应由施工企业缴纳或者由发包人代扣代缴，施工企业或者发包人事实上承担了本应由实际施工人承担的税费，因此，结算时税款可从工程款中扣除。但需注意的是，如果施工企业未能对税费实际缴纳情况进行举证的，可能因举证不能被法院驳回扣除税费的请求。

参考案例

1. 实际施工人为企业。

参考案例：最高人民法院（2017）最高法民再 168 号

发包人：某黔公司

施工企业（转包人）：某扬公司

实际施工人：某兴公司

法院认为：依照我国《税收征收管理法》的要求，税款应由纳税人直接缴纳，或由扣缴义务人代扣代缴或代收代缴，并且只有向税务机关缴纳税款后才能获得相应的完税凭证。本案诉争的 1171170 元税款或由某兴公司自行缴纳后提供相应发票，或由业主某黔公司代扣代缴后从税务机关开具发票。二审法院判决将 3718 万元款项的营业税、城市建设税、教育费附加及四川省地方教育费附加共计 1171170 元税款在某扬公司欠付款项中予以抵扣，同时，又判令某兴公司向某扬公司提供该部分金额发票，相当于让某兴公司承担双重税负。因此，对于该 3718 万元工程款项的营业税、城市建设税、教育费附加及四川省地方教育费附加的纳税发票，某扬公司应向某黔公司收取，而不应再要求某兴公司提供。某兴公司关于二审法院判决其向某扬公司提供发票错误的主张成立，本院予以支持。二审法院在抵扣 1171170 元税款的同时，判令某兴公司提供相应金额的发票属适用法律错误，本院予以纠正。

2. 实际施工人为自然人，税金应扣除。

最高人民法院（2019）最高法民申 4342 号

发包人：某磊公司

施工企业（违法分包人）：南方某达公司

实际施工人：李某森

法院认为：南方某达公司将部分案涉工程违法分包给李某森，李某森虽然实际对部分案涉工程进行了施工，两者之间形成了违法分包关系。但依据南方某达公司与某磊公司签订的《建设工程施工合同》，案涉工程的承包人为南方某达公司。因此，就外部关系而言，缴纳建安税的纳税主体应当是南方某达公司，而非违法分包人李某森。

《建工合同案件司法解释（2004）》第二条规定："建设工程施工合同无效，但建设工程经竣工验收合格，承包人请求参照合同约定支付工程价款的，应予支持。"本案中，李某森实际施工的 6、7 号楼销售部于 2013 年 11 月 18 日提交竣工结算资料。李某森依据

《内部承包合同书》内容请求支付工程价款，《内部承包合同书》约定："第十条 工程造价 1. 计价方式：按重庆市2008定额及相关配套文件为依据编制工程结算造价（本合同签订后的相关配套文件不再执行）……第十三条 工程专项保证金及税金 2. 税金：因实施本工程乙方所应交纳的相关税费由乙方承担交纳。"据此，原审法院参照合同约定，以及2008《重庆市建设工程费用定额》对建筑安装工程费用中税金的规定，认定李某森应负担的税金包括营业税、城市建设维护费、教育费附加，综合税率为3.41%，并无不当。

3. 实际施工人为自然人，税金不应扣除。

最高人民法院（2021）最高法民申990号

发包人：某耀公司

施工企业（被挂靠人）：某信公司

实际施工人（挂靠人）：方某朋、付某红

法院认为：关于应否扣除税金的问题，《内部承包施工合同》约定方某朋、付某红向某信公司让利工程款总额的12%（含管理费，不含税金），即某信公司向方某朋、付某红支付的工程款中应包含税金。某信公司主张其向方某朋、付某红支付的工程款中应扣除相应税款，但并未提供其已向税务部门缴纳上述税款的相关证据，不足以证实代方某朋、付某红缴纳相应税款的事实已实际发生。二审中，方某朋、付某红已明确表示愿意在执行程序中就收到的工程款按照税法规定扣减相应税金，扣除税金问题，双方可在执行中解决。

💬 **法律依据**

《中华人民共和国税收征收管理法（2015修正）》

第四条 法律、行政法规规定负有纳税义务的单位和个人为纳税人。

法律、行政法规规定负有代扣代缴、代收代缴税款义务的单位和个人为扣缴义务人。

纳税人、扣缴义务人必须依照法律、行政法规的规定缴纳税款、代扣代缴、代收代缴税款。

《中华人民共和国发票管理办法（2023修正）》

第十九条 销售商品、提供服务以及从事其他经营活动的单位和个人，对外发生经营业务收取款项，收款方应当向付款方开具发票；特殊情况下，由付款方向收款方开具发票。

第35问：为挂靠、转包、违法分包项目提供中介服务，约定的中介费是否受法律保护？

律师解答

《民法典》第二十六章专门对中介合同做了规定，第九百六十一条的规定对中介合同进行了定义："中介合同是中介人向委托人报告订立合同的机会或者提供订立合同的媒介服务，委托人支付报酬的合同。"可见，法律对提供中介服务并收取相应报酬的行为是予以保护的。

工程领域提供中介服务的现象很常见，对非招投标项目下合法的发承包行为提供中介服务的，当然受法律保护，但对于招投标项目以及挂靠、转包、违法分包项目，提供中介服务的行为是法律所不允许的。

首先，对于招投标项目，依据《招标投标法》的规定，招标投标活动应当遵循公开、公平、公正和诚实信用的原则。招投标项目从招标公告的发布、投标文件的领取、投标、开标、合同签订等所有流程和信息都是依法公开、透明的，各方都可以通过相应的官方渠道获取信息，此类项目若再有人为发包人和承包人之间提供中介服务，难免会有围标、串标之嫌。

其次，当事人订立、履行合同，应当遵守法律法规，不得扰乱社会秩序，损害社会公共利益。而为挂靠、转包、违法分包项目提供中介服务的，中介事项系促成签订了违反法律、行政法规强制性规定的无效建设工程合同，该中介行为实际上扰乱了建筑市场秩序，损害了社会公共利益，中介人据此主张中介费用的，人民法院不予支持。

参考案例

江苏省南京市中级人民法院（2020）苏01民终10148号
施工企业：某建公司
居间人：张某国
实际施工人：某战公司
法院认为：某建公司承接上述工程后，制作G81地块项目土建安装工程内部承包招标文件，将自某田公司处承包的土方、土建及水电安装施工交由他人施工，违反了法律法规的强制性规定。而上诉人张某国与被上诉人某战公司签订的《居间协议》约定的居间事项是张某国促成某战公司与某建公司签订上述违反法律法规强制性规定的合同。根据法律规定，违反法律、行政法规的强制性规定而订立的合同无效。因此，一审法院认定张某国与某战公司签订的《居间协议》无效，符合法律规定。张某国上诉主张该《居间协议》有效，法院不予采信。张某国依据该协议主张的居间费用不受法律保护，一审法院对张某国主张居间费用的诉讼请求不予支持，并无不当。

法律依据

《中华人民共和国民法典》

第九百六十一条　中介合同是中介人向委托人报告订立合同的机会或者提供订立合同的媒介服务，委托人支付报酬的合同。

第五章

施工企业是否因实际施工人的
这些行为承担支付责任

第 36 问：对外交易的合同上无施工企业的印章，
　　　　为何施工企业还是要承担付款责任？

律师解答

　　这样的合同产生纠纷时，法院一般遵循"认人不认账"的裁判规则，即在审判活动中着重审查签约人在签约之时有无代表权或者代理权，从而根据代表或者代理的相关规则来确定合同的效力。若合同签约人有代理权或能够构成表见代理，则即使合同上无施工企业的印章以及无任何施工企业的人员签字，施工企业也要承担付款责任。

参考案例

　　最高人民法院（2015）民申字第 426 号

　　施工企业（被挂靠人）：某隆公司

　　挂靠人：张某林

　　供应商：某泰公司

　　法院认为：本案中，某泰公司与某隆公司北京工程处签订案涉张北县宏某嘉苑工程涿州工地的《钢材购销合同》，是以张某林所持北京工程处负责人王某霞分别于 2010 年 7 月 21 日、2011 年 3 月 17 日出具的《委托书》和北京工程处的"四证"为依据。虽然该两份委托书上所记载的授权范围为委托张某林办理工程的前期业务及投标活动，但因工程施工中的分包和挂靠现象大量存在，加之合同约定的交货地点均为施工工地，故某泰公司在签约时有理由相信张某林是代表某隆公司北京工程处。在某泰公司与张某林签订通州工地的《钢材购销合同》时，虽然没有在当时取得 2011 年 5 月 1 日王某霞出具的《委托书》，但因该合同与涿州工地的合同同时签订，某泰公司在签约时亦有理由相信张某林有权代表某隆公司北京工程处。因此，再审申请人某隆公司关于前述《委托书》所记载的授权范围不足以使某泰公司相信张某林有权代表北京工程处，某泰公司在签约时存在过错的申请理由，无事实和法律依据，本院不予采信。原审判决已经查明，上述合同签订后，某泰公司已经依约将案涉钢坯实际交付至上述工地并由张某林聘用的人员签收，但某隆公司北京工程处仅支付了部分货款，依法应当承担继续支付货款并承担赔偿损失的违约责任。原审判决关于张某林与某隆公司签订并履行三份合同的行为构成表见代理，并应由某隆公司承担相应法律责任的认定正确，本院予以确认。

法律依据

《中华人民共和国民法典》

第一百七十二条　行为人没有代理权、超越代理权或者代理权终止后，仍然实施代理行为，相对人有理由相信行为人有代理权的，代理行为有效。

《最高人民法院关于适用〈中华人民共和国民法典〉总则编若干问题的解释》

第二十八条　同时符合下列条件的，人民法院可以认定为民法典第一百七十二条规定的相对人有理由相信行为人有代理权：

（一）存在代理权的外观；

（二）相对人不知道行为人行为时没有代理权，且无过失。

因是否构成表见代理发生争议的，相对人应当就无权代理符合前款第一项规定的条件承担举证责任；被代理人应当就相对人不符合前款第二项规定的条件承担举证责任。

第 37 问：实际施工人使用施工企业的项目章对外签订合同，施工企业是否要承担责任？

律师解答

挂靠、转包、违法分包情形下，整个项目是由实际施工人自主经营，对外的所有交易活动施工企业一般都甩手不管，而实际施工人为了便于经营管理，可能会私自刻制项目章甚至施工企业公章用于对外签订合同。此种情形下，施工企业是否向加盖项目章的合同相对方（包括但不限于材料供应商、机械出租方、劳务或专业分包方、劳务班组等）承担债务，需分情况讨论。

情形一：若施工企业对该合同的签订知晓，或通过自己的行为对该合同进行追认（如施工企业根据合同的履行情况配合实际施工人进行付款等），此种情形下施工企业为合同的相对方，根据合同相对应性原则，其应对该合同所形成的债务承担责任。

情形二：若施工企业对该合同的签订不知情，且也未参与过该合同的履行，此种情形下需判断签订合同的实际施工人是否对施工企业构成表见代理。

（1）若实际施工人在对外签订合同时向合同相对方出示了施工企业盖章的任命书或委托书，或有其他资料足以使合同相对方有理由相信实际施工人能代表施工企业，则其行为对于施工企业而言构成表见代理，对外债务应由施工企业承担。

（2）若实际施工人没有向合同相对方出具任何有加盖施工企业印章的资料，而合同相对方也没有向实际施工人索要其能代表施工企业的资料，也没有向施工企业求证实际施工人的身份，且合同履行中也无施工企业的任何过账行为，则合同相对方不构成善意。此种情形下，不能仅以加盖有施工企业的项目章为由认定合同相对方为施工企业，此时的债务应由实际进行合同洽谈并履行的实际施工人来承担，施工企业不承担责任。

参考案例

1. 实际施工人的行为对施工企业构成表见代理。

参考案例：最高人民法院（2018）最高法民申 4726 号

施工企业：上海某地公司

实际施工人：孟某辉、刘某复

外部合同相对方：王某

法院认为：作为建材购销主合同的《赊销合同书》显示本笔交易为等价有偿的正常交易，王某在签约和履约中并无明显过错，卖方王某对交货地点、收货人身份、货物用途、买方承诺偿付余款的《还款计划》中有关于上海某地公司关联的叙述等，基本符合表见代理的表象特征。二审根据查明的事实，认定孟某辉、刘某复构成表见代理，其代理实施的民事行为后果由被代理人上海某地公司承担，适用法律并无明显不当。

2. 实际施工人的行为对施工企业不构成表见代理。

参考案例：最高人民法院（2016）最高法民申 2928 号

施工企业：某城公司

实际施工人：刘某

外部合同相对方：陈某

法院认为：刘某既不是某城公司工作人员，也没有某城公司授权委托，陈某仅以刘某持有和使用某城公司项目部印章、施工工地的标牌，以及有关施工资料，即主张有理由相信刘某有权代表某城公司，其行为构成表见代理，依据不足。

《中华人民共和国民法典》

第一百七十一条　行为人没有代理权、超越代理权或者代理权终止后，仍然实施代理行为，未经被代理人追认的，对被代理人不发生效力。

相对人可以催告被代理人自收到通知之日起三十日内予以追认。被代理人未作表示的，视为拒绝追认。行为人实施的行为被追认前，善意相对人有撤销的权利。撤销应当以通知的方式作出。

行为人实施的行为未被追认的，善意相对人有权请求行为人履行债务或者就其受到的损害请求行为人赔偿。但是，赔偿的范围不得超过被代理人追认时相对人所能获得的利益。

相对人知道或者应当知道行为人无权代理的，相对人和行为人按照各自的过错承担责任。

第四百七十四条　无权代理人以被代理人的名义订立合同，被代理人已经开始履行合同义务或者接受相对人履行的，视为对合同的追认。

《浙江省高级人民法院民二庭关于审理涉建筑施工企业项目部纠纷的疑难问题解答》

转包人、违法分包人未经施工企业授权，以施工企业项目部名义对外签订买卖、租赁等合同，施工企业是否承担民事责任适用《中华人民共和国民法典》第一百七十二条的规定。有证据证实合同标的用于工程或施工合同履行过程中施工企业对项目部的行为进行过认可的，可以认定债权人有理由相信转包人、违法分包人有代理权。

第 38 问：对外合同上加盖的是施工企业的假公章，施工企业是否可不承担该合同形成的债务？

律师解答

挂靠、转包、违法分包情形下，整个项目是由实际施工人自主经营，对外的所有交易活动，施工企业一般都甩手不管，而实际施工人为了便于经营管理，可能会私自刻制企业公章用于对外签订合同。此种情形下产生诉讼纠纷时，施工企业一般都会要求进行印章鉴定，以求取得结论为假章的鉴定报告来达到不承担任何责任之目的。

施工企业是否对盖假章的合同承担责任，并不是简单地取决于印章的真假，而是取决于签约之人对施工企业是否有代理权，若无代理权，即使加盖真实的印章亦不能约束施工企业；若有代理权，即使加盖的章为假章，施工企业也得承担责任。具体如下。

（1）若无代理权，即使加盖真实的印章亦不能约束施工企业。此种情形主要是指施工企业对合同的签订完全不知情，而合同的相对方也没有尽到善意，比如在签订合同时没有要求实际施工人提供施工企业加盖印章的任命书或授权委托书，而实际施工人也没有向其提供过任何加盖有施工企业印章的资料，且合同履行过程中，施工企业也没有任何过账行为，此种情形下，即使合同加盖的是施工企业真实的印章，也不能据此让施工企业来承担合同债务。

（2）若有代理权，即使加盖的章为假章，施工企业也得承担责任。此种情形主要是指在签约时不仅有加盖施工企业公章（不论真假）的合同，合同相对方还看到了或索要了加盖有施工企业印章的授权委托书、任命书或其他资料，甚至在合同履行过程中，施工企业向该合同相对方支付过款项，如此情形下，足以证明合同相对方善意且无过失地相信实际施工人具有代理权，施工企业应当对该合同形成的债务承担责任。

参考案例

1. 伪造施工企业印章签订合同，施工企业不承担责任

参考案例：最高人民法院（2016）最高法民终 110 号

施工企业：某铁某局某公司

实际施工人：何某迪

供应商：某钢公司

法院认为：某力公司员工何某迪为了达到与某钢公司签订钢材买卖合同的目的，私刻了某铁某局某公司行政章等四枚印章，并以某铁某局某公司的名义与某钢公司签订了案涉《钢材买卖合同》《补充协议》及相关对账单。对此，某铁某局某公司事先并不知情，且事后也未予追认。故应当认定案涉《钢材买卖合同》及《补充协议》并非某铁某局某公司与某钢公司所签订，而是某力公司与某钢公司所签订。某钢公司不认可某力公司、何某迪所述事实的真实性，但其所举证据不能推翻上述事实，故一审法院认定案涉《钢材买卖合同》及《补充协议》系无代理权的第三方以某铁某局某公司名义与某钢公司签订并无不当，本院予以维持。某钢公司上诉还主张某力公司的行为已构成表见代理，其行为产生的责任应当由某铁某局某公司承担。但某钢公司所举证据不能证明在案涉《钢材买卖合同》上代表"某铁某局某公司"签字的何某迪、在相关对账单上代表"某铁某局某公司"签字的周某新、程某等三人是某铁某局某公司的工作人员，也不能证明某铁某局某公司明知某力公司以其名义签订案涉《钢材买卖合同》及《补充协议》却不采取任何措施，而是放任其继续实施上述行为。故不能认定某力公司的行为已构成表见代理，其上述主张不能成立，本院不予支持。

2. 伪造施工企业印章签订合同，施工企业承担责任

参考案例：最高人民法院（2019）最高法民申 1614 号

总包单位：某铁建集团

分包单位（被挂靠人）：某都公司

挂靠人：沙某博

法院认为：首先，根据原审法院查明，在本案合同缔约过程中，沙某博提供了某都公司的资质证书、营业执照、组织机构代码证、授权委托书等加盖某都公司印章的文件。在施工过程中，亦存在其他加盖某都公司印章的文件，如《关于成立某都公司长沙工程处的通知》《关于设立长沙恒某雅苑 54 号～60 号项目经理部的通知》《内部承包经营合同书》《安全生产协议》以及认可恒某雅苑 54 号～60 号项目部公章的授权书、朱某所持的介绍信、在开立银行账户过程中留存的某都公司的开户资料等。双方最初签订的《联合施工协议》中也加盖了某都靖江分公司的印章。原审法院对双方存有争议的相关文件中的印章真实性问题进行了鉴定，形成（2011）28 号、（2011）78 号、（2012）1 号、（2017）1717 号鉴定文书。综合鉴定情况和全案所存的印章情况，虽然沙某博提供的资质文件、授权委托书中加盖的印章为吴某私刻形成，但授权委托书中加盖的某都公司法定代表人签章未被鉴伪，上述其他多份从某都靖江分公司获得的资料中的某都公司印章未被证实为私刻。同时，吴某私刻的印章还被某都公司用在其他对外合同中，且效力未被否定。现某都公司以部分文件印章不真实为由主张其对涉案工程不知情、不应承担责任，理据不足，本院不予支持。

其次，判断表见代理的过失，应以合同签订时为时间界点。沙某博在签订协议前先进场施工，以及将合同签订时间倒签至 2011 年 2 月 1 日，并不构成某铁建集团对判断授权正当性的过失。现实中，一个企业可能存在多枚印章，在民事交易中，要求合同当事人审查对方公章与备案公章的一致性，过于严苛。本案中，在代理人持有资质文件及授权文书等法人身份证明文件的情况下，要求某铁建集团承担公章审查不严的责任，有失公允。

最后，协议形成行为与印章加盖行为在性质上具有相对独立性。协议内容是双方合意行为的表现形式，而印章加盖行为是各方确认双方合意内容的方式，二者相互关联又相对独立。即印章在证明真实性上尚属初步证据，合同是否成立取决于双方当事人意思表示是否真实。故依据上述沙某博所持的授权文件和某都公司资质文件，足以形成沙某博具有某都公司代理权的外观表象。在合同履行过程中，2011 年 6 月 8 日，某都公司出具授权书承诺其认可"恒某雅苑 54 号～60 号工程项目部公章"；2011 年 10 月，某都公司向某铁建长沙分公司出具介绍信，介绍其副总朱某前往处理长沙恒某雅苑工程的相关事宜。上述行为亦足以证明某都公司参与案涉《联合施工协议》确系其真实意思表示，其对本案所涉项目经过也知情并认可。

《中华人民共和国民法典》

第一百七十二条　行为人没有代理权、超越代理权或者代理权终止后，仍然实施代理行为，相对人有理由相信行为人有代理权的，代理行为有效。

《最高人民法院关于适用〈中华人民共和国民法典〉总则编若干问题的解释》

第二十八条　同时符合下列条件的，人民法院可以认定为民法典第一百七十二条规定的相对人有理由相信行为人有代理权：

（一）存在代理权的外观；

（二）相对人不知道行为人行为时没有代理权，且无过失。

因是否构成表见代理发生争议的，相对人应当就无权代理符合前款第一项规定的条件承担举证责任；被代理人应当就相对人不符合前款第二项规定的条件承担举证责任。

《最高人民法院关于当前形势下审理民商事合同纠纷案件若干问题的指导意见》

13. 合同法第四十九条规定的表见代理制度不仅要求代理人的无权代理行为在客观上形成具有代理权的表象，而且要求相对人在主观上善意且无过失地相信行为人有代理权。合同相对人主张构成表见代理的，应当承担举证责任，不仅应当举证证明代理行为存在诸如合同书、公章、印鉴等有权代理的客观表象形式要素，而且应当证明其善意且无过失地相信行为人具有代理权。

《最高人民法院关于印发〈全国法院民商事审判工作会议纪要〉的通知》

41.【盖章行为的法律效力】司法实践中，有些公司有意刻制两套甚至多套公章，有的法定代表人或者代理人甚至私刻公章，订立合同时恶意加盖非备案的公章或者假公章，发生纠纷后法人以加盖的是假公章为由否定合同效力的情形并不鲜见。人民法院在审理案件时，应当主要审查签约人于盖章之时有无代表权或者代理权，从而根据代表或者代理的相关规则来确定合同的效力。

法定代表人或者其授权之人在合同上加盖法人公章的行为，表明其是以法人名义签订合同，除《公司法》第16条等法律对其职权有特别规定的情形外，应当由法人承担相应的法律后果。法人以法定代表人事后已无代表权、加盖的是假章、所盖之章与备案公章不一致等为由否定合同效力的，人民法院不予支持。

代理人以被代理人名义签订合同，要取得合法授权。代理人取得合法授权后，以被代理人名义签订的合同，应当由被代理人承担责任。被代理人以代理人事后已无代理权、加盖的是假章、所盖之章与备案公章不一致等为由否定合同效力的，人民法院不予支持。

第39问：实际施工人欠付的材料款，施工企业是否会承担付款责任？

律师解答

施工企业是否承担付款责任，需要区分不同情况。

情形一，在挂靠、转包、违法分包工程中，施工企业为实现税务上的合规，通常会以自己的名义与下游材料商签订买卖合同，即虽然合同签订主体、付款方、收票方是施工企业，但费用是施工企业从实际施工人应得工程款中予以扣除。这种情况下，下游材料商直接依据合同、付款记录及开票记录起诉施工企业索要货款是完全没问题的。除非施工企业能充分证明下游材料商在合同签订及履行过程中明知施工企业仅是挂名而已，合同的实际履行为实际施工人，此种情形下，法院会认定以施工企业的名义所签订的买卖合同是各方的虚假意思表示，付款责任应由实际履行合同的实际施工人来承担。

情形二，若实际施工人是以个人名义与材料商订立买卖合同或发生事实合同关系，施工企业则不必然承担向供应商支付货款的责任。因为从合同相对性原则出发，买卖合同的相对方为实际施工人和供应商，供应商不能以其材料送到了挂有施工企业名称的工地就要求突破合同相对性让施工企业承担支付责任，除非实际施工人的履行合同行为对施工企业构成了代理或代表行为，否则，施工企业均不承担付款责任。

参考案例

1. 由签订合同的实际施工人自行承担材料款支付责任。

参考案例：最高人民法院（2015）民申字第751号

施工企业（被挂靠人）：某程公司

实际施工人（挂靠人）：卓某兵

供应商：某立公司

法院认为：卓某兵虽然以某程公司资阳项目部施工一队的名义与某立公司签订《供应合同》，但某程公司并未在该合同上有签章。根据《内部承包协议》的约定，某程公司既无权干涉卓某兵对外采购建材，亦无义务为卓某兵承担货款的支付责任。而卓某兵与某程公司之间的结算是依据《内部承包协议》的约定进行的，且双方已就工程款进行了结算。虽然卓某兵称结算还不算最终完成，其在结算资料上签字是出于被迫，但此种结算方式说明，卓某兵对外采购材料是由其自己结算的。而在实际履行《供应合同》过程中，也是由卓某兵直接向某立公司支付货款的。卓某兵称其中50万元是由某程公司委托某华公司支付，某程公司称是卓某兵委托某华公司支付。从施工过程中均是由某华公司直接支付卓某兵工程进度款的事实看，卓某兵有关某程公司委托某华公司支付货款的说法，欠缺依据。故本案中，由卓某兵主张某程公司对其与某立公司签订的《供应合同》承担支付货款责任的理由不能成立。

2. 由签订合同的施工企业（被挂靠人）承担材料款支付责任。

参考案例：浙江省杭州市中级人民法院（2021）浙01民终2699号

施工企业（被挂靠人）：某宏公司

实际施工人（挂靠人）：徐某锋

供应商：某新公司

法院认为：某宏公司与某新公司签订的《干混砂浆购销合同》系当事人真实意思表示，内容不违反法律、行政法规的强制性规定，依法应确认为有效，双方当事人均应依约履行。关于徐某锋是否应当对某新公司在案涉合同项下的债务承担连带责任的问题，某宏公司主张徐某锋与某新公司之间系挂靠关系，应当对某新公司的债务承担连带责任。对此，本院认为，买卖合同具有相对性，除法律另有规定外，仅对合同当事人具有法律约束力。案涉合同系某宏公司与某新公司所签订，亦在某宏公司与某新公司之间履行。目前并无法律明确规定建设工程领域挂靠人对被挂靠人签订的材料采购合同承担连带责任。故某宏公司的上述主张缺乏法律依据，对于某宏公司的上诉请求，本院不予支持。

法律依据

《中华人民共和国民法典》

第一百一十九条　依法成立的合同，对当事人具有法律约束力。

第四百六十五条　依法成立的合同，受法律保护。

依法成立的合同，仅对当事人具有法律约束力，但是法律另有规定的除外。

第五百零九条　当事人应当按照约定全面履行自己的义务。

当事人应当遵循诚信原则，根据合同的性质、目的和交易习惯履行通知、协助、保密等义务。

第40问：实际施工人欠付专业分包工程款，施工企业是否会承担付款责任？

律师解答

作为专业分包工程的承包方，对此问题很有意见：我投入的人工、材料、机械已经完全附着在你工程实体上了，你总包单位（施工企业）拿着这个工程向发包人获得了收益，我当然有权利找你总包单位拿工程款了。

其实这个问题同材料款的支付问题一样，仍然要根据合同的签订、履行情况分而讨论。

情形一，专业分包合同的签订、履行均是在专业承包人与实际施工人之间进行，整个过程没有总包单位（施工企业）的影子，根据合同的相对性原则，专业承包人则只能向实际施工人主张工程款。

情形二，实际施工人以总包单位（施工企业）的名义分包工程，并且总包单位也参与到分包合同的履行中（付款、收票、结算等），让专业承包人有理由相信总包单位为分包合同的相对方，或者即使没有总包单位的盖章，但实际施工人的行为对总包单位构成了代表或代理行为，则总包单位应承担付款责任。

参考案例

1. 被挂靠人与挂靠人对分包工程款承担连带支付责任。

参考案例：最高人民法院（2021）最高法民申 2300 号

施工企业（被挂靠人）：某建公司

实际施工人（挂靠人）：某旻公司

专业分包人：某加公司

法院认为：本案某建公司作为被挂靠人是否承担连带责任，不应仅从形式上审查签约主体，还要结合签约时的具体情况及签约后的履行情况综合分析判断。从已查明事实看，分包合同签订后，某加公司将履约保证金 300 万元支付到某建公司账户，某建公司于 2015 年 1 月 27 日又将 300 万元履约保证金退还至某加公司账户。虽然某建公司认为该保证金是某加公司代某旻公司支付，某旻公司也认可该 300 万元保证金是其向某加公司借款，由某加公司支付给某建公司，但某加公司对此不认可，考虑到某建公司与某旻公司的特殊关系，对某建公司、某旻公司的表述，本院不予采信。综上分析，某建公司与某旻公司在签订协议时均知道并认可对方的身份。合同履行过程中，某建公司称接受某旻公司委托，支付该项目涉及的部分款项，在案涉工程施工过程中涉及的相关材料中，也加盖某建三局东方公司西安世纪金花珠江时代广场项目部印章。本院认为，某旻公司虽然以自己的名义对外为民事行为，但某加公司有理由相信某旻公司是在履行与某建公司的施工合同义务有关的职务行为，应视为某旻公司以某建公司名义发生民事行为，某建公司应与某旻公司对外承担连带责任。原审判决判令某建公司承担连带责任并无不当。

2. 实际施工人对分包工程款承担支付责任。

参考案例：最高人民法院（2023）最高法民再 272 号

施工企业（被挂靠人）：某和公司

实际施工人（挂靠人）：丁某

专业分包人：王某

法院认为：丁某先于 2013 年 11 月 15 日与某和安顺分公司签订《工程项目施工内部承包协议》，约定由丁某担任项目负责人承揽案涉项目，并按工程总造价的 0.8％向某和安顺分公司交纳管理费。之后，某和安顺分公司作为承包人，于 2014 年 6 月 13 日与发包人贵州某旅游城开发置业有限公司签订《温泉小镇建筑施工合同》，约定某和安顺分公司承包案涉项目，丁某作为项目负责人在该合同上签字。从前述约定的内容看，丁某系借用某和安顺分公司资质承包案涉项目，并向某和安顺分公司交纳相应的管理费。

《分包合同》的主体虽为某安源公司和王某，但从《补充协议》《清算协议》均系丁某以其个人名义与王某签订，且未设置某安源公司的权利义务，工程结算也由丁某与王某进行；贵州某旅游城开发置业有限公司否认与某安源公司签订合同；某和公司或某和安顺分公司否认将案涉项目转包或分包给某安源公司，某安源公司自认未参与过案涉项目的施工和管理；以及 2020 年 11 月 16 日的一审庭审笔录中王某的委托诉讼代理人关于"某安源公司未向王某支付过工程款项"的陈述，表明王某亦认可某安源公司未参与《分包合同》的履行等事实看，可以认定与王某签订《分包合同》的合同相对方实际为丁某，而非某安源公司。尽管案涉《分包合同》《补充协议》无效，但合同主体之间权利义务关系的相对性不因合同无效而受影响。根据合同相对性原则，应当由丁某向王某支付工程款。

第 41 问：实际施工人雇请的人员与施工企业是否为劳动关系？发生工伤事故后应由谁赔偿？

律师解答

挂靠、转包、违法分包情形下，人工的组织是由实际施工人负责完成，劳动者是由实际施工人雇用，其与施工企业之间并无建立劳动关系或雇佣关系的合意，因此，实际施工人雇请的人员与施工企业无劳动关系，实际施工人与其招用的劳动者之间应认定为雇佣关系。

虽然不能认定劳动者与施工企业之间的劳动关系，但施工企业因存在挂靠、违法分包、转包行为，仍需承担用工主体责任，当出现工伤事故时，施工企业应承担赔偿责任，之后其可以向实际施工人进行追偿。

参考案例

最高人民法院（2018）最高法行再 151 号

法院认为：国家建立工伤保险制度，其目的在于保障因工作遭受事故伤害或者患职业病的职工获得医疗救治和经济补偿。用人单位有为本单位全部职工缴纳工伤保险费的义务，职工有享受工伤保险待遇的权利。即通常情况下，社会保险行政部门认定职工工伤，应以职工与用人单位之间存在劳动关系为前提，除非法律、法规及司法解释另有规定情形。《最高人民法院关于审理工伤保险行政案件若干问题的规定》第三条第一款规定："社会保险行政部门认定下列单位为承担工伤保险责任单位的，人民法院应予支持：……（四）用工单位违反法律、法规规定将承包业务转包给不具备用工主体资格的组织或者自然人，该组织或者自然人聘用的职工从事承包业务时因工伤亡的，用工单位为承担工伤保险责任的单位……"该条规定从有利于保护职工合法权益的角度出发，对《工伤保险条例》将劳动关系作为工伤认定前提的一般规定作出了补充，即当存在违法转包、分包的情形时，用工单位承担职工的工伤保险责任不以是否存在劳动关系为前提。根据上述规定，用工单位违反法律、法规规定将承包业务转包、分包给不具备用工主体资格的组织或者自然人，职工发生工伤事故时，应由违法转包、分包的用工单位承担工伤保险责任。

法律依据

《对最高人民法院〈全国民事审判工作会议纪要〉第59条作出进一步释明的答复》

实际施工人的前一手具有用工主体资格的承包人、分包人或转包人与劳动者之间既不存在雇佣关系，也不存在劳动关系，从而一般情况下认定劳动者与建筑企业不存在劳动关系。

《最高人民法院关于审理工伤保险行政案件若干问题的规定》

法释〔2014〕9号

第三条　社会保险行政部门认定下列单位为承担工伤保险责任单位的，人民法院应予支持：

……

（四）用工单位违反法律、法规规定将承包业务转包给不具备用工主体资格的组织或者自然人，该组织或者自然人聘用的职工从事承包业务时因工伤亡的，用工单位为承担工伤保险责任的单位；

（五）个人挂靠其他单位对外经营，其聘用的人员因工伤亡的，被挂靠单位为承担工伤保险责任的单位。

前款第（四）、（五）项明确的承担工伤保险责任的单位承担赔偿责任或者社会保险经办机构从工伤保险基金支付工伤保险待遇后，有权向相关组织、单位和个人追偿。

《人力资源和社会保障部关于执行〈工伤保险条例〉若干问题的意见》

七、具备用工主体资格的承包单位违反法律、法规规定，将承包业务转包、分包给不具备用工主体资格的组织或者自然人，该组织或者自然人招用的劳动者从事承包业务时因工伤亡的，由该具备用工主体资格的承包单位承担用人单位依法应承担的工伤保险责任。

《劳动和社会保障部关于确立劳动关系有关事项的通知》

（劳社部发〔2005〕12 号）

四、建筑施工、矿山企业等用人单位将工程（业务）或经营权发包给不具备用工主体资格的组织或自然人，对该组织或自然人招用的劳动者，由具备用工主体资格的发包方承担用工主体责任。

第 42 问：发包人存在超付工程款的情况时，挂靠人和被挂靠人是否对返还款项承担连带责任？

律师解答

应分情况而论。

应当承担连带责任的情形：发包人对挂靠情形并不知情，从订立合同的主体来看，发包人是与被挂靠人签订合同并付款，被挂靠人向发包人开具相应发票，被挂靠人作为合同相对方、款项收取方，应当承担返还责任。同时，根据《建工合同案件司法解释一（2020）》第七条规定，挂靠人也应当承担了连带返还责任。

不应当承担连带责任的情形：发包人对挂靠情形明知，挂靠人与发包人订立的合同是虚假的意思表示，二者仅是有发承包关系的外观表象，本质上的权利义务相对方是发包人与挂靠人，应当由实际权利义务人（挂靠人）对其所实施的法律行为承担法律后果，即仅由挂靠人承担返还责任。

参考案例

1. 应当承担连带责任的情形。

参考案例：最高人民法院（2020）最高法民申 6519 号

发包人：某建沈阳分公司

被挂靠人：某博劳务公司

实际施工人（挂靠人）：施某明

法院认为：本案审查重点是某博劳务公司是否应承担返还某建沈阳分公司多付工程款的责任。从订立合同的主体来看，某建沈阳分公司与某博劳务公司于 2014 年 12 月 17 日签订案涉《建设工程劳务（专业）分包合同》；从合同履行情况来看，某博劳务公司在处理农民工工资等事项中均有参与；从付款情况来看，某建沈阳分公司向某博劳务公司支付了案涉工程款，某博劳务公司开具了相应发票。总之，某建沈阳分公司向某博劳务公司多付工程款部分，某博劳务公司作为合同相对方、款项收取方，二审判决判令某博劳务公司返还多支付款项，有事实根据。并且根据《最高人民法院关于审理建设工程施工合同纠纷案件适用法律问题的解释（二）》第四条（《建工合同案件司法解释一（2020）》第七条）规定："缺乏资质的单位或者个人借用有资质的建筑施工企业名义签订建设工程施工合同，发包人请求出借方与借用方对建设工程质量不合格等因出借资质造成的损失承担连带赔偿责任的，人民法院应予支持"。本案中，某博劳务公司将自身资质出借给施某明，二审判决判令某博劳务公司与资质借用方施某明共同对某建沈阳分公司多付工程款的损失承担连带还款责任，适用法律并无不当。某博劳务公司主张其与施某明是挂靠关系，不应承担连带返还多付工程款责任的理由，本院不予支持。

2. 不应当承担连带责任的情形。

参考案例：最高人民法院（2020）最高法民申 2920 号

发包人：某汇公司

被挂靠人：某洲公司

挂靠人：缪某荣、梅某华

法院认为：本案再审审查主要涉及某洲公司应否对某汇公司已付工程款承担返还责任的问题。

根据原审查明的事实，案涉工程于 2013 年开工建设，某汇公司早在缪某荣向其提供落款时间为 2014 年 11 月 10 日的授权委托书之前，即于 2013 年 8 月 23 日与缪某荣签订《建设工程施工补充合同》，认可缪某荣系案涉工程的承包人，此后某汇公司再与某洲公司签订《建设工程施工合同》。因案涉工程开工建设前某汇公司未履行招标程序，为完善招标程序以便案涉工程顺利通过竣工验收，某汇公司与某洲公司签订第二份《建设工程施工合同》，之后缪某荣又以承包人身份与某汇公司签订多份《建设工程施工补充合同》，由此可见，某汇公司对缪某荣在案涉工程中的实际权利义务系为明知。因缪某荣不具备建设工程施工所要求的相应资质，故以某汇公司与某洲公司签订《建设工程施工合同》的形式由缪某荣向某洲公司借用资质达到案涉工程顺利通过竣工验收的目的。案涉事实表明，某汇公司、缪某荣、某洲公司对于缪某荣借用某洲公司资质承揽工程并实际施工均为明知，因此，某汇公司与某洲公司签订《建设工程施工合同》仅系外观表象，本案实质上的权利义务相对方系某汇公司与缪某荣，双方之间形成事实上的建设工程施工合同关系。某洲公司在其与某汇公司之间的《建设工程施工合同》上盖章以及向缪某荣、梅某华出具授权委托书的行为，为维护市场正常交易秩序和保护具有合理信赖利益的善意第三人可对外产生效力，但不能成为某汇公司否认事实上形成的法律关系和实际权利义务的理由，原审法院认为在某汇公司明知各方之间实际权利义务关系的情况下，应由实际权利义务人对其所实施的民事法律行为承担相应法律后果并不缺乏事实与法律依据。

法律依据

《最高人民法院关于审理建设工程施工合同纠纷案件适用法律问题的解释（一）》

第七条　缺乏资质的单位或者个人借用有资质的建筑施工企业名义签订建设工程施工合同，发包人请求出借方与借用方对建设工程质量不合格等因出借资质造成的损失承担连带赔偿责任的，人民法院应予支持。

《北京市高级人民法院关于审理建设工程施工合同纠纷案件若干疑难问题的解答》

20、不具有资质的挂靠施工人主张欠付工程款的，如何处理？挂靠人又将工程分包、转包给他人施工，施工人主张欠付工程款的，如何处理？

……因履行施工合同产生的债务，被挂靠人与挂靠施工人应当承担连带责任。

第43问：施工企业在参加诉讼过程中，发现资料上所盖印章系实际施工人私刻，能否申请法院启动印章鉴定程序，以实现不承担责任之目的？

律师解答

工程项目上所使用的公章为实际施工人私刻，并不能简单地以此否定该枚印章的法律效力。

第一，如果承包单位在项目实施过程中配合实际施工人履行了加盖该印章的合同，比如进行了对账、付款等，则会视为承包单位对该印章的使用进行了追认，该印章所加盖的其他资料均对承包单位有约束力。

第二，即使承包单位没有进行追认，但使用该印章的人在当时使相对方有理由相信其对承包单位有代理权或代表权，此种情形下承包单位也该承担责任。

第三，实践中，很多建筑企业可能会同时开展几十上百个项目，自己也会刻印多套印章进行使用，此种情形下，如果无充分证据证明该印章为实际施工人私刻，法院并不会否定该印章的效力，承包单位仍应担责。

参考案例

1. 最高人民法院（2018）最高法民申 3842 号

法院认为：虽然落款处加盖的公司合同专用章与其在公安机关备案的公章不是同一枚印章，但不能排除公司实际使用的公章不止一枚的可能性，更不能以此否定合同之效力。

2. 最高人民法院（2015）民申字第 2537 号

法院认为：《担保保证书》上加盖的公章印文虽经鉴定机构认定，与其在公安局备案的印章不符，但有证据确认公司实际使用的公章并非只有在公安部门备案的一枚的，公司以对外使用公章与备案公章不一致为由主张签订合同对其没有约束力的，法院不予支持。

法律依据

《最高人民法院关于印发〈全国法院民商事审判工作会议纪要〉的通知》

41. 司法实践中，有些公司有意刻制两套甚至多套公章，有的法定代表人或者代理人甚至私刻公章，订立合同时恶意加盖非备案的公章或者假公章，发生纠纷后法人以加盖的是假公章为由否定合同效力的情形并不鲜见。人民法院在审理案件时，应当主要审查签约人于盖章之时有无代表权或者代理权，从而根据代表或者代理的相关规则来确定合同的效力。

法定代表人或者其授权之人在合同上加盖法人公章的行为，表明其是以法人名义签订合同，除《公司法》第十六条等法律对其职权有特别规定的情形外，应当由法人承担相应的法律后果。法人以法定代表人事后已无代表权、加盖的是假章、所盖之章与备案公章不一致等为由否定合同效力的，人民法院不予支持。

代理人以被代理人名义签订合同，要取得合法授权。代理人取得合法授权后，以被代理人名义签订的合同，应当由被代理人承担责任。被代理人以代理人事后已无代理权、加盖的是假章、所盖之章与备案公章不一致等为由否定合同效力的，人民法院不予支持。

《最高人民法院关于当前形势下审理民商事合同纠纷案件若干问题的指导意见》

14. 人民法院在判断合同相对人主观上是否属于善意且无过失时，应当结合合同缔结与履行过程中的各种因素综合判断合同相对人是否尽到合理注意义务，此外还要考虑合同的缔结时间、以谁的名义签字、是否盖有相关印章及印章真伪、标的物的交付方式与地点、购买的材料、租赁的器材、所借款项的用途、建筑单位是否知道项目经理的行为、是否参与合同履行等各种因素，作出综合分析判断。

第六章 质量、工期等问题的损失赔偿责任承担

第 44 问：工程质量出现问题，施工企业与实际施工人如何分担责任？

律师解答

实际施工人在施工过程中出现了质量问题，实际施工人与施工企业对发包人构成了共同侵权，二者应向建设单位承担连带赔偿责任。具体依据如下。

《建筑法》第六十六条规定："建筑施工企业转让、出借资质证书或者以其他方式允许他人以本企业的名义承揽工程的……对因该项承揽工程不符合规定的质量标准造成的损失，建筑施工企业与使用本企业名义的单位或者个人承担连带赔偿责任。"《建筑法》第六十七条规定："承包单位有前款规定的违法行为的，对因转包工程或者违法分包的工程不符合规定的质量标准造成的损失，与接受转包或者分包的单位承担连带赔偿责任。"

若施工企业承担了全部的赔偿责任，能否向实际施工人追偿？答案当然是肯定的，但能否全额追偿呢？

《民法典》第一百七十八条第二款规定："连带责任人的责任份额根据各自责任大小确定；难以确定责任大小的，平均承担责任。实际承担责任超过自己责任份额的连带责任人，有权向其他连带责任人追偿。"

根据该规定可知，施工企业承担了赔偿责任后，有权向实际施工人追偿。具体能追偿多少，需要区分各自的责任大小。最高人民法院在《最高人民法院建设工程施工合同司法解释（二）理解与适用》一书中对挂靠情形下的责任承担观点是："因承包合同的权益实际上由挂靠人享有，义务实际上也由挂靠人承担，而被挂靠人取得的收益只是管理费，故

可以考虑被挂靠人在收取管理费的范围内承担按份责任"。也就是被挂靠人承担的责任份额是以收取的挂靠费为限，超出的部分就是帮你挂靠人承担的，可以向挂靠人追偿。受多少益，就担多大责，这才是相对公平的做法。

实践中，还有发包人对挂靠行为明确知晓的，此情形下发包人存在过错，其也应当承担一定的责任，但发包人也仅是承担因合同无效造成的相应损失，而不应让其去分担挂靠人、被挂靠人自身在履行施工义务上的过错。

转包、违法分包情形下的责任分担与挂靠同理。

法律依据

《中华人民共和国建筑法》

第六十六条 建筑施工企业转让、出借资质证书或者以其他方式允许他人以本企业的名义承揽工程的，责令改正，没收违法所得，并处罚款，可以责令停业整顿，降低资质等级；情节严重的，吊销资质证书。对因该项承揽工程不符合规定的质量标准造成的损失，建筑施工企业与使用本企业名义的单位或者个人承担连带赔偿责任。

第六十七条 承包单位将承包的工程转包的，或者违反本法规定进行分包的，责令改正，没收违法所得，并处罚款，可以责令停业整顿，降低资质等级；情节严重的，吊销资质证书。

承包单位有前款规定的违法行为的，对因转包工程或者违法分包的工程不符合规定的质量标准造成的损失，与接受转包或者分包的单位承担连带赔偿责任。

《中华人民共和国民法典》

第一百七十八条 二人以上依法承担连带责任的，权利人有权请求部分或者全部连带责任人承担责任。

连带责任人的责任份额根据各自责任大小确定；难以确定责任大小的，平均承担责任。实际承担责任超过自己责任份额的连带责任人，有权向其他连带责任人追偿。

连带责任，由法律规定或者当事人约定。

第45问：纯劳务施工出现了质量问题，是否要承担责任？

律师解答

对于纯劳务施工，不论是合法的劳务分包人还是挂靠、转包、违法分包下的专业作业承包人，其结论都是一致的：是否对工程质量问题承担责任，关键是要看施工是否符合工程设计要求、施工技术标准和合同约定，如果有违反情形，则应当承担无偿修理或者返工、改建的责任，并赔偿相应的损失。

需强调的是，工程质量问题往往都是多因一果，比如可能是地勘数据出错、设计不符合强制标准、未按图施工、建材有瑕疵、业主或监理违章指令等，因此，在责任归咎上难度是比较大的。对于劳务清包而言，其不包括建材、周转材料、机械等内容，劳务分包人的主要义务就是按图施工或按其上级发包人（可能是总包，也可能是专业分包）的要求、指令施工，在整个施工过程中，总包、专业分包、监理、甲方代表等多单位的管理人员都在现场，如果没有人指出劳务施工存在未按图施工或施工工艺、工序出了问题，则很难将质量问题的原因归咎于劳务分包人。

参考案例

吉林省延边朝鲜族自治州中级人民法院（2021）吉 24 民终 2279 号

实际施工人（挂靠人）：丛某波

施工企业（被挂靠人）：某市房屋建筑有限公司

发包人：某久公司

法院认为：某久公司与丛某波没有签订书面劳务分包合同，对于施工质量，双方没有明确约定。《建筑法》第三十二条规定，建筑工程监理应当依照法律、行政法规及有关的技术标准、设计文件和建筑工程承包合同，对承包单位在施工质量、建设工期和建设资金使用等方面，代表建设单位实施监督。工程监理人员认为工程施工不符合工程设计要求、施工技术标准和合同约定的，有权要求建筑施工企业改正。丛某波在进行劳务作业时，发包人某久公司应提供技术指导，如丛某波未按发包方某久公司的要求进行施工，某久公司或监理公司当时就应当指出，丛某波应当承担返工、维修等责任。在丛某波施工结束前，某久公司及监理公司并未提出丛某波施工部分存在其现主张的质量问题。丛某波施工完毕后，某久公司已接受丛某波的施工成果，案涉工程也已交付给购房者使用，应视为丛某波按某久公司的要求完成了劳务作业任务。《建设工程质量管理条例》第三条规定："建设单位、勘察单位、设计单位、施工单位、工程监理单位依法对建设工程质量负责。"《建设工程质量管理条例》第三十九条规定："建设工程实行质量保修制度。建设工程承包单位在向建设单位提交工程竣工验收报告时，应当向建设单位出具质量保修书。质量保修书中应当明确建设工程的保修范围、保修期限和保修责任等。"承担质量保修责任的施工单位、工程承包单位均是指工程承包人或实际施工人，并不是劳务作业分包人。某久公司要求丛某波承担赔偿责任没有充分的法律依据，无法予以支持。原审判决丛某波承担相应赔偿责任不当，本院予以纠正。

《中华人民共和国建筑法》

第五十五条　建筑工程实行总承包的，工程质量由工程总承包单位负责，总承包单位将建筑工程分包给其他单位的，应当对分包工程的质量与分包单位承担连带责任。分包单位应当接受总承包单位的质量管理。

第五十八条　建筑施工企业对工程的施工质量负责。

建筑施工企业必须按照工程设计图纸和施工技术标准施工，不得偷工减料。工程设计的修改由原设计单位负责，建筑施工企业不得擅自修改工程设计。

《中华人民共和国民法典》

第八百零一条　因施工人的原因致使建设工程质量不符合约定的，发包人有权请求施工人在合理期限内无偿修理或者返工、改建。经过修理或者返工、改建后，造成逾期交付的，施工人应当承担违约责任。

《建设工程质量管理条例》

第二十七条　总承包单位依法将建设工程分包给其他单位的，分包单位应当按照分包合同的约定对其分包工程的质量向总承包单位负责，总承包单位与分包单位对分包工程的质量承担连带责任。

《房屋建筑和市政基础设施工程施工分包管理办法》

第五条　房屋建筑和市政基础设施工程施工分包分为专业工程分包和劳务作业分包。

……

本办法所称劳务作业分包，是指施工总承包企业或者专业承包企业（以下简称劳务作业发包人）将其承包工程中的劳务作业发包给劳务分包企业（以下简称劳务作业承包人）完成的活动。

第十六条　分包工程承包人应当按照分包合同的约定对其承包的工程向分包工程发包人负责。分包工程发包人和分包工程承包人就分包工程对建设单位承担连带责任。

第46问：层层转包、违法分包情形下，中间环节的转包人/违法分包人并未实际施工，是否也要对工程质量承担责任？

律师解答

根据《建筑法》第六十七条"承包单位……对因转包工程或者违法分包的工程不符合规定的质量标准造成的损失，与接受转包或者分包的单位承担连带赔偿责任"以及《建工合同案件司法解释一（2020）》第十五条"因建设工程质量发生争议的，发包人可以以总承包人、分包人和实际施工人为共同被告提起诉讼"的规定，当工程出现质量问题时，除了最终实际施工的人要承担责任外，承包人也得承担连带赔偿责任。但前述规定并没有明确当出现层层转包、违法分包的情形下，仅是在中间环节将工程再转包、违法分包的中间人是否也要对质量问题承担责任。

对此，笔者认为未直接参与施工的中间人也应当对质量问题承担责任，虽然中间人与上下游之间签订的转包、分包合同为无效合同，但中间人对于其再转包、违法分包行为存在过错，根据《建工合同案件司法解释一（2020）》第六条"建设工程施工合同无效，一方当事人请求对方赔偿损失的，应当就对方过错、损失大小、过错与损失之间的因果关系承担举证责任……一方当事人请求参照合同约定的质量标准……等内容确定损失大小的，人民法院可以结合双方过错程度、过错与损失之间的因果关系等因素作出裁判"的规定，中间人应当根据其过程程度承担相应的赔偿责任。

法律依据

《中华人民共和国建筑法》

第六十六条 建筑施工企业转让、出借资质证书或者以其他方式允许他人以本企业的名义承揽工程的，责令改正，没收违法所得，并处罚款，可以责令停业整顿，降低资质等级；情节严重的，吊销资质证书。对因该项承揽工程不符合规定的质量标准造成的损失，建筑施工企业与使用本企业名义的单位或者个人承担连带赔偿责任。

第六十七条 承包单位将承包的工程转包的，或者违反本法规定进行分包的，责令改正，没收违法所得，并处罚款，可以责令停业整顿，降低资质等级；情节严重的，吊销资质证书。

承包单位有前款规定的违法行为的，对因转包工程或者违法分包的工程不符合规定的质量标准造成的损失，与接受转包或者分包的单位承担连带赔偿责任。

《最高人民法院关于审理建设工程施工合同纠纷
案件适用法律问题的解释（一）》

第六条　建设工程施工合同无效，一方当事人请求对方赔偿损失的，应当就对方过错、损失大小、过错与损失之间的因果关系承担举证责任。

损失大小无法确定，一方当事人请求参照合同约定的质量标准、建设工期、工程价款支付时间等内容确定损失大小的，人民法院可以结合双方过错程度、过错与损失之间的因果关系等因素作出裁判。

因建设工程质量发生争议的，发包人可以以总承包人、分包人和实际施工人为共同被告提起诉讼。

第47问：发包人能否直接向实际施工人主张
工期逾期的赔偿责任？

律师解答

对于因实际施工人的原因导致工期逾期，从而给发包人造成相应损失的，应当区分不同情况确定发包人能否直接向实际施工人追偿。

情形一，转包、违法分包关系。

此种法律关系下，实际施工人并非施工合同的相对方，发包方想直接向实际施工人主张工期延误责任，没有合同和法律依据；依据合同的相对性原则，发包人只能向合同上的承包人主张责任，承包人在承担责任后，可以向实际施工人进行追偿。

也有观点认为，《建工合同案件司法解释一（2020）》第四十三条规定有条件地突破了合同相对性原则，赋予实际施工人直接向发包人主张工程款的权利，基于权利义务对等的基本原则，如果实际施工人有权向发包人主张工程款，但又无义务向发包人承担工期延误责任的话，就会出现实际施工人只享有权利而不负担义务的失衡现象，不符合公平原则；同时也会出现非法存在的实际施工人，反而比合法情况下的承包人享受更为有利的法律保护的反常现象。故从公平角度考虑，当实际施工人直接向发包人主张工程款时，应赋予发包人针对实际施工人工期逾期赔偿责任的反诉权利。

笔者认为，此观点是对司法解释的片面理解，《建工合同案件司法解释一（2020）》第四十三条规定，实际施工人可以突破合同相对性原则向发包人主张工程款，其背景是为了保护实际施工人之下农民工的根本利益的政策考量，具有特殊性；另外，该条规定发包人的付款义务也仅是在欠付承包人的范围内向实际施工人承担付款责任，最后该付款会冲抵发包人对承包人的欠款，本质上还是向承包人的付款。

情形二，挂靠关系。

如果发包人明知是实际施工人挂靠承包人进行施工，则实际施工人与发包人为施工合同的实质相对方，发包人有权向实际施工人主张工期逾期的赔偿责任；如果发包人对实际施工人的挂靠行为并不知晓的，则适用上述转包、违法分包情形的处理方式。

参考案例

福建省高级人民法院（2017）闽民再210号

实际施工人：池某璋

施工企业（转包人）：某森建设

发包人：某友竹业

法院认为：在合同无效的情形下，施工方承担的不是违约责任，二审法院认为池某璋作为实际施工人，应先行承担违约责任，由某森建设承担连带清偿责任，属适用法律错误。《中华人民共和国民法通则》第四条规定："民事活动应当遵循自愿、公平、等价有偿、诚实信用的原则。"《合同法》第五条规定："当事人应当遵循公平原则确定各方的权利和义务。"在案涉合同无效的情形下，可根据某友竹业和某森建设双方对造成合同无效的过错程度和公平原则，参照无效合同的相关约定确定工期延误的赔偿责任。

《建工合同案件司法解释（2004）》第二十五条规定："因建设工程质量发生争议的，发包人可以以总承包人、分包人和实际施工人为共同被告提起诉讼"。在发生建设工程质量问题时，发包人可以突破合同相对性，以实际施工人为被告提起诉讼，但工期延误不属于建设工程质量问题，在参照无效合同中工期延误责任条款确定相关责任时，应根据合同相对性原则，以该合同的相对人作为责任义务人。本案中，案涉《钢结构建筑安装合同书》和《补充协议》的合同两造是某友竹业和某森建设，具体代表某森建设签订合同的是案外人卓传汶，生效判决认定池某璋是从某森建设处转包案涉工程，可见池某璋并非某友竹业的合同相对方。因此，某友竹业向池某璋主张工期延误责任，没有事实和法律依据。

法律依据

《中华人民共和国民法典》

第四百六十五条　依法成立的合同，受法律保护。

依法成立的合同，仅对当事人具有法律约束力，但是法律另有规定的除外。

第 48 问：挂靠情形下工期逾期，发包人能否主张被挂靠人与挂靠人承担连带责任？

律师解答

对于此问题，司法实践中有不同的观点。

第一种观点，有的法院认为，需要区分发包人是否明知挂靠而判断被挂靠人承担连带责任。在发包人明知挂靠的情形下，被挂靠人与发包人之间虽签订了施工合同，但该合同为双方的虚假意思表示，实质上的施工合同关系在发包人与实际施工人之间形成，因此，发包人向被挂靠人主张工期延误损失无事实依据。

第二种观点，有的法院则认为，无论发包人是否明知挂靠，被挂靠人出借资质的行为本就是法律法规的禁止性行为，其对工期延误也存有过错，应当承担连带责任。

笔者支持第二种观点。《建工合同案件司法解释一（2020）》第七条规定："缺乏资质的单位或者个人借用有资质的建筑施工企业名义签订建设工程施工合同，发包人请求出借方与借用方对建设工程质量不合格等因出借资质造成的损失承担连带赔偿责任的，人民法院应予支持。"虽然该条规定仅是列明了出借资质方对工程质量问题应承担连带责任，并未指出工期延误损失的责任承担，但其中用"等"字进行了兜底，工期延误损失的责任承担与质量损失承担连带责任具有逻辑上的一致性，故从规范建筑业施工的角度出发，也应当要求出借资质企业承担连带责任。

参考案例

1. 挂靠人与被挂靠人就工期延误向发包人承担连带责任。

参考案例：最高人民法院（2020）最高法民申 2962 号

发包人：某东公司

施工企业（被挂靠人）：某建公司

实际施工人（挂靠人）：郭某顺、王某科

法院认为：二审认定工期延误的原因是郭某顺、王某科施工原因所致，某建公司出借资质，对工期延误具有过错，应当对 280 万元的损失承担连带赔偿责任，该认定并无不当，本院予以维持。

2. 被挂靠人对工期延误不承担责任。

参考案例：江西省高级人民法院（2018）赣民终 323 号

发包人：某盛公司

施工企业（被挂靠人）：某安公司

实际施工人（挂靠人）：彭某芳

法院认为：被挂靠企业应就工程质量问题与挂靠人承担连带责任。但就本案而言，某盛公司向某安公司及彭某芳主张的是逾期竣工赔偿金，并非工程质量损失赔偿。如前所述，某盛公司知晓彭某芳借用某安公司资质承建工程，且认可由彭某芳完成案涉工程施工任务，因此，某盛公司与彭某芳之间直接形成权利义务关系，而某安公司与某盛公司之间不存在建设工程施工合同关系，某安公司向某盛公司主张逾期竣工赔偿金没有事实与法律依据。某盛公司与彭某芳就案涉工程已经结算完毕，案涉工程已经验收合格并交付使用，某盛公司也未提交证据证明其存在因工期延误导致的损失，现某盛公司要求彭某芳支付逾期竣工赔偿金也没有事实与法律依据。

法律依据

《最高人民法院关于审理建设工程施工合同纠纷案件适用法律问题的解释（一）》

第七条　缺乏资质的单位或者个人借用有资质的建筑施工企业名义签订建设工程施工合同，发包人请求出借方与借用方对建设工程质量不合格等因出借资质造成的损失承担连带赔偿责任的，人民法院应予支持。

《中华人民共和国建筑法》

第六十六条　建筑施工企业转让、出借资质证书或者以其他方式允许他人以本企业的名义承揽工程的，责令改正，没收违法所得，并处罚款，可以责令停业整顿，降低资质等级；情节严重的，吊销资质证书。对因该项承揽工程不符合规定的质量标准造成的损失，建筑施工企业与使用本企业名义的单位或者个人承担连带赔偿责任。

第 49 问：实际施工人可否直接向发包人主张施工过程中的停窝工等各类损失？

律师解答

《建工合同案件司法解释一（2020）》第四十三条规定赋予了实际施工人可以突破合同相对性直接向发包人主张工程款的权利，但该规定明确了发包人仅在欠付施工企业的工程价款范围内向实际施工人承担支付责任。

根据住房和城乡建设部、财政部联合发布的《建筑安装工程费用项目构成》第一条规定，可确定建设工程价款的组成部分包括：人工费、材料费、施工机具使用费、企业管理费、利润、规费和税金。由此可知，工程价款的组成部分并不包括逾期付款利息、违约金、损失赔偿，即该几项并不属于《建工合同案件司法解释一（2020）》第四十三条第二款规定的发包人承担的责任范围，因此，实际施工人不能据此突破合同相对性向发包人主张施工过程中的损失。

参考案例

最高人民法院（2019）最高法民申 1901 号

建设单位：衡山县某地产开发有限公司（现为某豪公司）

施工企业：某泰公司

实际施工人：肖某友、刘某德

法院认为：逾期付款利息和临时设施费损失系违约损失赔偿性质，保证金属于履约担保性质，均不属于《建工合同案件司法解释（2004）》第二十六条规定突破合同相对性原则向发包人追溯的工程款范围，肖某友、刘某德作为多层转包关系的最后实际施工人，不能援引该司法解释第二十六条规定向与其没有直接合同关系的某泰公司、某豪公司主张非工程款性质的损失赔偿和返还保证金，而应当遵循合同相对性原则，向与其有合同关系的中间转包人主张权利。因此，肖某友、刘某德主张逾期付款利息、赔偿临时设施费和返还保证金的请求，缺乏法律依据。

法律依据

《最高人民法院关于审理建设工程施工合同纠纷案件 适用法律问题的解释（一）》

第四十三条　实际施工人以转包人、违法分包人为被告起诉的，人民法院应当依法受理。

实际施工人以发包人为被告主张权利的，人民法院应当追加转包人或者违法分包人为本案第三人，在查明发包人欠付转包人或者违法分包人建设工程价款的数额后，判决发包人在欠付建设工程价款范围内对实际施工人承担责任。

《住房和城乡建设部、财政部关于印发〈建筑安装工程费用项目组成〉的通知》

一、《费用组成》调整的主要内容：

（一）建筑安装工程费用项目按费用构成要素组成划分为人工费、材料费、施工机具使用费、企业管理费、利润、规费和税金。

（二）为指导工程造价专业人员计算建筑安装工程造价，将建筑安装工程费用按工程造价形成顺序划分为分部分项工程费、措施项目费、其他项目费、规费和税金。

第 50 问：合同无效，实际施工人还能主张违约金、索赔款吗？

律师解读

挂靠、转包、违法分包情形下，实际施工人与施工企业之间所签订的施工合同因违反了《建筑法》的禁止性规定而无效，根据《民法典》第一百五十五条的规定，这类合同自始就没有法律约束力，故无效合同中的违约责任条款亦无法律约束力，实际施工人不能再依据合同的违约条款来主张违约金。

无效合同之下无法主张违约金，但主张索赔的权利却不会因合同无效而被否定。《民法典》规定："民事法律行为无效……有过错的一方应当赔偿对方由此所受到的损失"，同时，《建工合同案件司法解释一（2020）》第六条规定："建设工程施工合同无效，一方当事人请求对方赔偿损失的，应当就对方过错、损失大小、过错与损失之间的因果关系承担举证责任。损失大小无法确定，一方当事人请求参照合同约定的质量标准、建设工期、工程价款支付时间等内容确定损失大小的，人民法院可以结合双方过错程度、过错与损失之间的因果关系等因素作出裁判。"因此，无效合同之下，实际施工人可以向有过错的施工企业主张停窝工等相应的损失。

参考案例

1. 合同无效，不能主张违约金。

参考案例：最高人民法院（2020）最高法民终 848 号

发包人：精某公司

代建方：龙某公司

施工企业：五某公司

法院认为：关于窝工损失、延期交工损失、质量瑕疵损失。五某公司主张窝工损失。精某公司、龙某公司主张延期交工和质量瑕疵违约赔偿。本院认为，五某公司未能证明窝工损失，一审法院不予支持，处理无明显不当。案涉施工合同无效，其中关于违约责任的约定亦无效，精某公司、龙某公司依据合同约定主张延期交工和质量瑕疵违约金，缺乏依据，两公司一审、二审亦未提交证据证明其损失。故五某公司关于窝工损失的请求，精某公司和龙某公司关于延期交工和质量瑕疵违约责任的请求，均缺乏证据支撑，本院均不予支持。

2. 合同无效，仍可主张索赔款。

参考案例：新疆维吾尔自治区高级人民法院生产建设兵团分院（2017）兵民终 37 号

实际施工人：姜某

发包人：某冷链集团公司

法院认为：某冷链集团公司认为依据《建工合同案件司法解释（2004）》第二十六条规定，其作为发包人只在欠付工程款范围内承担责任，停工损失不属于工程价款，不应赔偿。从本案查明的事实看，姜某在工程施工中两次停工，第一次停工是某冷链集团公司要求全面停工，第二次是某冷链集团公司资金不到位而停工，两次停工均是某冷链集团公司的过错造成，非姜某的责任所致。《合同法》第二百八十三条规定："发包人未按照约定的时间和要求提供原材料、设备、场地、资金、技术资料的，承包人可以顺延工程日期，并有权要求赔偿停工、窝工等损失"。第二百八十四条规定："因发包人的原因致使工程中途停建、缓建的，发包人应当采取措施弥补或者减少损失，赔偿承包人因此造成的停工、窝工、倒运、机械设备调迁、材料和构件积压等损失和实际费用"。某冷链集团公司应当赔偿姜某停工损失。

法律依据

《中华人民共和国民法典》

第一百五十五条　无效的或者被撤销的民事法律行为自始没有法律约束力。

第一百五十七条　民事法律行为无效、被撤销或者确定不发生效力后，行为人因该行为取得的财产，应当予以返还；不能返还或者没有必要返还的，应当折价补偿。有过错的一方应当赔偿对方由此所受到的损失；各方都有过错的，应当各自承担相应的责任。法律另有规定的，依照其规定。

第五百零七条　合同不生效、无效、被撤销或者终止的，不影响合同中有关解决争议方法的条款的效力。

第五百六十七条　合同的权利义务关系终止，不影响合同中结算和清理条款的效力。

《最高人民法院关于审理建设工程施工合同纠纷案件适用法律问题的解释（一）》

第六条　建设工程施工合同无效，一方当事人请求对方赔偿损失的，应当就对方过错、损失大小、过错与损失之间的因果关系承担举证责任。损失大小无法确定，一方当事人请求参照合同约定的质量标准、建设工期、工程价款支付时间等内容确定损失大小的，人民法院可以结合双方过错程度、过错与损失之间的因果关系等因素作出裁判。

第二十六条　当事人对欠付工程价款利息计付标准有约定的，按照约定处理。没有约定的，按照同期同类贷款利率或者同期贷款市场报价利率计息。

第51问："包工头"自己因工受伤，能否主张施工企业对其赔偿？

律师解答

"包工头"通常指项目上的班组长，或者就是整个项目的实际施工人，他们的身份并不是施工企业的员工，而是"老板"，是一个没有建筑资质的"承包人"。如果这样一位本身就是"老板"的包工头在工地上因工受伤，施工企业需要按工伤保险待遇的标准对其进行赔偿吗？

笔者认为，包工头虽是"老板"的身份，但其是自然人，法律关系必须依附于施工企业，不论是挂靠，还是转包或违法分包，本质上与民工的身份是一致的，也应当按照《最高人民法院关于审理工伤保险行政案件若干问题的规定》规定的"用工单位违反法律、法规规定将承包业务转包给不具备用工主体资格的组织或者自然人，该组织或者自然人聘用的职工从事承包业务时因工伤亡的，用工单位为承担工伤保险责任的单位；个人挂靠其他单位对外经营，其聘用的人员因工伤亡的，被挂靠单位为承担工伤保险责任的单位"内容执行。

参考案例

最高人民法院最高法行再1号

法院认为：首先，建设工程领域具备用工主体资格的承包单位承担其违法转包、分包项目上因工伤亡职工的工伤保险责任，并不以存在法律上劳动关系或事实上劳动关系为前提条件。其次，将"包工头"纳入工伤保险范围，符合建筑工程领域工伤保险发展方向。再次，将"包工头"纳入工伤保险对象范围，符合"应保尽保"的工伤保险制度立法目的。最后，"包工头"违法承揽工程的法律责任，与其参加社会保险的权利之间并不冲突。总之，将"包工头"纳入工伤保险范围，并在其因工伤亡时保障其享受工伤保险待遇的权利，由具备用工主体资格的承包单位承担用人单位依法应承担的工伤保险责任，符合工伤保险制度的建立初衷，也符合《工伤保险条例》及相关规范性文件的立法目的。

建筑施工企业违反法律、法规规定，将自己承包的工程交由自然人实际施工，该自然人因工伤亡，社会保险行政部门参照《最高人民法院关于审理工伤保险行政案件若干问题的规定》第三条第一款有关规定认定建筑施工企业为承担工伤保险责任单位的，人民法院应予支持。

《劳动和社会保障部关于确立劳动关系有关事项的通知》

（劳社部发〔2005〕12号）

第四条　建筑施工、矿山企业等用人单位将工程（业务）或经营权发包给不具备用工主体资格的组织或自然人，对该组织或自然人招用的劳动者，由具备用工主体资格的发包方承担用工主体责任。

《人力资源和社会保障部关于执行〈工伤保险条例〉若干问题的意见》

七　具备用工主体资格的承包单位违反法律、法规规定，将承包业务转包、分包给不具备用工主体资格的组织或者自然人，该组织或者自然人招用的劳动者从事承包业务时因工伤亡的，由该具备用工主体资格的承包单位承担用人单位依法应承担的工伤保险责任。

《最高人民法院关于审理工伤保险行政案件若干问题的规定》

第三条　社会保险行政部门认定下列单位为承担工伤保险责任单位的，人民法院应予支持：

……

（四）用工单位违反法律、法规规定将承包业务转包给不具备用工主体资格的组织或者自然人，该组织或者自然人聘用的职工从事承包业务时因工伤亡的，用工单位为承担工伤保险责任的单位；

（五）个人挂靠其他单位对外经营，其聘用的人员因工伤亡的，被挂靠单位为承担工伤保险责任的单位。"

第52问：有效化解施工企业和实际施工人对工伤赔偿风险的方法是什么？

律师解答

由于建筑业工人流动性较强的特性，他们一般无法与建筑企业建立稳定的劳动关系，更多的是跟着劳务班组流动于各个工程项目，这就导致建筑企业基本上不可能按照稳定的劳动关系为他们购买社会保险,而作为人身伤害事故的高发领域,无工伤保险就意味着最弱势的建筑工人可能面临着因工受伤后的医治与赔偿很难有保障。

鉴于上述情形,人力资源和社会保障部、住房和城乡建设部、安全监管总局、中华全国总工会联合发布了《关于进一步做好建筑业工伤保险工作的意见》,该意见明确:针对建筑行业的特点,建筑施工企业对相对固定的职工,应按用人单位参加工伤保险;对不能按用人单位参保、建筑项目使用的建筑业职工特别是农民工,按项目参加工伤保险。

按项目参保的核心有以下几点优势。

第一,保障覆盖更全面。在项目参保模式下,包括农民工、包工头在内的等全体劳动者,无论是否与企业建立劳动关系,均被纳入工伤保险范畴。即便施工企业存在违法转包、分包行为,根据《最高人民法院关于审理工伤保险行政案件若干问题的规定》第三条第一款第四项规定,承包单位仍需直接承担工伤保险责任,这就有效填补了违法分包情形下劳动者权益保障的漏洞,也避免了施工企业和实际施工人因违法分包而面临的巨额赔偿风险。

第二,风险分担法定。工伤保险遵循无过错责任原则,即便劳动者自身存在操作过失,如未佩戴安全设备、违规作业等情况,用人单位也可借助工伤保险基金实现风险分散,避免因承担全额赔偿责任而陷入经营困境。对于施工企业和实际施工人来说,大大减轻了潜在的赔偿压力。

第三,制度设计更公平。国家通过政策强制要求"应保尽保",既解决了建筑行业用工流动性大、劳动关系复杂的参保难题。在保障劳动者权益的同时,也合理控制了企业风险,最终有效化解了施工企业和实际施工人的赔偿风险。

参考案例

最高人民法院(2021)最高法行再1号

法院认为:将"包工头"纳入工伤保险范围,符合建筑工程领域工伤保险发展方向。《国务院办公厅关于促进建筑业持续健康发展的意见》(国办发〔2017〕19号)强调要"建立健全与建筑业相适应的社会保险参保缴费方式,大力推进建筑施工单位参加工伤保险",明确了做好建筑行业工程建设项目农民工职业伤害保障工作的政策方向和制度安排。《人力资源社会保障部办公厅关于进一步做好建筑业工伤保险工作的通知》(人社厅函〔2017〕53号)等规范性文件还要求,完善符合建筑业特点的工伤保险参保政策,大力扩展建筑企业工伤保险参保覆盖面,推广采用按建设项目参加工伤保险制度。即针对建筑行业的特点,建筑施工企业对相对固定的职工,应按用人单位参加工伤保险;对不能按用人单位参保、建筑项目使用的建筑业职工特别是农民工,按项目参加工伤保险。因此,为包括"包工头"在内的所有劳动者按项目参加工伤保险,扩展建筑企业工伤保险参保覆盖面,符合建筑工程领域工伤保险制度发展方向。

《人力资源和社会保障部、住房和城乡建设部、安全监管总局、中华全国总工会关于进一步做好建筑业工伤保险工作的意见》

一、完善符合建筑业特点的工伤保险参保政策，大力扩展建筑企业工伤保险参保覆盖面。建筑施工企业应依法参加工伤保险。针对建筑行业的特点，建筑施工企业对相对固定的职工，应按用人单位参加工伤保险；对不能按用人单位参保、建设项目使用的建筑业职工特别是农民工，按项目参加工伤保险。房屋建筑和市政基础设施工程实行以建设项目为单位参加工伤保险的，可在各项社会保险中优先办理参加工伤保险手续。建设单位在办理施工许可手续时，应当提交建设项目工伤保险参保证明，作为保证工程安全施工的具体措施之一；安全施工措施未落实的项目，各地住房城乡建设主管部门不予核发施工许可证。

《最高人民法院关于审理工伤保险行政案件若干问题的规定》

第三条　社会保险行政部门认定下列单位为承担工伤保险责任单位的，人民法院应予支持：

……

（四）用工单位违反法律、法规规定将承包业务转包给不具备用工主体资格的组织或者自然人，该组织或者自然人聘用的职工从事承包业务时因工伤亡的，用工单位为承担工伤保险责任的单位；

（五）个人挂靠其他单位对外经营，其聘用的人员因工伤亡的，被挂靠单位为承担工伤保险责任的单位。

前款第（四）、（五）项明确的承担工伤保险责任的单位承担赔偿责任或者社会保险经办机构从工伤保险基金支付工伤保险待遇后，有权向相关组织、单位和个人追偿。

第七章 结算审计

第 53 问：挂靠关系下，被挂靠人与发包人之间形成的结算协议有效吗？

律师解答

需要视发包人是否明知挂靠而分别讨论。

情形一，发包人对挂靠不知情。此情形下，被挂靠人是与发包人建立施工合同关系的相对人，合同洽谈及签订、对外交易、工程施工、请款、付款等都是以被挂靠人的名义对外实施，发包人有理由基于双方签订的施工合同与被挂靠人办理结算。基于信赖保护原则，如果挂靠人没有证据证明发包人明知挂靠，或证明存在发包人和被挂靠人恶意串通损害挂靠人利益的违法行为，一般情况下，挂靠人无法推翻被挂靠人与发包人之间的结算。

情形二，发包人明知挂靠。此情形下，虽然施工合同的签订主体为被挂靠人与发包人，但于被挂靠人而言，承包工程是虚假的意思表示，其真实目的是将建筑资质出借给挂靠人赚取管理费，工程上人工、材料、机械的组织与投入者都是挂靠人，其对工程实际产生的各类成本才是清楚的，如果让仅是出借建筑资质的被挂靠人代替挂靠人同发包人办理结算，很可能无法真实反映挂靠人的施工成本、合理利润等实际情况，甚至会严重损害到挂靠人的合法权益。

当然，也有另当别论的情形：挂靠人在之前有协议、授权、备忘录等明确表示同意被挂靠人代替其与发包人办理结算；事后挂靠人追认了发包人与被挂靠人的结算行为。此种结算行为对挂靠人也是有约束力的，除非存在结算双方有恶意串通损害挂靠人利益的行为。

1. 发包人不明知挂靠，结算有效。

参考案例：最高人民法院（2020）最高法民终 576 号

发包人：某星公司

施工企业（被挂靠人）：某方公司

实际施工人（挂靠人）：黄某国

一审法院认为（二审维持原判）：上述合同、补充协议内容及履行过程，能够证明某星公司、某方公司及业主单位均只认可某方公司系承包人，与某星公司发生法律关系的是某方公司，而非黄某国，黄某国与某星公司没有建立直接的发承包关系。虽然《建设工程施工合同》因某星公司未取得建设工程规划许可证等规划审批手续及实质上是黄某国借用某方公司资质签订而无效，但建设工程质量合格，可以参照合同约定结算工程价款。案涉工程已竣工验收合格并移交业主单位使用，某方公司作为被挂靠人已与发包人某星公司签订工程结算协议书对工程价款进行了结算；黄某国作为挂靠人，要求由其再对工程价款进行结算，没有法律依据。

2. 发包人明知挂靠，结算无效。

参考案例：最高人民法院（2019）最高法民再 295 号

发包人：某火公司

施工企业（被挂靠人）：某元公司

实际施工人（挂靠人）：秦某蓁等三人

法院认为：本案某元公司与秦某蓁等三人于 2011 年 12 月 21 日签订的《施工项目目标管理责任书》和 2015 年 8 月 28 日签订的《协议书》表明，秦某蓁等三人以某元公司项目部的名义对案涉工程自主施工、自负盈亏、自担风险，某元公司除收取固定比例管理费外，基本不参与具体施工，秦某蓁等三人是案涉工程的实际施工人。2015 年 10 月 23 日，在本案一审法院就《协议书》组织质证时，某火公司已经知晓秦某蓁等三人与某元公司签订的《施工项目目标管理责任书》《协议书》内容，因此，至迟至该日，某火公司应当明知秦某蓁等三人系案涉工程实际施工人，某元公司仅为名义承包人。结合本案秦某蓁等三人在 2013 年 12 月 26 日即以实际施工人身份提起诉讼，请求判令某火公司向其支付所欠付工程款，在某元公司对秦某蓁等三人系实际施工人不持异议情况下，某火公司应当在实际施工人认可的情况下与某元公司结算。但某火公司于一审法院驳回起诉裁定尚未生效、诉讼程序尚未终结之时，在已经知晓一审法院委托鉴定确定的工程款为 4649.195959 万元且未通知秦某蓁等三人的情况下，与某元公司按照 3927.439118 万元进行了结算，并共同确认所有工程款已结清。综合考虑上述情况，本院认为，某火公司和某元公司该结算确定的工程总造价不能约束实际施工人秦某蓁等三人，不能据此认定某火公司已结清案涉工程全部工程款，某火公司仍应在欠付工程款范围内向实际施工人承担付款责任。

《中华人民共和国民法典》

第一百四十六条　行为人与相对人以虚假的意思表示实施的民事法律行为无效。

以虚假的意思表示隐藏的民事法律行为的效力，依照有关法律规定处理。

第 54 问：实际施工人与发包人签了虚假的结算，并欲以此结算起诉施工企业，如何应对？

律师解答

若实际施工人欲用与发包人签订的虚假结算单向施工企业主张工程款，施工企业可用以下方法维护自身合法权益。

方法一，如果施工企业与实际施工人之间系挂靠关系，则施工企业与实际施工人之间仅是资质出借关系，并无工程的发承包行为，此时的施工企业仅承担将其从发包人处收到的工程款转付给实际施工人的义务，而非工程款的支付义务。若施工企业已经将工程款全部转付给实际施工人的情形下，余下的工程款实际施工人无权起诉施工企业。另外，如果能证明发包人明知实际施工人的挂靠行为，则发包人与实际施工人系施工合同的实质相对方，结算和付款本就该在二者之间进行，在施工企业没有扣留工程款的情形下，实际施工人当然无权向施工企业主张工程款。

该方法施工企业需要完成的主要工作如下。

（1）提供与实际施工人的挂靠协议或聊天记录等证据，证明二者之间系建筑资质出借关系，而非工程的发承包关系。

（2）提供相应的会议纪要、往来函件、聊天记录以及其他资料用于证明发包人对挂靠行为是明确知晓的。

（3）提供收付款的银行流水和相应凭证，以证明从发包人处收到的款项已经全部转付给了实际施工人。

方法二，若施工企业与实际施工人之间为转包或违法分包关系，则双方建立了施工合同关系，二者之间存在工程的发承包关系，根据合同相对性原则，实际施工人有权向施工企业主张工程款，对此情形，施工企业可通过确认结算协议无效之诉并启动司法造价鉴定的方法解决实际施工人与发包人虚假结算的问题。

该方法施工企业需要完成的主要工作如下。

（1）收集施工过程中能证明实际施工内容、工程量的资料，比如招投标清单、施工图、竣工图、变更签证资料、会议纪要、往来函件、过程请款资料等。

（2）单方委托专业的造价咨询机构根据上述材料计算工程的实际结算价，并出具造价咨询报告，以向法院证明发包人与实际施工人之间的结算不真实。

（3）诉讼并申请启动司法造价鉴定，通过造价鉴定机构还原工程的真实造价。

参考案例

1. 发包人明知挂靠情形下，由发包人直接向实际施工人支付工程款。

参考案例：最高人民法院（2021）最高法民申 2114 号

发包人：某泰隆公司

施工企业（被挂靠人）：某安信公司

实际施工人（挂靠人）：杨某国

法院认为：关于某安信公司在本案中应否承担支付工程款责任的问题。本案中，某安信公司与杨某国之间构成挂靠的法律关系。首先，某安信公司与杨某国签订的《资质挂靠协议》中约定，杨某国挂靠某安信公司资质，承建案涉工程，明确该工程附属部分除外，其他工程由杨某国与某泰隆公司协商沟通。以上约定内容表明双方具有出借资质、挂靠施工的合意。其次，在挂靠协议签订前，杨某国作为某安信公司的委托代理人在 2014 年 3 月 6 日的《建设工程施工安装合同书》上签字。但某安信公司并未实际承担案涉工程的施工义务，实际施工人系杨某国。且某泰隆公司直接或通过某安信公司向杨某国支付部分工程款，故履行建设工程施工安装合同的主体实际为某泰隆公司和杨某国。最后，在一审法院审理过程中，某泰隆公司以及某安信公司均认可杨某国系挂靠某安信公司进行施工。据此，可以认定某安信公司与杨某国之间构成挂靠法律关系，某泰隆公司关于某安信公司与杨某国之间构成转包合同关系的申请再审主张不能成立，某泰隆公司要求某安信公司承担支付工程款的责任缺乏事实与法律依据。

杨某国作为案涉工程的实际施工人与发包人某泰隆公司在订立和履行施工合同的过程中，形成事实上的法律关系，故某泰隆公司应当承担支付杨某国欠付工程款的责任。

2. 虚假结算，法院确认结算协议无效。

参考案例：云南省昭通市中级人民法院（2016）云 06 民初 53 号

实际施工人之一：李某强

实际施工人合伙人：魏某秋、魏某聪

发包人：某瑞祥公司

法院认为：关于《关于彻底清算威信县某瑞祥合园小区合作事宜的协议》《结算证明》《收条》是否有效的问题。不论某瑞祥公司在签订结算协议时是否知道李某强有合伙人，双方在没有任何依据的情况下确认结算尾款为 900 万元，且在没有支付任何款项的情形下，李某强出具收到 900 万元的结算证明及收条，该行为不符合常理，恶意损害了合伙人魏某秋、魏某聪的权益。根据《合同法》第五十二条第二项"有下列情形之一的，合同无效：（二）恶意串通，损害国家、集体或者第三人利益"及《最高人民法院关于适用〈中华人民共和国民事诉讼法〉的解释》第一百零八条第一款"对负有举证证明责任的当事人提供的证据，人民法院经审查并结合相关事实，确信待证事实的存在具有高度可能性的，应当认定该事实存在"的规定，某瑞祥公司与李某强签订的上述协议，恶意侵犯了二原告的合法权益，原告请求确认上述协议无效的诉讼请求，本院予以支持。

法律依据

《中华人民共和国民法典》

第一百四十六条　行为人与相对人以虚假的意思表示实施的民事法律行为无效。

以虚假的意思表示隐藏的民事法律行为的效力，依照有关法律规定处理。

第一百五十四条　行为人与相对人恶意串通，损害他人合法权益的民事法律行为无效。

第一百五十五条　无效的或者被撤销的民事法律行为自始没有法律约束力。

第一百五十六条　民事法律行为部分无效，不影响其他部分效力的，其他部分仍然有效。

第一百五十七条　民事法律行为无效、被撤销或者确定不发生效力后，行为人因该行为取得的财产，应当予以返还；不能返还或者没有必要返还的，应当折价补偿。有过错的一方应当赔偿对方由此所受到的损失；各方都有过错的，应当各自承担相应的责任。法律另有规定的，依照其规定。

第55问：转包、违法分包关系下，实际施工人可以起诉发包人主张工程款，是否意味着其可以直接与发包人办理结算？

律师解答

不可以。转包、违法分包关系下，存在两层合同关系，一是发包人与施工企业之间的施工合同关系，二是施工企业与实际施工人之间的转包或违法分包关系，两个合同关系是相互独立的，结算及付款也只能在相应的合同主体之间进行。虽然实际施工人可以依据《建工合同案件司法解释一（2020）》第四十三条的规定突破合同相对性，直接向合同之外的发包人主张工程款，但该规定是特定背景之下为保护民工的生存权益而做出的特殊政策考量，并不代表实际施工人可以在其他事项上均可以直接面对发包人。

当然，如果施工企业考虑到整个工程的施工是实际施工人在实质参与，其更清楚工程上人工、材料、机械的消耗情况，从而授权实际施工人与发包人进行结算的，该结算行为有效。

参考案例

最高人民法院（2021）最高法民再 84 号
发包人：某隆公司
施工企业（被挂靠人）：某钢某建公司
转包人一（挂靠人）某华公司
转包人二：某泰建筑公司
实际施工人：张某

法院认为：原《最高人民法院关于审理建设工程施工合同纠纷案件适用法律问题的解释（二）》（法释〔2018〕20 号）第二十四条规定："实际施工人以发包人为被告主张权利的，人民法院应当追加转包人或者违法分包人为本案第三人，在查明发包人欠付转包人或者违法分包人建设工程价款的数额后，判决发包人在欠付建设工程价款范围内对实际施工人承担责任。"从该条的规定来看，实际施工人尽管可以直接向发包人主张权利，但发包人仅与转包人或者违法分包人进行结算，并不直接与实际施工人进行结算。在发包人与承包人之间就建设工程价款明确约定了结算方式的情况下，发包人仅在约定的范围内承担责任。否则，如果允许实际施工人直接与发包人进行结算，在实际工程造价超出约定的情况下，会导致实际施工人实际获得的价款大于承包人依据约定从发包人处能够获得的价款，实质上是鼓励了违法分包和层层转包。

第 56 问：实际施工人中途退场，结算时发现
已经超付，如何处理？

律师解答

挂靠、转包、违法分包情形下，施工企业向实际施工人支付工程款的方式主要有这样几种情形。

情形一，按照实际施工人的指示，将工程款通过民工专户支付至民工个人账户，或支付给材料供应商、机械和设备出租方、劳务分包单位、专业分包单位等。

情形二，直接支付给实际施工人，由其根据实际情况再对下进行支付。

情形三，施工企业被动承担付款责任，即因实际施工人管理不善，被下游的供应商、分包单位或民工等起诉，因施工企业在合同上加盖公章或因实际施工人的行为对施工企业构成代理、代表行为从而让施工企业承担付款责任。

因过程中支付的是进度款，付款金额仅是根据中期计量确定的暂计价款，该已付款并不等于实际施工人实际完成的产值，而施工企业大多又仅是坐收管理费，并未实际参与施工，对实际施工人真实完成的产值情况并无准确核定，再加上挂靠、转包、违法分包情形下的层层下浮结算、抽取利润，导致实际施工人只是微利，甚至亏损，此时的实际施工人便很可能在进度请款时超报工程量，甚至主动让下游的供应商、分包单位起诉施工企业，以分解自己的资金压力。

当出现实际施工人的中途退场时，首先应进行形象进度的保全，以确定其实际完成的产值，从而计算出准确的超付金额，此时，施工企业便可以依据不当得利主张返还超付部分，同时，可依据《民法典》第九百八十七条的规定向实际施工人主张赔偿损失。

参考案例

1. 江苏省徐州市中级人民法院（2019）苏 03 民终 1830 号

法院认为：被告周某勇施工涉案工程应得工程款数额为 2773993.4 元，但其已经实际领取 3311928 元，超额领取工程款 537934.6 元，已经构成不当得利，依据《中华人民共和国民法总则》第一百二十二条（现《民法典》第九百八十五条）的规定，应当予以返还。但经原告多次催要，被告拒不返还，依法应当承担相应的法律责任，原告要求被告支付利息的诉讼请求，有事实和法律依据，依法予以支持。

2. 最高人民法院（2020）最高法民终 59 号

法院认为：《建设工程合同》无效，返还超付工程款的法律依据是《合同法》第五十八条规定，即对应《民法典》第一百五十七条规定："民事法律行为无效、被撤销或者确定不发生效力后，行为人因该行为取得的财产，应当予以返还；不能返还或者没有必要返还的，应当折价补偿。有过错的一方应当赔偿对方由此所受到的损失；各方都有过错的，应当各自承担相应的责任。法律另有规定的，依照其规定。"

法律依据

《中华人民共和国民法典》

第一百二十二条　因他人没有法律根据，取得不当利益，受损失的人有权请求其返还不当利益。

第一百五十七条　民事法律行为无效、被撤销或者确定不发生效力后，行为人因该行为取得的财产，应当予以返还；不能返还或者没有必要返还的，应当折价补偿。有过错的一方应当赔偿对方由此所受到的损失；各方都有过错的，应当各自承担相应的责任。法律另有规定的，依照其规定。

第九百八十七条　得利人知道或者应当知道取得的利益没有法律根据的，受损失的人可以请求得利人返还其取得的利益并依法赔偿损失。

第 57 问：实际施工人未与转包人、违法分包人签订书面合同，应如何计价？

律师解答

实践中，实际施工人未与转包人、违法分包人签订书面合同就进行施工的情形时有发生，最终结算时双方很容易产生争议，而争议点最多的就是按什么方式计价。

首先，查看各方的聊天记录、往来函件、请款资料等，争取通过这些往来沟通的各类资料间接证明双方当初洽谈的具体计价方式。

其次，若各方没有前述资料或这些资料无法证明具体计价方式，则属于《民法典》规定的"没有约定或者约定不明确"的情形，此时可主张优先按市场价的标准进行计价；而司法实践通常是直接参照签订建设工程施工合同时当地建设行政主管部门发布的计价方法或者计价标准进行结算，即套用定额和信息价进行计算。

最后，现实中施工企业与实际施工人协商的计价方式一般有如下三种方式：第一种方式是直接按照施工企业与发包人约定的计价方式进行结算，施工企业收取一定比例的管理费和税金即可；第二种方式是在施工企业与发包人结算价的基础上确定一个下浮比例；第三种方式是施工企业会单独与实际施工人确定一个清单价（当然会低于其与发包人的单价）。从常理分析，施工企业与实际施工人达成挂靠、转包、违法分包的合意时，一般都会按照前述几种方式对最为关键的计价方式进行协商，而且协商的结论也肯定是结算价要低于施工企业与发包人的结算价。由此推论出在双方未签订施工合同的情形下，参照施工企业与发包人的计价方式进行计价更合乎逻辑，而不是简单地按市场价或施工时的定额标准计价，否则，于施工企业而言是不公平的。

参考案例

1. 无合同约定，参照定额及同期计价文件计价。
参考案例：最高人民法院（2021）最高法民终 412 号
施工企业（违法分包人）：某铁某局某公司
实际施工人：潘某进

法院认为：鉴于潘某进与某铁某局某公司之间形成的是事实上的建设工程分包合同，参照双方约定计算工程价款的基础不存在，且双方当事人无法达成补充协议。根据《合同法》第六十二条（对应《民法典》第五百一十一条）第二项规定，"价款或者报酬不明确的，按照订立合同时履行地的市场价格履行；依法应当执行政府定价或者政府指导价的，按照规定履行。"本院认为，铁路部门发布的预算定额属于政府指导价，参照铁路定额及施工同期相关的计价文件计算潘某进已完工程的工程价款，符合前述规定，也能够反映潘某进在工程中的实际投入，与双方当事人预期的价款较为接近。故一审法院采信华昆咨询价鉴（2019）2号鉴定意见书按铁路定额及施工同期相关的计价文件计算的工程价款并无不当，应当予以确认。

2. 无合同约定，参照订立合同时履行地的市场价计价。

参考案例：辽宁省高级人民法院（2017）辽民终112号

施工企业（违法分包人）：某建公司

实际施工人：某东公司

法院认为：在没有充分证据证明某建公司与某东公司就工程价款结算标准如何约定的情况下，一审法院采信鉴定机构按照双方订立合同时履行地的市场价格做出的鉴定意见，确定涉案工程价款，符合法律规定。

法律依据

《中华人民共和国民法典》

第五百一十条　合同生效后，当事人就质量、价款或者报酬、履行地点等内容没有约定或者约定不明确的，可以协议补充；不能达成补充协议的，按照合同相关条款或者交易习惯确定。

第五百一十一条　当事人就有关合同内容约定不明确，依据前条规定仍不能确定的，适用下列规定：

……

（二）价款或者报酬不明确的，按照订立合同时履行地的市场价格履行；依法应当执行政府定价或者政府指导价的，依照规定履行。

《最高人民法院关于审理建设工程施工合同纠纷案件适用法律问题的解释（一）》

第十九条　当事人对建设工程的计价标准或者计价方法有约定的，按照约定结算工程价款。

因设计变更导致建设工程的工程量或者质量标准发生变化，当事人对该部分工程价款不能协商一致的，可以参照签订建设工程施工合同时当地建设行政主管部门发布的计价方法或者计价标准结算工程价款。

建设工程施工合同有效，但建设工程经竣工验收不合格的，依照民法典第五百七十七条规定处理。

《财政部、建设部关于印发〈建设工程价款结算暂行办法〉的通知》

第十一条　工程价款结算应按合同约定办理，合同未作约定或约定不明的，发、承包双方应依照下列规定与文件协商处理：（一）国家有关法律、法规和规章制度；（二）国务院建设行政主管部门、省、自治区、直辖市或有关部门发布的工程造价计价标准、计价办法等有关规定；（三）建设项目的合同、补充协议、变更签证和现场签证，以及经发、承包人认可的其他有效文件；（四）其他可依据的材料。

《住房和城乡建设部关于发布国家标准〈建设工程造价鉴定规范〉的公告》

5.3.4　鉴定项目合同对计价依据、计价方法没有约定的，鉴定人可向委托人提出"参照鉴定项目所在地同时期适用的计价依据、计价方法和签约时的市场价格信息进行鉴定"的建议，鉴定人应按照委托人的决定进行鉴定。

第 58 问：实际施工人已经起诉发包人主张工程款，并对工程造价申请了司法鉴定，发包人仍与施工企业达成结算协议的，该结算价能否推翻鉴定结论？

律师解答

实际施工人已经在诉讼中申请了司法造价鉴定，作为被告的发包人对此当然是明知的，此种背景下发包人再与并未实际参与施工的施工企业达成结算协议，显然有问题。

对此，实际施工人难免提出合理怀疑：工程并不是你施工企业实施的，你施工企业对真实的成本投入，以及对施工过程中出现的变更、索赔、签证等并不知情，此种情形下你施工企业如何去客观地办理结算？你施工企业完全可能与发包人恶意串通做低工程造价，最终侵害我实际施工人的合法权益。

因此，此种情形下，应当以依法作出的司法鉴定结论作为确定工程造价的主要依据，而不是直接以发包人与施工企业达成的结算协议为准。

参考案例

最高人民法院（2019）最高法民再 295 号

发包人：某火公司

施工企业（转包人）：某元公司

实际施工人：秦某蓁

法院认为：2015 年 10 月 23 日，在本案一审法院就《协议书》组织质证时，某火公司已经知晓秦某蓁等三人与某元公司签订的《施工项目目标管理责任书》《协议书》内容，因此，至迟至该日，某火公司应当明知秦某蓁等三人系案涉工程实际施工人，某元公司仅为名义承包人。结合本案秦某蓁等三人在 2013 年 12 月 26 日即以实际施工人身份提起诉讼，请求判令某火公司向其支付所欠付工程款，在某元公司对秦某蓁等三人系实际施工人不持异议情况下，某火公司应当在实际施工人认可的情况下与某元公司结算。但某火公司于一审法院驳回起诉裁定尚未生效、诉讼程序尚未终结之时，在已经知晓一审法院委托鉴定确定的工程款为 4649.195959 万元且未通知秦某蓁等三人的情况下，与某元公司按照 3927.439118 万元进行了结算，并共同确认所有工程款已结清。综合考虑上述情况，本院认为，某火公司和某元公司该结算确定的工程总造价不能约束实际施工人秦某蓁等三人，不能据此认定某火公司已结清案涉工程全部工程款，某火公司仍应在欠付工程款范围内向实际施工人承担付款责任。

第 59 问：施工企业要求以审计结论作为结算依据，实际施工人该如何应对？

律师解答

施工企业要求以审计结论作为最终的结算依据，应区分不同情况进行讨论。

情形一，若施工企业与发包人的合同以及施工企业与实际施工人之间的合同均明确约定最终结算价应以发包人的审计结论为准，则该约定可约束实际施工人，在合同约定的审计时间内或未约定审计时间情形下的合理时间内，应等待审计结论出具后再进行结算和支付；若超过了合同约定的审计时间，或未约定审计时间情形下的合理时间内未出具审计结论的，也就是当出现"久拖不审""久审不决"的情形时，实际施工人可以直接起诉通过启动司法造价鉴定的方式来确定工程款金额。

情形二，若施工企业与发包人的合同并无结算以审计结论为准的约定，仅是施工企业与实际施工人之间的合同明确约定最终结算价应以发包人的审计结论为准的，该约定并无任何操作性，实际施工人可以直接起诉通过启动司法造价鉴定的方式来确定工程款金额。

情形三，若施工企业与发包人的合同明确约定结算以审计结论为准，但施工企业与实际施工人之间的合同无此约定的，此种情形下，施工企业仍要求以发包人的审计结论作为结算依据的，其主张无事实与法律依据，实际施工人可以直接起诉通过启动司法造价鉴定的方式来确定工程款金额。

最高人民法院（2023）最高法民再2号

发包人：某水城度假区住建局

施工企业：江苏某水公司

实际施工人：高某友

法院认为：《建工合同案件司法解释一（2020）》第四十三条第一款规定，实际施工人以转包人、违法分包人为被告起诉的，人民法院应当依法受理。具体到本案，高某友以其系案涉工程实际施工人为由提起诉讼，请求判令江苏某水公司支付工程款，某水城度假区住建局在欠付江苏某水公司工程款范围内承担责任，符合前述法律规定，原审法院依法应当进行审理。至于高某友所主张的施工事实及相应价款是否成立，可在实体审理时通过委托鉴定查明或依照证据规则依法认定并作出相应判决。原审法院虽对高某友提交的证据组织质证，但最终以工程审计没有完毕、施工工程量及价款无法确定等为由驳回其起诉，显然不符合法律规定。至于原审法院认为高某友待工程审计完毕后再行主张可以较好维护各方当事人合法权益的意见，也无事实和法律依据。

法律依据

《保障中小企业款项支付条例》

国务院令第728号

第十一条　机关、事业单位和国有大型企业不得强制要求以审计机关的审计结果作为结算依据，但合同另有约定或者法律、行政法规另有规定的除外。

《审计署关于进一步完善和规范投资审计工作的意见》

三、健全完善制度机制，有效运用投资审计结果。各级审计机关要严格遵守审计法等法律法规，进一步健全和完善投资审计制度，认真履行工程结算审计法定职责，促进相关单位履职尽责，提高投资绩效。对平等民事主体在合同中约定采用审计结果作为竣工结算依据的，审计机关应依照合同法等有关规定，尊重双方意愿。审计项目结束后，审计机关应依法独立出具投资项目审计报告，对审计发现的结算不实等问题，应作出审计决定，责令建设单位整改；对审计发现的违纪违法、损失浪费等问题线索，应依法移送有关部门处理。要健全审计查出问题整改督查机制，促进整改落实和追责问责。

《重庆市高级人民法院、四川省高级人民法院关于审理建设工程施工合同纠纷案件若干问题的解答》

五、当事人请求以审计单位的审计意见作为确定工程造价依据的，如何处理？

答：建设工程施工合同未约定工程造价以审计单位的审计意见或者财政评审机构作出的评审结论为准，当事人请求以审计单位作出的审计意见、财政评审机构作出的评审结论作为确定工程造价依据的，人民法院不予支持。

建设工程施工合同约定工程造价以审计意见为准，但审计单位未能出具审计意见的，人民法院应当对审计单位未能出具审计意见的原因进行审查，区分不同情形分别作出处理：

（一）因承包人原因导致未能及时进行审计的，如承包人未按照约定报送审计所需的竣工结算资料等，承包人请求以申请司法鉴定的方式确定工程造价的，人民法院不予支持；

（二）因发包人原因导致未能及时进行审计的，如发包人收到承包人报送的竣工结算资料后未及时提交审计或者未提交完整的审计资料等，可视为发包人不正当地阻止条件成就，承包人请求以申请司法鉴定的方式确定工程造价的，人民法院予以支持；

（三）因审计单位原因未及时出具审计意见的，人民法院可以函告审计单位在合理期间内出具审计意见。审计单位未在合理期间内出具审计意见又未能作出合理说明的，承包人请求以申请司法鉴定的方式确定工程造价的，人民法院予以支持。

《山东省高级人民法院关于审理建设工程施工合同纠纷案件若干问题的解答》

3. 政府投资和以政府投资为主的建设项目，合同约定以行政审计、财政评审作为工程款结算依据的，如何处理？

政府投资和以政府投资为主的建设项目，合同约定以行政审计、财政评审作为工程款结算依据的，按照约定处理；但发包人故意迟延提交审计或妨碍审计条件成就，以及行政审计、财政评审部门明确表示无法进行审计或无正当理由超出合同约定的审计期限三个月，仍未作出审计结论、评审意见的，当事人申请对工程造价进行司法鉴定，应当准许。

《河北省高级人民法院关于印发〈建设工程施工合同案件审理指南〉的通知》

冀高法〔2023〕30 号

15. 在承包人或实际施工人提交完整的结算文件后，发包人在一年内未提交行政审计或财政评审部门的，或行政审计或财政评审部门明确表示无法进行审计，或在约定期限及合理期限内无正当理由未出具审计结论，当事人申请对工程造价予以司法鉴定，人民法院应予支持。

第 60 问：合同中约定"待审计结束后支付剩余款项"，实际施工人是否受此条款的约束？

律师解答

挂靠、转包、违法分包情形下，施工企业与实际施工人之间的合同中往往会约定"待审计结束后支付剩余款项"，对此，施工企业的态度就是：虽然我们之间的合同是无效合同，但根据《民法典》第七百九十三条"建设工程施工合同无效，但是建设工程经验收合格的，可以参照合同关于工程价款的约定折价补偿承包人"的规定，也得参照合同的约定来执行，因此，这工程款就得等到审计结束后才支付。

施工企业的这个说法是错误的。具体理由如下：因为《民法典》规定的"参照合同关于工程价款的约定折价补偿承包人"，仅仅指的是参照合同中关于确定工程款金额的计价方法和计价标准的约定，而关于工程款的支付条件、支付方式等并不属于参照的内容。"工程尾款需审计结束后才进行支付"这句话只是关于支付条件的约定，意思是工程尾款得等到审计结束后才支付，而不是说结算款要以审计的结论为准。

参考案例

最高人民法院（2019）最高法民申 1218 号

法院认为：在建设工程施工合同无效的情况下，《建工合同案件司法解释（2024）》第二条关于"请求参照合同约定支付工程价款"规定的原意应当是参照合同约定确定工程价款数额，主要指工程款计价方法、计价标准等与工程价款数额有关的约定，而双方间关于付款节点约定的条款，不属于可以参照适用的合同约定。

法律依据

《中华人民共和国民法典》

第七百九十三条　建设工程施工合同无效，但是建设工程经验收合格的，可以参照合同关于工程价款的约定折价补偿承包人。

第61问：双方已经做了结算，施工企业还能再要求以审计结论作为结算依据吗？

律师解答

该问题的前提是：施工企业与实际施工人签订的合同中明确约定了工程的最终结算价以审计结论为准。此种情形下，在等待工程款审计的过程中，迫于下游供应商、分包商追债的压力，施工企业往往会先和实际施工人办理结算。而就在结算办理后不久审计报告也出来了，且两者之间的工程款金额有明显的差距。此时，施工企业是否可以不认可双方办理的结算，转而要求以审计结论作为结算依据呢？

对此，有两种观点。

观点一：应以审计结论为准，因为双方的合同对结算方式明确进行了约定，即要求以审计结论作为结算依据。

观点二：应以双方签订的结算协议为准，因为双方签订的结算协议视为对合同结算方式的变更。

笔者赞同第二个观点。因为双方签订的《结算协议》是施工企业与实际施工人两个平等的民事主体在自愿、协商的前提下达成的一致意见，且该协议独立于双方在挂靠、转包、违法分包情形下签订的无效合同，是一份合法有效的协议。另外，双方当事人签订结算协议并实际履行的行为，亦可视为对合同约定的原结算方式的变更，该变更对双方当事人具有法律拘束力。因此，自然应以该结算协议的约定作为确定结算款的依据。

参考案例

最高人民法院（2012）民提字第 205 号

发包人：某凯公司

施工企业：某建工集团

专业分包人：某铁某局

法院认为：虽然本案审理中，双方当事人对某恒公司出具的审核报告是否就是双方在分包合同中约定的业主审计存在争议，但该审核报告已经得到了案涉工程业主和本案双方当事人的认可，某建工集团与某铁某局又在审核报告的基础上签订了结算协议并已实际履行。因此，即使某恒公司的审核报告与双方当事人签订分包合同时约定的业主审计存在差异，但根据《合同法》第七十七条第一款的规定，双方当事人签订结算协议并实际履行的行为，亦可视为对分包合同约定的原结算方式的变更，该变更对双方当事人具有法律拘束力。在双方当事人已经通过结算协议确认了工程结算价款并已基本履行完毕的情况下，国家审计机关做出的审计报告，不影响双方结算协议的效力。现某建工集团提出不按结算协议的约定履行，但未举出相应证据证明该协议存在效力瑕疵，故本院对其主张不予支持；某铁某局依据上述结算协议要求某建工集团支付欠付工程款，具有事实和法律依据，本院予以支持。

法律依据

《重庆市高级人民法院民一庭关于建设工程施工合同纠纷案件若干问题的解答》

8. 建设工程施工合同约定工程造价以审计意见为准，当事人在审计意见未作出的情形下又共同委托中介机构出具了鉴定意见的，如何确定工程造价？

答：建设工程施工合同约定工程造价以审计意见为准，在审计意见未作出的情形下，双方当事人又共同委托中介机构出具了鉴定意见的，如有充分证据证明双方当事人同意以共同委托的中介机构出具的鉴定意见来确定工程造价，或一方委托中介机构出具鉴定意见另一方予以追认的，可以视为双方当事人变更了关于工程造价确定方式的约定，但当事人有充分证据证明上述结算行为无效的除外。

第62问：合同无效，合同中约定的"报送结算后逾期未审核的视为认可"的条款能否参照适用？

律师解答

若施工企业与实际施工人的合同中约定："自报送结算资料之日起三个月内没有进行结算价审核的，视为认可送审价"，此情形下，实际施工人主张要参照该条款进行结算，能否得到支持？

实际施工人提出该诉求，其认知是受《民法典》第七百九十三条"建设工程施工合同无效，但是建设工程经验收合格的，可以参照合同关于工程价款的约定折价补偿承包人"规定的影响，即其认为此类条款属于与确定工程价款有关的条款。

实际施工人的这一观点是错误的，原因是："自报送结算资料之日起三个月内没有进行结算价审核的，视为认可送审价"实质上是一个违反结算送审程序的一个违约条款。

这一条款的本意是发包人应当在什么时间内完成对结算资料的审核，如果不能按时出结论，就要承担什么样的后果。这就是一个典型的违约责任条款，与"定额计价""固定总价""综合单价""成本加酬金"等类似的用于确定结算金额的计价方法、计价标准完全是不一样的。

所以，合同无效，合同中约定的"自报送结算资料之日起三个月内没有进行结算价审核的，视为认可送审价"也无效，不能参照该条款结算工程价款。

参考案例

最高人民法院（2017）最高法民终 399 号
发包人：某德公司
施工企业（被挂靠人）：某和公司
实际施工人（挂靠人）：庄某宝
法院认为：本案《建设工程施工承包合同》签订前未履行法定招投标程序，且该合同系庄某宝借用某和公司资质挂靠某和公司施工，当属无效。虽然施工合同无效，但承包人作为合同相对方以自己名义起诉发包人，且实际施工人对此不持异议，故应认定承包人享有起诉主张支付工程价款的权利……经查，《补充协议》……第十二条第（二）项第（2）点的内容为，某德公司在收到某和公司提交的工程竣工结算书后的 30 天内完成审核，并与某和公司办理竣工结算手续，某德公司在收到某和公司提交的工程竣工结算书后的 30 天内未完成结算审核，视为某和公司的工程结算已经通过某德公司的审核同意。该条内容系对工程竣工结算文件能否予以认可的具体约定。首先，本案合同已经认定为无效，虽然《建工合同案件司法解释（2024）》第二条根据该类合同有关劳务与建筑材料物化到工程中的特性，规定可参照合同约定支付工程价款，但是可参照的内容主要是指工程价款本身的计算方式及数额。在合同无效的情况下，《补充协议》第十二条第（二）项第（2）点的约定，并非可参照的合同内容，该约定对双方并无约束力，即某和公司并不能期待，某德公司仍应依据该无效合同的约定在收到预算书后 30 天内完成结算审核，否则即视为同意。

第 63 问：合同约定以审计结论作为结算依据，当审计结论明显有误时，如何补救？

律师解答

虽然挂靠、转包、违法分包情形下签订的合同无效，但合同中约定的"以审计结论作为结算依据"的条款因属于确定工程价款数额的内容，所以得参照适用。实践中，审计单位对施工中产生的变更、签证、索赔等事项审核很严格，只要程序上存在瑕疵，都很可能直接否定该计价事项。作为实际施工人，是否就只能接受该结果？

答案当然是否定的。

最高人民法院对此的观点是："承包人提供证据证明审计机关的审计意见具有不真实、不客观情形，人民法院可以准许当事人补充鉴定、重新质证或者补充质证等方法纠正审计意见存在的缺陷。上述方法不能解决的，应当准许当事人申请对工程造价进行鉴定"。

因此，作为实际施工人，应当在平时的施工过程中重视对相应工程资料的收集和完善，以便遇到审计报告存在"应计量而未计量、计量明显错误、应计价的没计价、计价明显错误"等情形时，可以通过诉讼启动造价鉴定来解决。

参考案例

最高人民法院（2021）最高法民申 1739 号

发包人：某城公司

施工企业：某建公司

法院认为：某建公司与某城公司合同约定以海南省三亚市财政局投资评审中心审核结果 46452649.33 元作为预算造价，该价格亦为中标合同价。三亚审计局出具审计报告核定案涉工程造价为 32060988.03 元，远低于预算造价和中标合同价，仅为 69%。而某建公司于原审中表示在施工过程中有增加签证工程量并提供相应签证作为证据予以证明。某城公司虽表示签证只是证明工程量有变更，同时主张工程量有减少，但却未对其主张提供证据予以证明。事实上，案涉工程经竣工验收交付使用多年，三亚审计局未能在合理期限内作出审计报告。一般而言，人民法院审理工程价款结算纠纷案件中，如果当事人明确约定"竣工结算以审计部门评审结果为准"，则应尊重当事人的意思自由，按照约定处理；这并不影响人民法院对审计机构出具报告的合法性、合理性负有审查义务及权力，实践中不宜不经审查就直接予以采纳。如经审查，确有证据证明审计意见（或结论）存在明显不真实、不客观、不合理之处，该审计意见则不应作为认定案涉工程价款结算的依据。该观点亦可见于《2015 年全国民事审判工作会议纪要》第四十九条关于"承包人提供证据证明审计机关的审计意见具有不真实、不客观情形，人民法院可以准许当事人补充鉴定、重新质证或者补充质证等方法纠正审计意见存在的缺陷。上述方法不能解决的，应当准许当事人申请对工程造价进行鉴定"的内容。

法律依据

《最高人民法院 2015 年全国民事审判工作会议纪要》

49. 依法有效的建设工程施工合同，双方当事人均应依约履行。除合同另有约定，当事人请求以审计机关作出的审计报告、财政评审机构作出的评审结论作为工程价款结算依据的，一般不予支持。

合同约定以审计机关出具的审计意见作为工程价款结算依据的，应当遵循当事人缔约本意，将合同约定的工程价款结算依据确定为真实有效的审计结论。承包人提供证据证明审计机关的审计意见具有不真实、不客观情形，人民法院可以准许当事人补充鉴定、重新质证或者补充质证等方法纠正审计意见存在的缺陷。上述方法不能解决的，应当准许当事人申请对工程造价进行鉴定。

第八章 优先受偿权

第 64 问：实际施工人是否享有建设工程价款优先受偿权？

律师解答

《建工合同案件司法解释一（2020）》第三十五条规定："与发包人订立建设工程施工合同的承包人，依据民法典第八百零七条的规定请求其承建工程的价款就工程折价或者拍卖的价款优先受偿的，人民法院应予支持。"根据该规定可知，只有直接与发包人订立了施工合同的承包人才享有工程款的优先受偿权，而无论是挂靠还是转包、违法分包情形下，与实际施工人建立合同关系的都是承包人，非发包人。实际施工人不属于"与发包人订立建设工程施工合同的承包人"，不享有建设工程价款优先受偿权。

参考案例

最高人民法院（2019）最高法民申 2852 号

发包人：某科公司

承包人（被挂靠人）：某腾公司、某泉公司

实际施工人（挂靠人）：陈某国

优先受偿权作为一种物权性权利，根据《中华人民共和国物权法》第五条"物权的种类及内容，由法律规定"之物权法定原则，享有建设工程价款优先受偿权的主体必须由法律明确规定。而《合同法》第二百八十六条、《最高人民法院关于建设工程价款优先受偿权问题的批复》第一条均明确限定建设工程价款优先受偿权的主体是建设工程的承包人，而非实际施工人。这也与《最高人民法院关于审理建设工程施工合同纠纷案件适用法律问题的解释（二）》第十七条明确规定建设工程价款优先受偿权的主体为"与发包人订立建设工程施工合同的承包人"这一最新立法精神相契合。陈某国作为实际施工人，并非法定的建设工程价款优先受偿权主体，不享有建设工程价款优先受偿权。

法律依据

《最高人民法院关于审理建设工程施工合同纠纷案件适用法律问题的解释（一）》

第三十五条　与发包人订立建设工程施工合同的承包人，依据民法典第八百零七条的规定请求其承建工程的价款就工程折价或者拍卖的价款优先受偿的，人民法院应予支持。

权威观点

《最高人民法院民事审判第一庭 2021 年第 21 次专业法官会议纪要》

法律问题：实际施工人是否享有建设工程价款优先受偿权？

法官会议意见：建设工程价款优先受偿权是指在发包人经承包人催告支付工程款后的合理期限内仍未支付工程款的情况下，承包人享有的与发包人协议将该工程折价或者请求人民法院将该工程依法拍卖，并就该工程折价或者拍卖的价款优先受偿的权利。《民法典》第八百零七条规定："发包人未按照约定支付价款的，承包人可以催告发包人在合理期限内支付价款。发包人逾期不支付的，除根据建设工程的性质不宜折价、拍卖外，承包人可以与发包人协议将该工程折价，也可以请求人民法院将该工程依法拍卖。建设工程的价款就该工程折价或者拍卖的价款优先受偿。"《建工合同案件司法解释一（2020）》第三十五条规定："与发包人订立建设工程施工合同的承包人，依据民法典第八百零七条的规定请求其承建工程的价款就工程折价或者拍卖的价款优先受偿的，人民法院应予支持。"依据上述规定，只有与发包人订立建设工程施工合同的承包人才享有建设工程价款优先受偿权。实际施工人不属于"与发包人订立建设工程施工合同的承包人"，不享有建设工程价款优先受偿权。

第 65 问：实际施工人代位施工企业向发包人主张工程款，能否主张工程价款优先受偿权？

律师解答

关于该问题，实际施工人会有此逻辑：首先，《民法典》规定了承包人有权享有工程价款的优先受偿权；其次，《建工合同案件司法解释一（2020）》的第四十四条规定了实际施工人在一定条件下可以代承包人向发包人主张工程款。基于这两点理由，那实际施工人也有权代替承包人向发包人主张工程价款的优先受偿。

实际施工人的上述逻辑是错误的，理由如下。

（1）建设工程价款优先受偿权是对世权，具有优先于设立在建设工程上的抵押权、普通债权的效力，对交易安全和第三人利益影响较大，为维护交易安全和平衡善意第三人利益，对其权利主体不宜过度放宽。

（2）实际施工人并非严格的法律主体概念，实践中，实际施工人身份的认定本身就是争议很大的问题。如果实际施工人均享有建设工程价款优先受偿权，则围绕建设工程建立的一系列法律关系均处于不稳定之中，不仅损害交易安全和其他相关方的利益，也会对建设工程的使用、转让等造成不良影响。❶

（3）根据《民法典》的规定，建设工程价款优先受偿权的享有对象仅为与发包人直接建立施工合同关系的承包人，而实际施工人并未直接与发包人建立合同关系。若允许其通过"代位权"的方式实现优先受偿权，让违法分包、转包行为仍然享有与合法发承包情形下同样的权利，将会形成错误的价值导向，更多的人会选择转包、违法分包等方式承揽工程。

法律依据

《中华人民共和国民法典》

第八百零七条　发包人未按照约定支付价款的，承包人可以催告发包人在合理期限内支付价款。发包人逾期不支付的，除根据建设工程的性质不宜折价、拍卖外，承包人可以与发包人协议将该工程折价，也可以请求人民法院将该工程依法拍卖。建设工程的价款就该工程折价或者拍卖的价款优先受偿。

《最高人民法院关于审理建设工程施工合同纠纷案件适用法律问题的解释（一）》

第四十四条　实际施工人依据民法典第五百三十五条规定，以转包人或者违法分包人怠于向发包人行使到期债权或者与该债权有关的从权利，影响其到期债权实现，提起代位权诉讼的，人民法院应予支持。

---

❶ 最高人民法院民事审判第一庭. 最高人民法院新建设工程施工合同司法解释（一）理解与适用［M］. 北京：人民法院出版社，2021.

第 66 问：发包人明知挂靠，实际施工人是否享有优先受偿权？

律师解答

《最高人民法院民一庭 2021 年第 21 次专业法官会议纪要》中指出：实际施工人不属于"与发包人订立建设工程施工合同的承包人"，不享有建设工程价款优先受偿权。然而，最高人民法院在（2021）最高法民终 394 号民事判决书中亦明确指出：挂靠分为发包人明知和不明知两种情形，在发包人明知挂靠人借用资质的情形下，尽管建设工程施工合同名义上还是被挂靠人，但实质上挂靠人已和发包人之间建立了事实上的合同关系，挂靠人有权向发包人主张工程价款。亦即在发包人明知挂靠的情形下，挂靠人似乎就符合享有建设工程价款优先受偿权要求的"和发包人有直接合同关系"的条件，可以享有优先受偿权。

司法实践中，对于发包人明知挂靠情形下，实际施工人是否享有优先受偿权的问题，存在两种截然相反的观点。

一种观点认为：即便在发包人明知挂靠的情形下，亦不应支持实际施工人享有建设工程价款优先受偿权。理由如下。首先，《建工合同案件司法解释一（2020）》第四十三条规定的是发包人只在欠付工程价款范围内对实际施工人承担责任，即实际施工人有权向发包人主张工程价款，但并未规定其享有工程价款的优先受偿权。《民法典》及《建工合同案件司法解释一（2020）》也只规定了承包人享有工程价款优先受偿权，而未规定实际施工人也享有该项权利。其次，借用资质的挂靠行为实质上破坏了建筑市场准入监管秩序，是规避建设工程质量保障体系的违法行为。因此，基于法秩序统一性原理，不能因发包人主观认知状态改变挂靠行为本身的违法属性。赋予实际施工人享有建设工程价款优先受偿权，将形成对违法行为的变相认可，难以实现遏制建筑领域挂靠乱象的规制目的。

另一种观点认为：发包人明知挂靠的情况下，实际施工人享有建设工程价款优先权。首先，这种情形下，发包人与实际施工人之间形成事实上的合同关系，此时挂靠人就是事实合同关系中的承包人，符合工程价款优先受偿权的主体要件。其次，实际施工人投入了人力、物力和财力，建设工程质量合格并不会损害人民群众生命安全和公共利益，与此同时，发包人在明知挂靠的情况下仍然同意施工且取得了工程价值，基于公平原则，便不能因为挂靠行为的违法性而抹杀实际施工人投入的物化劳动成果。

笔者更倾向于第二种观点。首先，在发包人明知存在挂靠情形时，发包人与实际施工人之间有建立建设工程合同关系的真实意思表示，形成了事实上的建设工程施工合同关系，此时认定实际施工人享有建设工程价款优先受偿权，与优先受偿权的立法目的相契合。其次，发包人在明知挂靠的情况下仍然同意施工，其取得了工程价值，一定程度上也应当承担相应的法律后果。因此，在发包人明知挂靠的情况下，认定实际施工人享有建设工程价款优先权，能有效平衡发包方、挂靠人与被挂靠人等各方的利益关系，也是对那些在工程中投入了人力、物力、财力，并将心血凝结于工程实体的工程人的肯定。这不仅体现了法律的公平公正，也契合了积极正向的社会价值导向，彰显了对实际付出者的尊重与保护。

参考案例

1. 挂靠人不享有建设工程价款优先受偿权。

参考案例：最高人民法院（2019）最高法民再 258 号

实际施工人（挂靠人）：吴某全

被挂靠人：某都一建公司

法院认为：关于吴某全是否享有工程价款优先受偿权的问题。吴某全主张依据《建工合同案件司法解释（2004）》第二十六条第二款规定，其应享有工程价款优先受偿权。本案中，吴某全与某都一建公司签订的《建设工程内部承包合同》为无效合同，吴某全并非承包人而是实际施工人。《建工合同案件司法解释（2004）》第二十六条第二款规定的是发包人只在欠付工程价款范围内对实际施工人承担责任，即实际施工人有条件向发包人主张工程价款，但并未规定实际施工人享有工程价款的优先受偿权。《合同法》第二百八十六条仅规定承包人享有工程价款优先受偿权，未规定实际施工人也享有该项权利。因此，吴某全主张其享有工程价款优先受偿权并无事实和法律依据，二审不予支持并无不当。

2. 挂靠人享有建设工程价款优先受偿权。

参考案例：最高人民法院（2022）最高法民申 22 号

发包人：某田公司

实际施工人（挂靠人）：孔某林

被挂靠人：某建公司

法院认为：建设工程价款优先受偿权是法定优先权，对于在人民法院调解书中明确建设工程价款享有优先受偿权的情形，法律、法规及司法解释并未予以禁止。本案中，某建公司从某田公司处承包案涉工程后，孔某林作为东田三期科技孵化楼项目部负责人与某建公司签订《工程项目管理合同》并向某建公司实际交纳保证金 200 万元，某田公司、某建公司均认可案涉工程由孔某林挂靠某建公司承建，工程实际由孔某林施工完成。（2016）渝 0105 民破 5、7、8、9 号民事裁定书载明：某田公司与某建公司系集团化运作模式，实际控制人为同一自然人，某田公司的总经理、财务负责人均由某建公司任命并核发工资，所有资产均属于某建公司和实际控制人。由此，某田公司对案涉工程实际由孔某林借用某建公司资质施工是明知或应知的，孔某林与某田公司之间形成事实上的建设工程施工合同关系，203 号案件调解确认孔某林在应收工程价款范围内享有优先受偿权并无不当。

《中华人民共和国民法典》

第八百零七条　发包人未按照约定支付价款的，承包人可以催告发包人在合理期限内支付价款。发包人逾期不支付的，除根据建设工程的性质不宜折价、拍卖外，承包人可以与发包人协议将该工程折价，也可以请求人民法院将该工程依法拍卖。建设工程的价款就该工程折价或者拍卖的价款优先受偿。

《最高人民法院关于审理建设工程施工合同纠纷案件适用法律问题的解释（一）》

第三十五条　与发包人订立建设工程施工合同的承包人，依据民法典第八百零七条的规定请求其承建工程的价款就工程折价或者拍卖的价款优先受偿的，人民法院应予支持。

第四十三条　实际施工人以转包人、违法分包人为被告起诉的，人民法院应当依法受理。

实际施工人以发包人为被告主张权利的，人民法院应当追加转包人或者违法分包人为本案第三人，在查明发包人欠付转包人或者违法分包人建设工程价款的数额后，判决发包人在欠付建设工程价款范围内对实际施工人承担责任。

第九章 向实际施工人追偿

第 67 问：施工企业对外承担了民工工资支付责任后，能否向实际施工人追偿？

律师解答

实际施工人享有工程价款的权利，自然也应当承担民工工资的支付义务。当工程项目上出现拖欠民工工资时，根据《保障农民工工资支付条例》之规定，施工企业应当先行清偿，清偿后可依法向实际施工人进行追偿。

参考案例

1. 上海市嘉定区人民法院（2020）沪 0114 民初 25707 号

本院认为，依照《保障农民工工资支付条例》第三十条之规定，分包单位拖欠农民工工资的，由施工总承包单位先行清偿，再依法进行追偿。根据本案现已查明的事实，因被告拖欠农民工工资，某局向原告下达《责令改正通知书》，责令原告依据前述规定先行清偿、垫付被告拖欠的农民工工资 1937800 元。原告垫付 1937800 元，即取得向被告的追偿权，其要求被告返还垫付款的诉讼请求合法有据，本院予以支持。

2. 江苏省启东市人民法院（2021）苏 0681 民初 2343 号

劳务实际施工人（挂靠人）：石某林

劳务分包企业（被挂靠人）：某普泰公司

施工企业：南通某建设工程有限公司

第三人石某林借用被告某普泰公司与原告签订《建筑施工劳务作业合同》，因石某林没有用工资质，该合同违反法律禁止性规定，该合同虽然无效，但这并不影响农民工工资支付责任的承担。被告某普泰公司未及时支付农民工工资，原告作为总承包单位在支付相应农民工工资后，有权依法进行追偿，故原告诉请要求被告某普泰公司支付其已垫付的农民工工资款 1257023 元，于法有据，本院予以支持……判决如下：一、被告南通某建设工程有限公司于本判决发生法律效力之日起十日内给付原告垫付农民工工资款 1257023 元；二、被告曹某雯及第三人石某林对被告南通某建设工程有限公司的上述债务承担连带清偿责任。

法律依据

《保障农民工工资支付条例》

第十八条 用工单位使用个人、不具备合法经营资格的单位或者未依法取得劳务派遣许可证的单位派遣的农民工，拖欠农民工工资的，由用工单位清偿，并可以依法进行追偿。

第十九条 用人单位将工作任务发包给个人或者不具备合法经营资格的单位，导致拖欠所招用农民工工资的，依照有关法律规定执行。

用人单位允许个人、不具备合法经营资格或者未取得相应资质的单位以用人单位的名义对外经营，导致拖欠所招用农民工工资的，由用人单位清偿，并可以依法进行追偿。

第三十六条 建设单位或者施工总承包单位将建设工程发包或者分包给个人或者不具备合法经营资格的单位，导致拖欠农民工工资的，由建设单位或者施工总承包单位清偿。

施工单位允许其他单位和个人以施工单位的名义对外承揽建设工程，导致拖欠农民工工资的，由施工单位清偿。

第 68 问：施工企业对外承担了民工工伤赔偿责任后，能否向实际施工人追偿？

律师解答

实际施工人享有工程价款的权利，自然也应当承担施工过程中民工工伤的赔偿责任。根据《最高人民法院关于审理工伤保险行政案件若干问题的规定》规定，当实际施工人雇佣的民工因工伤亡时，施工企业作为法律上的用工主体，是承担工伤保险责任的单位，应当先行承担赔偿责任，此后可依法向实际施工人进行追偿。

法律是赋予了施工企业向实际施工人追偿的权利，但问题来了：是可以全额追偿还是只能部分追偿？因挂靠、转包、违法分包等行为违法，在该违法行为上，施工企业与实际施工人均是有过错的，因此，施工企业无法全额向实际施工人追偿，其自身也要承担一定比例的责任。

参考案例

1. 施工企业与实际施工人分担责任。

参考案例：江苏省淮安市中级人民法院（2019）苏 08 民终 300 号

实际施工人：张某华

施工企业：某琦公司

根据《最高人民法院关于审理工伤保险行政案件若干问题的规定》第三条规定，用工单位违反法律、法规规定将承包业务转包给不具备用工主体资格的组织或者自然人，该组织或者自然人聘用的职工从事承包业务时因工伤亡的，用工单位为承担工伤保险责任的单位。承担工伤保险责任的单位承担赔偿责任后，有权向相关组织、单位和个人追偿。本案中，某琦公司将涉案工程分包给不具备资质的个人张某华施工，某琦公司在承担了工伤保险责任后，有权向张某华追偿。对于双方责任比例，张某华承包涉案工程，对施工现场具有直接的管理责任，其在组织施工过程中造成工人受伤，具有一定过错；某琦公司将工程发包给没有施工资质的个人，在选任及监管等方面亦存在过错。一审判决张某华承担 60％的赔偿责任并无不当。对于某琦公司主张其仅应承担 30％责任，因其未提出上诉，对此本院不予理涉。

2. 层层转包情形下，各层级包工头承担连带责任。

参考案例：江苏省盐城市中级人民法院（2018）苏 09 民终 5260 号

施工企业：某通建设集团

实际施工人（第一层转包人）：施某军

违法分包之承包人：徐某林

本案中，某通建设集团有限公司承建"文泽府邸"住宅小区工程后，本应以自己的设备，组织自己的从业人员进行相应的生产活动，但其为规避风险，降低成本，将部分工程转包给不具备用工资质的自然人施某军，属于违法转包。施某军在承包工程后，又将其中的部分作业分包给同样不具备用工资质的自然人徐某林，亦属于违法转包。徐某林聘用的王某勇在从事承包业务时受伤，被认定为工伤。根据上述法律规定，某通建设集团有限公司作为用人单位应承担王某勇的工伤保险责任，同时，在该公司承担赔偿责任后，有权向不具备用工资质的自然人进行追偿。尽管某通建设集团有限公司与施某军之间签订的《劳务承包合同》，因某通建设集团有限公司违反法律、法规规定，将其承建的工程业务分包给不具备用工主体资格的自然人导致合同无效，无法以承包合同的约定来分配双方的权利义务，但是承包合同无效不能否认施某军应根据实际情况。就其违法转包的全部后果对某通建设集团有限公司承担责任的事实，施某军承担责任的范围应涵括徐某林违法用工产生的法律责任。徐某林作为王某勇的直接雇主，应与施某军一起承担连带赔偿责任。

法律依据

《中华人民共和国民法典》

第一百五十七条　民事法律行为无效、被撤销或者确定不发生效力后，行为人因该行为取得的财产，应当予以返还；不能返还或者没有必要返还的，应当折价补偿。有过错的一方应当赔偿对方由此所受到的损失；各方都有过错的，应当各自承担相应的责任。法律另有规定的，依照其规定。

《最高人民法院关于审理工伤保险行政案件若干问题的规定》

第三条　社会保险行政部门认定下列单位为承担工伤保险责任单位的，人民法院应予支持：

……

（四）用工单位违反法律、法规规定将承包业务转包给不具备用工主体资格的组织或者自然人，该组织或者自然人聘用的职工从事承包业务时因工伤亡的，用工单位为承担工伤保险责任的单位；

（五）个人挂靠其他单位对外经营，其聘用的人员因工伤亡的，被挂靠单位为承担工伤保险责任的单位。

前款第（四）、（五）项明确的承担工伤保险责任的单位承担赔偿责任或者社会保险经办机构从工伤保险基金支付工伤保险待遇后，有权向相关组织、单位和个人追偿。

第 69 问：施工企业对外向第三人承担民事上的付款、赔偿等责任后，能否向实际施工人追偿？

律师解答

实践中，挂靠、转包、违法分包情形下为了解决合规和税务问题，实际施工人都会以施工企业的名义对外开展工作，施工企业也会因此直接承担相应的民事责任。

情形一：业主单位可能承担质量问题的民事赔偿责任。

根据《建筑法》的规定，实际施工人在施工过程中出现了质量问题，实际施工人与施工企业对发包人构成了共同侵权，二者应共同向建设单位承担连带赔偿责任。

情形二：为了过账和税务开票，实际施工人需要以施工企业的名义与下游的材料供应商、专业分包、劳务分包、机械租赁等第三方建立合同关系，基于合同相对性，施工企业需承担相应的付款义务、逾期付款的违约金以及可能面临的索赔款。

对于下游的专业分包、劳务分包、机械租赁、材料采购等形成的所有债务，有工程款、材料款、租赁款的本金、利息、违约金、索赔款等，对于本金部分，实际施工人作为工程价款的享有者，自然应由其承担付款责任；而对于利息、违约金、索赔款等，就应当区分各自的过错，根据过错程度进行责任的划分，比如可能因施工企业自己挪用了工程款而未及时向第三方支付款项导致承担了违约金、利息的，施工企业必然要承担相应的责任，而不能全额向实际施工人追偿。

参考案例

最高人民法院（2020）最高法民再 357 号

施工企业（被挂靠人）：某鹏都公司

实际施工人（挂靠人）：乔某

法院认为：《建筑法》第二十六条第二款规定："禁止建筑施工企业超越本企业资质等级许可的业务范围或者以任何形式用其他建筑施工企业的名义承揽工程。禁止建筑施工企业以任何形式允许其他单位或者个人使用本企业的资质证书、营业执照，以本企业的名义承揽工程。"《建工合同案件司法解释（2004）》第一条规定："建设工程施工合同具有下列情形之一的，应当根据合同法第五十二条第（五）项的规定，认定无效：……（二）没有资质的实际施工人借用有资质的建筑施工企业名义的……"乔某与某鹏都公司签订的三份《内部单项工程承包合同》因违反上述法律及司法解释的规定，应当认定无效。《合同法》第五十八条规定："合同无效或者被撤销后，因该合同取得的财产，应当予以返还；不能返还或者没有必要返还的，应当折价补偿。有过错的一方应当赔偿对方因此所受到的损失。双方都有过错的，应当各自承担相应的责任。"经查明，（2013）大中民初字第 93 号案件中，某鹏都公司承担的费用包括：某民公司超付工程款7129057.31 元；该款自 2013 年 10 月 21 日起至还清之日止，按同期同类银行流动资金贷款利率标准计算的利息；延期完工违约金 93.5 万元；垫付某衡公司评估鉴定费用90.98 万元；反诉案件受理费 4 万元；鉴定费 15 万元。某鹏都公司最终被执行划转10948409.9 万元。前述费用中，超付工程款 7129057.31 元系由乔某实际收取，故该超付工程款应由乔某承担。其余费用 3819352.6 元（10948409.9－7129057.31）系某鹏都公司因违法出借资质造成的损失。某鹏都公司、乔某对乔某作为个人不具有施工资质一事明知，双方对合同无效均存在过错，故对于该损失，本院酌情判定由双方各承担50％，即 1909676.3 元。至于某鹏都公司主张 10948409.9 万元的利息，因合同无效，且某鹏都公司明知乔某不具有施工资质，仍出借资质予乔某承揽工程，其自身过错明显，对该费用本院不予支持。对于原审判决的其他费用，双方均未提出异议，本院予以维持。综上，乔某应向某鹏都公司支付共计 9038733.6 元。

💬 **法律依据**

《中华人民共和国民法典》

第一百五十七条　民事法律行为无效、被撤销或者确定不发生效力后，行为人因该行为取得的财产，应当予以返还；不能返还或者没有必要返还的，应当折价补偿。有过错的一方应当赔偿对方由此所受到的损失；各方都有过错的，应当各自承担相应的责任。法律另有规定的，依照其规定。

《最高人民法院关于审理建设工程施工合同纠纷案件适用法律问题的解释（一）》

第六条　建设工程施工合同无效，一方当事人请求对方赔偿损失的，应当就对方过错、损失大小、过错与损失之间的因果关系承担举证责任。

损失大小无法确定，一方当事人请求参照合同约定的质量标准、建设工期、工程价款支付时间等内容确定损失大小的，人民法院可以结合双方过错程度、过错与损失之间的因果关系等因素作出裁判。

第 70 问：施工企业被行政处罚，能否向实际施工人追偿？

💡 **律师解答**

挂靠、转包、违法分包情形下，施工企业被行政处罚的情形是多原因的，能否向实际施工人追偿，应当区分不同的情况讨论。

若施工企业系因挂靠、转包、违法分包而被行政处罚，无法向实际施工人追偿，原因是挂靠、转包、违法分包是施工企业为了赚取非法利益（管理费）明知违法而仍为之，不管实际施工人有没有给他"捅娄子"，其从实施挂靠、转包、违法分包行为时起就已经违法，就应当受到行政处罚，与实际施工人的行为之间并无直接的因果关系，因此，应由施工企业自行承担责任，无法向实际施工人进行追偿。

若施工企业因施工过程中存在违法行为或因发票问题等原因被行政处罚的，应当根据客观情况，划分施工企业与实际施工人之间的过程程度，并以此确定各自应当承担的责任，施工企业多承担了责任的，可以向实际施工人追偿。

河南省高级人民法院（2021）豫民再121号

实际施工人：戚某

施工企业（被挂靠人）：某州二建集团建设有限公司

再审法院认为：戚某提交的《河南省罚没收入统一票据》显示，该行政处罚的事项是违反《建筑工程施工许可管理办法》第十二条规定，即未取得建设施工许可证而擅自施工的违法行为，针对的是施工行为。本案中虽然承建的施工单位是某州二建公司，但戚某亦为施工行为人，其未取得建设施工行政许可而实际进行了施工行为。对该行政处罚，戚某没有申请行政复议或行政诉讼，其缴纳罚款的法律后果，属于对行政处罚的认可，应当自行承担该项损失，故戚某主张垫付和返还的理由没有事实和法律依据，本院不予支持。

法律依据

《中华人民共和国建筑法》

第六十五条　发包单位将工程发包给不具有相应资质条件的承包单位的，或者违反本法规定将建筑工程肢解发包的，责令改正，处以罚款。

超越本单位资质等级承揽工程的，责令停止违法行为，处以罚款，可以责令停业整顿，降低资质等级；情节严重的，吊销资质证书；有违法所得的，予以没收。

未取得资质证书承揽工程的，予以取缔，并处罚款；有违法所得的，予以没收。

以欺骗手段取得资质证书的，吊销资质证书，处以罚款；构成犯罪的，依法追究刑事责任。

第六十六条　建筑施工企业转让、出借资质证书或者以其他方式允许他人以本企业的名义承揽工程的，责令改正，没收违法所得，并处罚款，可以责令停业整顿，降低资质等级；情节严重的，吊销资质证书。对因该项承揽工程不符合规定的质量标准造成的损失，建筑施工企业与使用本企业名义的单位或者个人承担连带赔偿责任。

第六十七条　承包单位将承包的工程转包的，或者违反本法规定进行分包的，责令改正，没收违法所得，并处罚款，可以责令停业整顿，降低资质等级；情节严重的，吊销资质证书。

承包单位有前款规定的违法行为的，对因转包工程或者违法分包的工程不符合规定的质量标准造成的损失，与接受转包或者分包的单位承担连带赔偿责任。

《最高人民法院关于审理建设工程施工合同纠纷案件适用法律问题的解释（一）》

第六条　建设工程施工合同无效，一方当事人请求对方赔偿损失的，应当就对方过错、损失大小、过错与损失之间的因果关系承担举证责任。

损失大小无法确定，一方当事人请求参照合同约定的质量标准、建设工期、工程价款支付时间等内容确定损失大小的，人民法院可以结合双方过错程度、过错与损失之间的因果关系等因素作出裁判。

第 71 问：建筑公司以开分公司的方式将资质出借给个人负责某一区域的经营，因该分公司经营过程中导致施工企业承担了责任，是否有权向分公司承包人追偿？

律师解答

实践中，存在部分施工企业为快速拓展业务、做大规模，会在全国各地寻求有资源的人在当地开设分公司或办事处，双方会签订《承包经营合同》或《目标责任书》等类似的协议，施工企业一般是收取一定的年费，只进行财务管理，分公司或办事处所中标的工程均由承包人自主经营、自负盈亏。

此种情形就是一种典型的挂靠经营行为，只是在中标项目后，分公司或办事处又有四种经营方式，一种是挂靠人自己作为实际施工人，组织人、材、机进行施工；第二种是挂靠人将工程转包给他人施工，挂靠人只收取一定的管理费；第三种是挂靠人将中标工程交回公司，由公司将工程转包给他人施工；第四种是挂靠人中标项目后将其交回公司由公司自己施工，挂靠人相当于业务员的角色。

上述四种方式中，第三、四种方式由于都是挂靠人将项目交回公司处理，项目的实施与挂靠人无关，故不存在向挂靠人追偿一说；对于第一、二种情形，工程项目的实施都是挂靠人在负责，由此导致被挂靠公司承担了责任的，被挂靠公司可以向挂靠人追偿。

但是，实践中很多企业为了实现形式上的合规，便与分公司承包人签订劳动合同并为其购买社会保险，如此，司法上一般会认定该人员系公司的员工，其在工程项目上的行为是履行公司职务的行为，相应的法律后果应由公司承担。

参考案例

最高人民法院（2021）最高法民申 1182 号

分公司承包人：高某林

分公司负责人：李某宁

施工企业：某宇公司

本院经审查认为，本案系追偿权纠纷，某宇公司向李某宁追偿的主要依据系 2013 年 5

月 30 日某宇公司与高某林签订的《分支机构个人承包协议》、2015 年 4 月 13 日李某宇与某宇集团青海分公司签订的《项目合作协议书》及 2018 年 10 月 15 日高某林向某宇公司作出的《工程项目承诺》。因《分支机构个人承包协议》系某宇公司与高某林之间的协议关系，并不涉及李某宇，《工程项目承诺》仅有高某林的签字，并未经李某宇同意或授权，故仅需认定《项目合作协议书》所涉法律关系。某宇公司主张高某林挂靠某宇公司进行施工，案涉《项目合作协议书》是高某林个人与李某宇之间的合伙关系，应由二人共同对某宇公司被强制执行的债务承担清偿责任。根据已查明的事实，案涉《项目合作协议书》系为承揽青海某鼎安公司开发的"鼎安名城"项目而签订的合作协议。因另案（2018）青民终 90 号生效判决，通过某宇公司向青海某鼎安公司出具的介绍信、某宇集团青海分公司向高某林发放薪金和养老医保费的《支付个人收入明细表》及该案二审庭审中高某林自认其是某宇集团青海分公司的职工，该公司每月向其发放一定的生活费等，认定高某林虽以实际施工人身份对"鼎安名城"项目施工，但其系某宇公司的授权代理人、某宇集团青海分公司的员工，高某林实际履行了某宇公司的职务行为。故二审法院认定《项目合作协议书》并非高某林个人行为，而是某宇集团青海分公司的真实意思表示，相关责任应由某宇集团青海分公司及某宇公司承担，并无不当。

法律依据

《中华人民共和国公司法》

第十三条　公司可以设立子公司。子公司具有法人资格，依法独立承担民事责任。

公司可以设立分公司。分公司不具有法人资格，其民事责任由公司承担。

《中华人民共和国民法典》

第一百五十七条　民事法律行为无效、被撤销或者确定不发生效力后，行为人因该行为取得的财产，应当予以返还；不能返还或者没有必要返还的，应当折价补偿。有过错的一方应当赔偿对方由此所受到的损失；各方都有过错的，应当各自承担相应的责任。

《最高人民法院关于审理建设工程施工合同纠纷案件适用法律问题的解释（一）》

第六条　建设工程施工合同无效，一方当事人请求对方赔偿损失的，应当就对方过错、损失大小、过错与损失之间的因果关系承担举证责任。

损失大小无法确定，一方当事人请求参照合同约定的质量标准、建设工期、工程价款支付时间等内容确定损失大小的，人民法院可以结合双方过错程度、过错与损失之间的因果关系等因素作出裁判。

第 72 问：被挂靠人尚未与发包人结算，挂靠人还有未收工程款的情形下，被挂靠人能否先向挂靠人追偿垫付款？

律师解答

挂靠关系下，施工过程中因挂靠人对外欠付了材料款或因其雇佣的民工受伤等导致被挂靠人对外承担了付款责任或赔偿责任，而此时被挂靠人还没有与发包人办理结算，挂靠人通过被挂靠人在发包人处还有剩余工程款可拿。此种情形下，被挂靠人可以向挂靠人追偿其垫付的材料款或人身损害赔偿款吗？

挂靠人一般都会反应：你被挂靠人还欠着我工程款，我给你赔偿啥呢，等结算完了直接抵销就是。

为啥挂靠人要这样讲呢，他的逻辑是这样的：作为实际施工人的挂靠人，收工程款的路径是发包人先将工程款付给被挂靠人，再由被挂靠人转付给挂靠人，所以，在工程没有办理结算，发包人还欠付着工程款的情形下，也就相当于被挂靠人欠付着挂靠人的工程款，等结算完成后，直接用剩余的工程款去抵销被挂靠人替他垫付各种款项就是。

挂靠人的这种理解正确吗？

法律上讲是错误的。因为被挂靠人替挂靠人承担了责任后向其追偿垫付款的案件是追偿权纠纷；而发包人与被挂靠人之间，以及被挂靠人与挂靠人之间关于工程款的结算案件，是施工合同下的工程款纠纷，与追偿权纠纷不是同一个法律关系，无法抵销。

参考案例

1. 北京市高级人民法院（2022）京民申 350 号

实际施工人（挂靠人）：李某东

施工企业（被挂靠人）：某联天盛公司

发包人：某筑北方公司

法院认为：原审查明的事实表明，李某东系挂靠在某联天盛公司名下从事建设工程施工活动。工人由李某东雇佣，故李某东负有支付工人工资的义务，而某联天盛公司承担连带给付责任。某联天盛公司在替李某东垫付 20 万元工人工资后，依法享有对李某东的追偿权。某联天盛公司在本案中行使追偿权，要求李某东给付垫付款 20 万元，实质为挂靠经营合同的双方当事人之间的垫付款纠纷，并不涉及与发包人某筑北方公司之间的工程款纠纷。原审判决查明事实清楚，适用法律正确，处理结果妥当。

2. 四川泸州市中级人民法院（2020）川 05 民终 938 号

实际施工人（挂靠人）：瞿某权、周某川

施工企业（被挂靠人）：某县加明建司

法院认为……某县加明建司确为他人垫付了款项，应享有相应的追偿权利。虽然新平民族产业园项目是以某县加明建司的名义与新平某恒公司签订。但某县加明建司并非工程的实际施工人，相应工程款亦未支付至某县加明建司，某县加明建司对工程施工情况并不清楚，且新平某恒公司工程款支付情况与本案并非同一法律关系，先某彬、马某英上诉认为本案应追加新平某恒公司为必要共同诉讼参加人，某县加明建司应先向新平某恒公司请求支付工程款，在本案中无追偿权的上诉理由不成立，本院不予支持……本案系因借用某县加明建司资质承包工程引发纠纷，且马某英、先某彬通过借用加明建司的资质，获得管理费，瞿某权、周某川通过借用加明建司的资质获得工程承包权，因此，在新平民族产业园项目中，先某彬、马某英、瞿某权、周某川均借用了某县加明建司的资质，因借用资质行为，导致某县加明建司遭受损失，某县加明建司向借用资质人先某彬、马某英、瞿某权、周某川主张权利并不违反法律的规定。关于责任承担方式的问题，因借用资质导致某县加明建司的损失，加明建司有权追偿，一审法院认定案涉工程实际施工人瞿某权、周某川承担偿还责任，而瞿某权、周某川系通过马某英、先某彬借用加明建司资质，马某英、先某彬对工程有一定管理职责且收取一定管理费，从公平和减少诉累角度出发，认定先某彬、马某英承担补充赔偿责任并未超出先某彬、马某英借用某县加明建司资质应承担的义务范围，本院予以确认。

第 73 问：施工企业取得虚开的发票被处罚，能否向实际施工人主张赔偿？

律师解答

可以，但法院会酌情确定双方的责任承担比例。首先，施工企业被税务机关处罚系实际施工人提供虚开的发票而导致，因此，实际施工人对该项损失具有重大过错，应承担主要责任。其次，施工企业明知挂靠、转包等行为不符合建筑法等法律法规之规定而仍为之，且对相关发票的合法性、有效性未尽到合理审查义务，亦有过错，也应承担相应的责任。

参考案例

1. 浙江省绍兴市中级人民法院（2021）浙 06 民终 484 号

实际施工人：毛某某

施工企业（被挂靠人）：消防公司

法院认为：本案中，因被告毛某某提供的虚开发票导致原告消防公司需进行相应的纳税调整，被追缴相应企业所得税及相应滞纳金，并处罚款，实际系被告毛某某与原告消防公司在履行合同过程中产生的损失，对该损失应按照各自的过错承担相应的责任。本案企业所得税、罚款及相应滞纳金产生的最直接的原因是被告毛某某提供虚开的增值税普通发票，故被告毛某某对该损失具有重大过错，应承担主要责任；原告消防公司明知被告毛某某不具有消防设施工程施工资质，仍与其发生"挂靠"或者转包的关系，且其对相关发票的合法性、有效性等未尽到合理审查义务，其亦具有过错，应承担相应责任。

本院确定被告毛某某应对原告的企业所得税、罚款及相应滞纳金损失承担70%的赔偿责任，原告消防公司自行承担30%的责任。

二审法院浙江省绍兴市中级人民法院认为：被上诉人被税务机关处理、处罚的结果与上诉人提供的虚开发票有直接因果关系，被上诉人因此产生损失的事实清楚。本案系提供虚开发票引起的损失赔偿纠纷，并非税费负担争议，上诉人关于被上诉人系企业所得税缴纳主体、被上诉人少交2017年度和2018年度企业所得税并非上诉人行为导致的上诉理由，与查明的事实不符，本院不予采纳。上诉人已收取案涉九份增值税发票所对应之款项，向被上诉人交付合法票据属应有之意，该责任不因双方合同无效而免除。驳回了毛某某的上诉，维持原判。

2. 广州市越秀区人民法院（2022）粤0104民初4148号

法院认为：因被告提供的虚开发票导致原告被税务机关追缴增值税、城市维护建设税、教育费附加、地方教育附加、滞纳金，属于原告与被告在履行《项目责任承包协议》过程中产生的损失，双方应按各自的过错承担相应责任。本案原告被追缴税费、滞纳金的直接原因系被告向原告提供了虚开的增值税专用发票，故被告对上述损失的产生具有重大过错，应承担主要责任。原告明知被告不具有施工资质，仍将案涉工程项目整体转包给被告，让被告全面负责组织施工、材料采购等事项，且原告对被告提供发票的合法性、交易真实性等未尽审查义务，故原告对上述损失的产生亦有过错，应承担相应责任。根据双方过错程度，结合案涉项目工程结算款的最终归属，本院酌情确定被告应对原告因某公司虚开增值税发票而被追缴的增值税、城市维护建设税、教育费附加、地方教育附加及滞纳金承担70%的责任，原告自行承担30%的责任。

法律依据

《财政部国家税务总局关于全面推开营业税改征增值税试点的通知》

第二条　单位以挂靠方式经营的，挂靠人以被挂靠人名义对外经营并由被挂靠人承担相关法律责任的，以被挂靠人为纳税人。

《最高人民法院关于审理建设工程施工合同纠纷案件适用法律问题的解释（一）》

第六条　建设工程施工合同无效，一方当事人请求对方赔偿损失的，应当就对方过错、损失大小、过错与损失之间的因果关系承担举证责任。

第 74 问：施工企业向发包人承担工期延误赔偿责任后，能否向实际施工人追偿？

律师解答

根据《民法典》第一百五十七条规定："民事法律行为无效、被撤销或者确定不发生效力后，行为人因该行为取得的财产，应当予以返还；不能返还或者没有必要返还的，应当折价补偿。有过错一方应当赔偿对方由此受到的损失，各方都有过错的，应当各自承担相应的责任"，实际施工人对于工期迟延存在过错的，即使合同无效，施工企业向发包人承担工期延误赔偿责任后，亦可向实际施工人追偿。在该情况下，实际施工人承担责任的法律性质不再是违约责任而是合同无效之下的损失赔偿责任。

参考案例

江苏省高级人民法院（2020）苏民申 6611 号

发包人：某盛机械厂

施工企业：某建公司

实际施工人：唐某超

法院认为：案涉工程的建设工程施工合同虽以某建公司的名义与某盛机械厂订立，但工程实际由唐某超组织人员、机械等进行施工，且唐某超与某建公司亦约定由唐某超全面履行建设工程施工合同中某建公司的义务，故唐某超虽非建设工程施工合同的相对人，但在前案生效判决已判令某建公司承担工期迟延赔偿责任，且某建公司亦实际履行了生效判决确定的义务后，某建公司有权向唐某超追偿。因此，唐某超主张其非建设工程施工合同相对人，也非前案诉讼的当事人，不应当承担工期迟延损失的赔偿责任，不符合法律规定，一、二审法院未予采信，并无不当。

《中华人民共和国民法典》

第一百五十七条　民事法律行为无效、被撤销或者确定不发生效力后，行为人因该行为取得的财产，应当予以返还；不能返还或者没有必要返还的，应当折价补偿。有过错一方应当赔偿对方由此受到的损失，各方都有过错的，应当各自承担相应的责任。

《最高人民法院关于审理建设工程施工合同纠纷案件
适用法律问题的解释（一）》

第六条　建设工程施工合同无效，一方当事人请求对方赔偿损失的，应当就对方过错、损失大小、过错与损失之间的因果关系承担举证责任。损失大小无法确定，一方当事人请求参照合同约定的质量标准、建设工期、工程价款支付时间等内容确定损失大小的，人民法院可以结合双方过错程度、过错与损失之间的因果关系等因素作出裁判。

第 75 问：实际施工人承包的工程产生诉讼或行政处罚，导致施工企业在后续的招投标中被取消中标，施工企业可否向实际施工人主张损失赔偿？

律师解答

施工企业无法向实际施工人进行追偿，理由如下。

首先，施工企业参加任何工程项目的投标时，该项目的资格预审文件、招标文件中都会列明具体的限制投标情形，对照招标文件，施工企业对在此前与实际施工人"合作"的项目中是否出现有被限制投标的相关事件是非常清楚的。施工企业明知自己存在限制投标情形，仍在投标时提交无限制投标情形的虚假承诺导致被取消中标，责任在施工企业自己，与实际施工人无关，不应因此主张实际施工人承担赔偿责任。

其次，实际施工人承包的工程产生诉讼或行政处罚，施工企业自身有着无法推卸的责任，其出借资质给实际施工人或将工程转包、违法分包给实际施工人本身就存在过错，并且在施工企业与实际施工人"合作"的项目中，若施工企业承担了民事上的直接经济责任，是允许其向实际施工人追偿的，但对于施工企业在工程项目之外可能产生的其他各种损失，在其本身违法的情形下，不宜再延伸保护。

《中华人民共和国民法典》

第一百五十七条 民事法律行为无效、被撤销或者确定不发生效力后，行为人因该行为取得的财产，应当予以返还；不能返还或者没有必要返还的，应当折价补偿。有过错一方应当赔偿对方由此受到的损失，各方都有过错的，应当各自承担相应的责任。

《最高人民法院关于审理建设工程施工合同纠纷案件适用法律问题的解释（一）》

第六条 建设工程施工合同无效，一方当事人请求对方赔偿损失的，应当就对方过错、损失大小、过错与损失之间的因果关系承担举证责任。损失大小无法确定，一方当事人请求参照合同约定的质量标准、建设工期、工程价款支付时间等内容确定损失大小的，人民法院可以结合双方过错程度、过错与损失之间的因果关系等因素作出裁判。

第十章

工程上的借款问题

第76问：施工企业对实际施工人因工程施工而产生的借款是否应当承担连带还款责任？

律师解答

基于合同相对性原则，只要施工企业未参与到实际施工人与第三人的借款关系中，当借条上无施工企业的印章、施工企业未直接收取借款、实际施工人的行为对施工企业也无法构成表见代理等情形的，施工企业不应对借款承担还款责任。

司法实践中，也有法院认为，实际施工人为了完成工程项目向他人借款，若借款用于工程，转包人实际分享了该借款利益，从公平原则和权利义务相一致原则出发，施工企业也应对该借款承担连带还款责任。但笔者认为该观点值得商榷。

参考案例

辽宁省高级人民法院（2015）辽审一民抗字第00138号

施工企业（转包人）：丹某分公司

实际施工人：孙某根

出借人：赫某革

法院认为：从形式上看，基于借款关系，孙某根向赫某革借款20万元；基于转包关系，丹某分公司向孙某根收取管理费36.6万元。两者好像是风马牛不相及。但究其本质，涉案借款合同有效，转包协议无效。丹某分公司向孙某根所收取管理费的行为违法。而所谓的管理费，实质上就是该无效合同双方以合法形式掩盖非法目的而通谋共取的违法所得。故其当然要归入《合同法》所规定的"恶意串通所获利益"范围之内。

而为了履行该无效转包合同，孙某根为工程所需向赫某革借款 20 万元，未有偿还，赫某革当然地成为无效合同的受损害方。孙某根系一手托两家，其既是无效转包合同的缔约人和实施人，同时又是另一有效借款合同的形式借款人。如果孙某根不向赫某革借款，则涉案转包工程无法顺利施工。反之，丹某分公司就不可能获得所谓的管理费收益。故丹某分公司实际上是有效借款合同和无效转包合同的真正受益人。换言之，债权人赫某革所蒙受的债务不能获得清偿之损失与丹某分公司的受益之间存在着法律上的因果关系。

"合同相对人之间的约定对第三方没有拘束力。"在此类无效合同与有效合同交织的案件中，还要顾及"内外有别"原则的适用。本案中，涉案借据上虽然只有孙某根的签字，且并未加盖丹某分公司的公章，但实质上，因为挂靠承包关系的存在，丹某分公司为孙某根出具了其项目部公章和财务印鉴等，孙某根以其名义进行施工，赫某革有充分的理由相信孙某根的行为客观上形成了能够代表丹某分公司的权利外观。丹某分公司与孙某根实际上结成了一致对外非法谋取和获得建筑施工利益的共同体。在涉案项目承包协议依法被认定无效时，丹某分公司不能以"施工中发生一切债权、债务和经济纠纷均由孙某根负责"的内部约定来对抗第三人。

本案中，丹某分公司与孙某根通谋订立违法转包合同，具有共同故意。在孙某根将所借款项用于工程且未有清偿的前提下，一是基于借款合同有效，孙某根应向赫某革承担清偿责任；二是基于转包合同无效，丹某分公司作为无效合同的受益人依法应当向受损失人赫某革承担返还责任；三是基于丹某分公司与孙某根同为无效转包施工联合体，其双方应对诉争借款之清偿承担共同责任。这种判断，不仅契合《合同法》第五十九条规定的精神，而且亦符合"权利与义务对等"的原则和"公平正义"的原则。

第 77 问：实际施工人以工程项目部的名义对外借款，该借款是否应由施工企业负责归还？

律师解答

实际施工人以项目部的名义对外借款，若其行为对施工企业构成了表见代理，则该借款应由施工企业负责归还，反之，该借款与施工企业无关。

比如，实际施工人在借款时持有施工企业任命书或授权委托书，并在借条上加盖了项目章，出借人可以据此认定借款的实际施工人有代表施工企业的客观表象；或实际施工人虽没有任命书或授权委托书，借条也无施工企业的任何盖章，但出借人要求将出借款必须转入施工企业账户，此时，出借人尽到了一般的注意义务。前述情形均可认定实际施工人对施工企业构成表见代理，施工企业应对该借款承担还款义务。反之，若实际施工人既无代表施工企业的各类文书，借条也无施工企业加盖印章，款项也是直接支付给个人，此情形下，出借人并不属于善意的相对人，其无权主张施工企业承担还款义务。

参考案例

1. 最高人民法院（2019）最高法民申 687 号

法院认为：实际施工人以建筑公司名义对外借款，出借人需证明实际施工人客观上有代理权的外观表现，且其主观上对代理权的存在具有善意且无过失。构成表见代理须在代理行为外观表现上存在使相对人相信行为人具有代理权的理由。这包括两个方面的内容：其一，存在外表授权，即存在有代理权授予的外观，代理行为外在表现上有相对人相信行为人有代理权的事实。无权代理人以前曾经被授予代理权，或者当时拥有实施其他民事法律行为的代理权，或者根据交易习惯行为人的行为外表表明其有代理权，均可构成外表授权。其二，相对人对行为人的代理权形成了合理信赖。相对人对外表授权的信赖是否合理，应当以是否有正当理由作为判断标准。

2. 最高人民法院（2018）最高法民申 2908 号

建设单位：同某公司

施工企业：中某公司

实际施工人（借款人）：李某华

出借人：刘某慢

保证人：杜某忠

法院认为：关于李某华的借款行为是否构成表见代理的问题。刘某慢应当知道李某华系受中某公司委托借款的身份、借款的具体用途等情况，却仅凭一张写有李某华和杜某忠签名及李某华个人银行账号的半张 A4 纸大小的条据就将出借款项转入李某华的个人账户，而未要求加盖中某公司印章或者中某公司同昇御花园项目专用章，亦未向中某公司求证，尚未尽到一般的注意义务，故其在案涉借款合同签订时自身存在一定过错。刘某慢申请再审时关于李某华、同某公司、中某公司之间个人账户转款已经形成交易习惯的主张缺乏证据证实，故本院不予支持。加之，李某华在其于 2013 年 9 月 6 日向刘某慢出具的案涉补充协议中明确表示案涉借款系其个人借款，而无李某华系代理中某公司借款的意思表示，亦无案涉借款系李某华与中某公司共同借款以及李某华系债务加入的意思表示，刘某慢是否在案涉补充协议上签字并不影响二审判决依据其内容认定相关事实。综上，李某华的借款行为不构成对中某公司的表见代理，刘某慢的申请再审理由据理不足，本院不予支持。

《中华人民共和国民法典》

第一百七十二条　行为人没有代理权、超越代理权或者代理权终止后，仍然实施代理行为，相对人有理由相信行为人有代理权的，代理行为有效。

第 78 问：施工企业向实际施工人提供"借款"用于项目，应认定为借款还是工程款的支付？

律师解答

此问题应当区分挂靠关系和转包、违法分包关系解答。

情形一，挂靠关系。此情形之下，被挂靠企业与实际施工人（挂靠人）之间仅是建筑资质的借用关系，无工程的发承包关系，被挂靠企业只负有在收到发包人支付的工程款后向实际施工人转付的义务，当其将发包人支付的工程款已全部转付给实际施工人后，实际施工人还向其借款用于工程项目的，应认定该借款关系成立，实际施工人应按双方的约定还本付息；若被挂靠企业收到发包人的工程款后还欠付实际施工人的，此时的借款实为应当支付的工程款，不宜认定为借款。

情形二，转包、违法分包关系。此情形之下，双方存在工程的发承包关系，虽然双方签订的施工合同是无效合同，但施工企业也应参照合同约定向实际施工人支付工程款。工程实施过程中，若实际施工人向施工企业借款用于人工、材料、机械的款项支付，应认定为施工企业的工程款支付行为，不能认定为借款。

实践中，部分施工企业以无关联的企业或个人向实际施工人提供借款用于工程的开支，但实际施工人无法从证据上证明该款项实为施工企业提供，从而导致本应属于自己的应收工程款却还要承担高额利息。

另外，在此也提醒施工企业，因施工中的借款次数较多，若认定为真实的借贷关系，很可能会被认定为职业放贷人，届时不仅无法收取利息，还可能涉嫌非法经营罪。

参考案例

1. 最高人民法院（2019）最高法民申 2298 号

施工企业（转包人）：金某建工集团

实际施工人：邵某军

法院认为：邵某军虽以借款单的形式向金某建工集团支取款项，并就利息和还款时间作出了承诺……诉争的借款实际并未进入邵某军的个人账户，而是由金某建工集团直接支付给农民工及材料商。此外，虽然邵某军在借款时出具承诺书，承诺支付利息并自愿承担违约责任，但是案涉借款自出借之日就已经抵扣金某建工集团欠付邵某军的工程款，不应当再计付利息。

2. 最高人民法院（2019）最高法民再 179 号

建设单位：华某公司

施工企业：某煤地公司

实际施工人：许某强

建设单位人员：罗某

法院认为：关于许某强向罗某所借三笔数额分别为 200000 元、200000 元、1400000 元的款项，虽然形式上体现为许某强与罗某个人之间的借款，但本质上应属华某公司以借款形式支付给某煤地公司的工程款。

理由一，许某强系某煤地公司任命的案涉项目行政经理，罗某系华某公司一方人员，三笔借款均发生在案涉项目进行期间，借条中明确载明如逾期未还款则从案涉工程款中扣除。且借条原件由华某公司持有，某煤地公司未提交证据证明罗某向许某强主张过该三笔借款。

理由二，华某公司一审中提交的陈某计于 2010 年 6 月 22 日领取 304670 元的领款单和转款凭证，其中 274670 元系由罗某账户转入陈某计账户，该款项系华某公司代某煤地公司向陈虎计支付的工程款。某煤地公司认可前述领款单及转款凭证的真实性，表明其对罗某代表华某公司经手案涉工程款项支付的事实知情且认可。

因此，根据日常生活经验判断，前述借款本质上应属华某公司以借款形式支付给某煤地公司的工程款，应计入华某公司已付工程款。

法律依据

《审理民间借贷案件适用法律若干问题的规定》

第十四条　原告以借据、收据、欠条等债权凭证为依据提起民间借贷诉讼，被告依据基础法律关系提出抗辩或者反诉，并提供证据证明债权纠纷非民间借贷行为引起的，人民法院应当依据查明的案件事实，按照基础法律关系审理。当事人通过调解、和解或者清算达成的债权债务协议，不适用前款规定。

《最高人民法院全国法院民商事审判工作会议纪要》

53.【职业放贷人】未依法取得放贷资格的以民间借贷为业的法人，以及以民间借贷为业的非法人组织或者自然人从事的民间借贷行为，应当依法认定无效。同一出借人在一定期间内多次反复从事有偿民间借贷行为的，一般可以认定为是职业放贷人。民间借贷比较活跃的地方的高级人民法院或者经其授权的中级人民法院，可以根据本地区的实际情况制定具体的认定标准。

《最高人民法院、最高人民检察院、公安部、司法部关于办理非法放贷刑事案件若干问题的意见》

一、违反国家规定，未经监管部门批准，或者超越经营范围，以营利为目的，经常性地向社会不特定对象发放贷款，扰乱金融市场秩序，情节严重的，依照刑法第二百二十五条第（四）项的规定，以非法经营罪定罪处罚。

前款规定中的"经常性地向社会不特定对象发放贷款"，是指2年内向不特定多人（包括单位和个人）以借款或其他名义出借资金10次以上。

贷款到期后延长还款期限的，发放贷款次数按照1次计算。

第十一章 破产

第 79 问：挂靠情形下，施工企业破产，实际施工人应得的工程款该如何保障？

律师解答

挂靠与转包、违法分包情形下，实际施工人的权利有着不同的法律后果，因此，同属于施工企业破产的情形，也得分而论之。而就单论挂靠情形，也得区分发包人对实际施工人的挂靠是否明知。

情形一，发包人明知实际施工人挂靠。

即发包人明确知晓是实际施工人挂靠施工企业进行施工，虽然在形式上是施工企业与发包人签订施工合同，但其真实意思仅是出借资质，而非承包工程。施工合同关系的实质相对方为发包人与实际施工人，此情形下，实际施工人可直接向发包人主张工程款的支付，施工企业破产对于实际施工人而言并无影响。

情形二，发包人对实际施工人的挂靠并不知情。

此情形下，于发包人而言，施工合同的洽谈、签订、履行都是施工企业，即使这些行为都可能是实际施工人在进行，但其均是以施工企业的名义在开展活动，因此，不论是形式上还是实质上，合同的相对方均是施工企业，发包人依据合同相对性，应向施工企业付款。

而挂靠情形不同于转包与违法分包，实际施工人无法突破合同相对性直接起诉发包人在欠付范围内向其付款，其要想直接从发包人处拿工程款，唯一的路径就是通过代位权实现，即当施工企业怠于向发包人主张工程款时，其可以直接代施工企业起诉发包人主张工程款。但当施工企业破产时，代位权的行使得让位于破产法，即发包人不能直接向实际施工人付款，其欠付施工企业的工程款应先纳入破产财产，实际施工人再根据其对施工企业可主张的工程款金额去参与破产财产分配。

法律依据

《中华人民共和国民法典》

第五百三十七条　人民法院认定代位权成立的，由债务人的相对人向债权人履行义务，债权人接受履行后，债权人与债务人、债务人与相对人之间相应的权利义务终止。债务人对相对人的债权或者与该债权有关的从权利被采取保全、执行措施，或者债务人破产的，依照相关法律的规定处理。

《中华人民共和国企业破产法》

第十六条　人民法院受理破产申请后，债务人对个别债权人的债务清偿无效。

权威观点

《最高人民法院民事审判第一庭 2021 年第 20 次专业法官会议纪要》

没有资质的实际施工人借用有资质的建筑施工企业名义与发包人签订建设工程施工合同，在发包人知道或者应当知道系借用资质的实际施工人进行施工的情况下，发包人与借用资质的实际施工人之间形成事实上的建设工程施工合同关系。

第 80 问：转包、违法分包情形下，施工企业破产，实际施工人应得的工程款该如何保障？

律师解答

司法实践中对这一问题存在不同的裁判观点。

第一种观点认为，转包或者违法分包情形下，施工企业几乎不会有实际的成本投入，仅是收取管理费，而整个工程是由实际施工人自主经营、自负盈亏，其投入的人工、材料、机械物化到了工程上，理应是最终工程价款的享有者。于是，才有了《建工合同案件司法解释一（2020）》第四十三条"实际施工人以发包人为被告主张权利的，人民法院应当追加转包人或者违法分包人为本案第三人，在查明发包人欠付转包人或者违法分包人建设工程价款的数额后，判决发包人在欠付建设工程价款范围内对实际施工人承担责任"这一规定。

因此，从法理上讲，将该部分应当由实际施工人取得的工程款纳入转包或者违法分包的施工企业的破产财产之中是明显不合理的。当法院已受理关于转包或者违法分包的施工企业破产申请的情况下，实际施工人仍可以依据《建工合同案件司法解释一（2020）》第四十三条的规定，直接请求发包人在欠付范围内支付工程款，发包人的这一支付行为并非对转包人或者违法分包人债务的个别清偿，亦不违反《企业破产法》债权平等的原则。

第二种观点认为，实际施工人依据《建工合同案件司法解释一（2020）》第四十三条的规定，可直接向发包人主张欠付工程款的支付请求权，仅属于普通债权，并不具有法定优先性，与施工企业的破产普通债权无异，故为保障破产程序中所有债权人的公平受偿，实际施工人只能向破产管理人申报债权，根据债权比例参与分配。

笔者同意第一种观点。实际施工人作为工程的实际投入者，若将其应得的工程款确定为有名无实的施工企业的破产财产，实际施工人仅能按债权比例部分受偿，显然有违实质的公平正义，最终也会让农民工的生存权益受到影响。

参考案例

1. 施工企业破产，实际施工人可绕开施工企业直接向发包人主张工程款。

参考案例：江苏省高级人民法院（2021）苏民再 139 号

法院认为：在人民法院已受理关于转包人的破产申请的情况下，实际施工人仍可以依据《建工合同案件司法解释（2004）》第二十六条第二款规定，请求发包人在欠付范围内支付工程款，理由如下。

第一，实际施工人对发包人的工程款请求权具有独立性，区别于转包人的请求权。首先，《建工合同案件司法解释（2004）》第二十六条第二款规定："实际施工人以发包人为被告主张权利的，人民法院可以追加转包人或者违法分包人为本案当事人。发包人只在欠付工程价款范围内对实际施工人承担责任。"基于该条款文义，实际施工人既可以请求转包人支付工程款，也可以请求发包人支付工程款，实际施工人请求发包人支付工程款不必同时向转包人提出主张，并非代位行使转包人的请求权。因此，该条规定中的"欠付范围"仅是对发包人承担责任的数额作出限制，实际施工人向发包人主张权利，并不以转包人怠于向发包人主张权利为前提。其次，《建工合同案件司法解释（2004）》第二十五条授权发包人突破合同相对性请求实际施工人承担工程质量责任，第二十六条第二款赋予实际施工人突破合同相对性向发包人主张工程款的权利，与实际施工人所承担的工程质量义务相对等。两条款均规定发包人与实际施工人可以越过转包人向对方直接提出请求，符合权利义务相一致的民法基本原则。

第二，发包人在欠付范围内向实际施工人支付工程款并非对转包人债务的个别清偿，不违反债权平等原则。首先，《企业破产法》第十六条规定禁止个别清偿，是禁止破产企业对其同顺位债务的差别清偿，而非禁止其他债务人向债权人进行清偿。依据《建工合同案件司法解释（2004）》第二十六条第二款规定，实际施工人向发包人主张权利的，发包人即在欠付工程款范围内对实际施工人负有相应债务，应由发包人向实际施工人支付工程款，并非转包人向实际施工人清偿债务，不构成《企业破产法》所禁止的个别清偿。其次，实际施工人实际投入资金、材料和劳力进行了工程施工，建设工程凝结了实际施工人的劳动成果，而转包人并未实际进行施工，不应享受相应劳动成果，故发包人欠付的工程款并非当然属于转包人的责任财产。实际施工人向发包人请求支付工程款的，相应工程款不应纳入转包人的破产财产范畴，发包人因此向实际施工人支付工程款不应视为使用转包人财产清偿债务。实际施工人自发包人处获得清偿，并未增加其自转包人处受偿的比例，亦不违反债权平等受偿原则。

第三，转包人破产情况下，实际施工人请求发包人支付工程款符合司法解释的规范目的。《建工合同案件司法解释（2004）》第二十六条第二款的规范目的在于为弱势地位的广大农民工的权益提供强有力的司法保护，实现实质意义上的公平正义。实际施工人在转包人资信状况恶化、破产、法人主体资格消灭等情况下，将难以主张权利，关系到众多农民工维系生存的"血汗钱"。这种情况下，司法解释赋予实际施工人以诉权，在一定条件下可以向发包人主张权利，扩展保护实际施工人权益的渠道，维护社会稳定。若因转包人破产否定实际施工人对发包人的工程款请求权，将导致司法解释给予实际施工人特别保护的目的落空，有违规范意旨。

2. 施工企业破产，实际施工人不能直接主张发包人支付工程款。

参考案例：浙江省湖州市中级人民法院（2019）浙 05 民终 1080 号

发包人：某村村合作社

施工企业（转包人）：某拓公司

实际施工人：徐某

法院认为：某拓公司已进入破产程序，所有债权应根据清偿顺位参与分配，徐某要求某村村合作社将本应付给某拓公司的工程款直接支付给其的主张发生在某拓公司破产前 6 个月之内，该种行为本身属于个别清偿，亦不应得到法律支持。

法律依据

《中华人民共和国企业破产法》

第十六条　人民法院受理破产申请后，债务人对个别债权人的债务清偿无效。

《最高人民法院关于审理建设工程施工合同纠纷案件适用法律问题的解释（一）》

第四十三条　实际施工人以转包人、违法分包人为被告起诉的，人民法院应当依法受理。

实际施工人以发包人为被告主张权利的，人民法院应当追加转包人或者违法分包人为本案第三人，在查明发包人欠付转包人或者违法分包人建设工程价款的数额后，判决发包人在欠付建设工程价款范围内对实际施工人承担责任。

第 81 问：施工企业破产，实际施工人应收工程款中的农民工工资部分能否要求以第一清偿顺序优先受偿？

律师解答

《企业破产法》规定当企业破产后应当用破产财产第一顺序清偿职工的工资。因此，很多实际施工人便提出：我雇佣的民工都是以施工企业的名义进行施工，民工名册也是以施工企业的名义造册提交，因此，他们实质上属于施工企业的职工，施工企业破产，这些民工的工资就应当以第一顺序进行优先受偿。

对该问题，司法实践中有不同观点。有的法院认为实际施工人招用的农民工不属于施工企业的职工，双方之间不符合劳动关系的基本特征，不能认定为劳动关系，农民工工资不属于职工债权，所以无法纳入职工债权优先清偿范围；有的法院则认为，虽然农民工工资不属于职工债权，但作为弱势群体的农民工工资理应更要获得保护，农民工工资作为劳务报酬应当参照破产企业职工工资的顺序进行清偿。

笔者同意第二种观点。农民工是工程领域利益链条的最末端，是最弱势的群体，对此，《保障农民工工资支付条例》也专门规定，施工总承包单位在分包以及违法转包情形下的农民工工资未能得到及时清偿的，总承包单位应当先行垫付，这是出于对农民工生存权益的保护而作出的特殊规定。因此，笔者认为，只要核实了农民工的真实身份，就应当将其劳动报酬纳入职工工资的范畴，以施工企业的破产财产优先支付。

参考案例

1. 不支持优先受偿。

参考案例：四川省德阳市中级人民法院（2021）川 06 民终 363 号

施工企业（转包人）：某建公司

实际施工人：周某

法院认为：职工是指在企事业单位、机关中以工资收入为主要生活来源的劳动者，实质上是指与用人单位存在劳动关系。职工债权是指破产企业在破产宣告前已经存在劳动关系而产生的债权。根据《企业破产法》第四十条第二款的规定，职工债权包括以下几种：

债务人所欠职工的工资和医疗、伤残补助、抚恤费用，所欠的应当划入职工个人账户的基本养老保险、基本医疗保险费用，以及法律、行政法规规定应当支付给职工的补偿金。周某主张其对某建公司享有的债权系职工债权，其应当提交证据证明其与某建公司之间存在劳动关系或事实劳动关系。本案中，周某、何某国与某建公司签订《建筑工程施工劳务协议》后，由周某组织工人施工。本院认为，第一，周某未提交证据证明其以及其组织的工人与某建公司直接签订劳动合同，故不能认定周某及其组织的工人与某建公司之间建立了劳动合同关系；第二，现有证据不能证实，周某及其组织的工人与某建公司存在身份上的从属和依附关系，并接受某建公司各项劳动规章制度的制约，接受某建公司的劳动管理，故双方之间亦不存在事实上的劳动关系。一审认定案涉劳务费系普通债权，不具有优先受偿权并无不当。

关于周某主张其与某建公司签订的劳务协议系无效合同，某建公司在工程中实际受益。根据《最高人民法院关于审理建设工程施工合同纠纷案件适用法律问题的解释（二）》第二十三条"发包人与承包人约定放弃或者限制建设工程价款优先受偿权，损害建筑工人利益，发包人根据该约定主张承包人不享有建设工程价款优先受偿权的，人民法院不予支持"及其第二十四条"实际施工人以发包人为某建公司主张权利的，人民法院应当追加转包人或者违法分包人为本案第三人，在查明发包人欠付转包人或者违法分包人建设工程价款的数额后，判决发包人在欠付建设工程价款范围内对实际施工人承担责任"的规定，应确认周某主张的债权享有与某建公司职工债权同顺序的优先清偿权。本院认为，上述两条规定，基于保护处于弱势地位的建筑工人权益的目的，突破债权的相对性原则，对民事主体的自由处分权进行了限制。但是，上述规定未直接认定实际施工人所雇佣的工人为发包人的职工，并享有职工的权利。故周某以此主张其债权应认定为职工债权，并按某建公司职工债权同顺序的优先清偿权不符合法律规定，不予支持。

2. 支持优先受偿（最高人民法院案例库案例）。

注：该案例虽没有认定存在挂靠、转包、违法分包情形，但具有参考价值。

参考案例：安徽省滁州市中级人民法院（2020）皖 11 民终 3630 号

发包人：某思科公司

承包人：某甸公司

陈某兵：塔吊工

法院认为：本案中，某思科公司已进入破产清算程序，陈某兵对某思科公司享有的债权 22800 元，其性质属建设工程款中的农民工工资，应当具有优先受偿权。主要从以下几个方面分析。

第一，《合同法》第二百八十六条规定：发包人未按照约定支付价款的，承包人可以催告发包人在合理期限内支付价款。发包人逾期不支付的，除按照建设工程的性质不宜折价、拍卖的以外，承包人可以与发包人协议将该工程折价，也可以申请人民法院将该工程依法拍卖。建设工程的价款就该工程折价或者拍卖的价款优先受偿。该条规定也是为了保护农民工的合法权益作出的规定。本案所涉价款为依建设工程合同所应付的价款，即发包人依建设工程合同约定应支付给承包人的承包费，包括承包人为建设工程应当支付的工人工资、材料款等实际支出的费用。而案涉陈某兵款项属于建设工程款中的农民工工资，应当优先受偿。

第二，《企业破产法》第一百一十三条第一款第一项规定：破产财产在优先清偿破产费用和共益债务后，依照下列顺序清偿，破产人所欠职工的工资和医疗、伤残补助、抚恤费用，所欠的应当划入职工个人账户的基本养老保险、基本医疗保险费用，以及法律、行政法规规定应当支付给职工的补偿金。从上述规定可知，公司进入破产、清算程序，相对普通债权而言，职工工资应优先支付，而作为弱势群体的农民工工资理应更要获得保护。

第三，《保障农民工工资支付条例》第三条第一款规定：农民工有按时足额获得工资的权利。任何单位和个人不得拖欠农民工工资。该条例第二十九条第一款、第二款规定：建设单位应当按照合同约定及时拨付工程款，并将人工费用及时足额拨付至农民工工资专用账户，加强对施工总承包单位按时足额支付农民工工资的监督。因建设单位未按照合同约定及时拨付工程款导致农民工工资拖欠的，建设单位应当以未结清的工程款为限先行垫付被拖欠的农民工工资。《最高人民法院关于进一步加强拖欠农民工工资案件审判执行工作的通知》《最高人民法院关于做好当前涉农民工工资案件执行工作的通知》等，均对拖欠农民工工资纠纷案件审执工作作出明确要求，可切实根治拖欠农民工工资问题，是践行以人民为中心的发展思想的重要举措，事关广大农民工切身利益，事关社会公平正义和社会和谐稳定。

法律依据

《中华人民共和国企业破产法》

第一百一十三条　破产财产在优先清偿破产费用和共益债务后，依照下列顺序清偿：

（一）破产人所欠职工的工资和医疗、伤残补助、抚恤费用，所欠的应当划入职工个人账户的基本养老保险、基本医疗保险费用，以及法律、行政法规规定应当支付给职工的补偿金；

（二）破产人欠缴的除前项规定以外的社会保险费用和破产人所欠税款；

（三）普通破产债权。

破产财产不足以清偿同一顺序的清偿要求的，按照比例分配。

破产企业的董事、监事和高级管理人员的工资按照该企业职工的平均工资计算。

《保障农民工工资支付条例》

第二十九条　建设单位应当按照合同约定及时拨付工程款，并将人工费用及时足额拨付至农民工工资专用账户，加强对施工总承包单位按时足额支付农民工工资的监督。

因建设单位未按照合同约定及时拨付工程款导致农民工工资拖欠的，建设单位应当以未结清的工程款为限先行垫付被拖欠的农民工工资。

第三十条　分包单位对所招用农民工的实名制管理和工资支付负直接责任。

施工总承包单位对分包单位劳动用工和工资发放等情况进行监督。

分包单位拖欠农民工工资的，由施工总承包单位先行清偿，再依法进行追偿。

工程建设项目转包，拖欠农民工工资的，由施工总承包单位先行清偿，再依法进行追偿。

第 82 问：施工企业进入破产程序，实际施工人能否以其向施工企业交纳的履约保证金具有特定款项的性质而要求优先退回？

律师解答

《民法典担保制度司法解释》第七十条规定：债务人将其资金存入债权人设立的保证金账户，债权人可以就账户内的款项优先受偿。按此规定的意思，实际施工人对其转给施工企业的履约保证金是否也同样享有优先受偿权，是否可以在施工企业破产的情形下优先取回？

在施工企业进入破产程序的情况下，实际施工人能否对其缴纳的履约保证金行使取回权，主要取决于该保证金是否已依法进行了特定化处理。如没有采取相关措施使保证金被固定和特定化，施工企业用于收保证金的账户就是其基本户或其他的普通账户，施工企业的各类收支都在该账户中进出，则履约保证金与其他款项发生了混同，无法区分，实际施工人是无法在施工企业的破产程序中享有优先取回权的。

参考案例

最高人民法院（2021）最高法民申 4928 号

施工企业：某安煤矿、某富德煤矿

实际施工人：林某相

法院认为：本案中案涉 100 万元款项虽由林某相向某安煤矿和某富德煤矿缴纳，收条上亦载明用途为保证金，但货币作为一般等价物，交付之后即与某安煤矿和某富德煤矿的其他资金产生混同。林某相请求取回，应举证证明该款项在交付后仍能与某安煤矿和某富德煤矿的其他资金清晰区分，即具备特定化的特征。但其在一、二审中并没有证据证实该 100 万元款项已经以特户、封金、保证金等形式予以特定化，仅仅是双方在相关合同中约定该款项性质是保证金以及某安煤矿和某富德煤矿出具的收条标明该款项为保证金，并不足以证实林某相仍为该货币的所有权人，而取回权依据的是物权关系而非债权关系。故根据前述法律规定，林某相要求行使取回权的条件不成立。

法律依据

《中华人民共和国企业破产法》

第三十八条　人民法院受理破产申请后，债务人占有的不属于债务人的财产，该财产的权利人可以通过管理人取回。但是，本法另有规定的除外。

《最高人民法院关于适用〈中华人民共和国民法典〉有关担保制度的解释》

第七十条　债务人或者第三人为担保债务的履行，设立专门的保证金账户并由债权人实际控制，或者将其资金存入债权人设立的保证金账户，债权人主张就账户内的款项优先受偿的，人民法院应予支持。当事人以保证金账户内的款项浮动为由，主张实际控制该账户的债权人对账户内的款项不享有优先受偿权的，人民法院不予支持。

在银行账户下设立的保证金分户，参照前款规定处理。

当事人约定的保证金并非为担保债务的履行设立，或者不符合前两款规定的情形，债权人主张就保证金优先受偿的，人民法院不予支持，但是不影响当事人依照法律的规定或者按照当事人的约定主张权利。

第十二章 刑事

第 83 问：实际施工人完成的工程出现重大质量、安全等问题，涉嫌哪些刑事犯罪？

律师解答

《刑法》第一百三十四条规定：在生产、作业中违反有关安全管理的规定，因而发生重大伤亡事故或者造成其他严重后果的，构成重大责任事故罪；强令他人违章冒险作业，或者明知存在重大事故隐患而不排除，仍冒险组织作业，因而发生重大伤亡事故或者造成其他严重后果的，也构成重大责任事故罪。

《刑法》第一百三十七条规定：建设单位、设计单位、施工单位、工程监理单位违反国家规定，降低工程质量标准，造成重大安全事故的，构成工程重大安全事故罪。虽然该罪名是单位犯罪，但最终会对直接责任人员处以刑罚。

实际施工人作为工程施工的具体实施者，如果在施工过程中有违反有关安全管理规定，或者违反国家的强制性规定，降低工程质量标准造成人员伤亡或重大经济损失的，当然涉嫌犯罪，应被依法追究刑事责任。

参考案例

1. 江苏省苏州市中级人民法院（2019）苏 05 刑终 466 号

实际施工人：季某光

一审法院认为，被告人季某光在施工作业中，违反安全管理规定，因而发生重大伤亡事故，其行为已构成重大责任事故罪，依法应予惩处……依照《刑法》第一百三十四条第一款、第六十七条第三款的规定，以重大责任事故罪判处被告人季某光有期徒刑一年。

二审法院认为，上诉人季某光在施工作业中，违反安全管理规定，因而发生重大伤亡事故，其行为已构成重大责任事故罪。上诉人季某光如实供述自己的罪行，依法可以从轻处罚。关于辩护人提出的上诉人非本罪适格犯罪主体的辩护意见，经查，根据相关法律规定，本罪的犯罪主体包括对生产、作业负有组织、指挥或者管理职责的负责人或管理人员；上诉人季某光的供述及证人姚某等人的证言，均证实本案所涉房屋修缮工程系季某光从姚某手中转包所得，季某光对该工程负有指挥、管理职责，故上诉人季某光能够成为重大责任事故罪的犯罪主体，辩护人的相关辩护意见不能成立，本院不予采纳。关于辩护人提出被害人于某丙死亡还包括被害人家属放弃治疗以及医院可能存在的治疗不当等因素，应当认定上诉人无罪的辩护意见，经查，姚某、季某光等人在施工过程中违反安全管理规定是本案发生的直接原因；根据证人周某、方某等人的证言及司法鉴定意见，被害人于某丙从高处坠落后，因高位颈髓损伤后继发肺部感染，最终发生呼吸、循环功能衰竭而死亡。综上，季某光违反安全管理规定进行施工作业，与被害人的死亡具有直接的因果关系，其应当承担重大责任事故罪的刑事责任，故辩护人的相关辩护意见不能成立，本院不予采纳。关于上诉人提出的原审法院量刑过重的上诉理由，经查，原审法院根据本案具体情节，结合上诉人行为的犯罪性质以及造成的严重后果，作出的量刑适当，故上诉人该上诉理由，本院不予采纳。原审判决认定事实清楚，定罪、适用法律准确，审判程序合法。

2. 贵州安龙县人民法院（2015）安刑初字第 108 号

被告：孙某某、柏某某、李某某、陈某某、王某某

法院认为：被告人柏某某身为黔西某亨建筑安装工程有限公司的法定代表人，在承接本案建设工程后，通过内部转包的形式将工程违法转包给无建筑资质的被告人孙某某施工；孙某某作为某亨公司的项目副经理，承接工程后聘请无建筑资质的被告人李某某为某亨公司的技术负责人、执行经理，对施工现场进行管理、技术指导，后又将该工程的劳务关系分包给无建筑资质的被告人陈某某，再由陈某某组织无施工资质的人员施工。四被告人作为施工单位的主管或直接施工人员，在工程建设中，违反法律规定，使用不合格建筑材料、构配件，对高大模板、脚手架进行搭设时，未编制专项施工方案，未对相关施工人员进行培训、考核即要求上岗作业，从而降低工程质量标准；被告人王某某作为监理单位的现场监理人员，无该工程的监理资质而负责现场监理，未对柏某某、孙某某、李某某、陈某某的上述违法行为提出书面整改意见即允许施工，未认真履行监理职责，致使该工程在进行混凝土浇筑时，高大模板支撑体系承载力不足，支撑系统失稳，发生坍塌，造成 7 人死亡、2 人受重伤的较大安全事故，五被告人属本案的"直接责任人员"，其行为均已构成工程重大安全事故罪，且后果特别严重，应依法惩处。公诉机关指控五被告人犯工程重大安全事故罪的事实清楚，证据充分，指控的罪名成立，本院予以确认。

判决结果：

被告人孙某某犯工程重大安全事故罪，判处有期徒刑三年零六个月，并处罚金人民币五万元。

被告人柏某某犯工程重大安全事故罪，判处有期徒刑三年，并处罚金人民币四万元。

被告人李某某犯工程重大安全事故罪，判处有期徒刑三年，并处罚金人民币四万元。

被告人陈某某犯工程重大安全事故罪，判处有期徒刑三年，并处罚金人民币四万元。

被告人王某某犯工程重大安全事故罪，判处有期徒刑二年，缓刑三年，并处罚金人民币二万元。

法律依据

《中华人民共和国刑法》

第一百三十四条【重大责任事故罪】在生产、作业中违反有关安全管理的规定，因而发生重大伤亡事故或者造成其他严重后果的，处三年以下有期徒刑或者拘役；情节特别恶劣的，处三年以上七年以下有期徒刑。

强令他人违章冒险作业，或者明知存在重大事故隐患而不排除，仍冒险组织作业，因而发生重大伤亡事故或者造成其他严重后果的，处五年以下有期徒刑或者拘役；情节特别恶劣的，处五年以上有期徒刑。

第一百三十七条【工程重大安全事故罪】建设单位、设计单位、施工单位、工程监理单位违反国家规定，降低工程质量标准，造成重大安全事故的，对直接责任人员，处五年以下有期徒刑或者拘役，并处罚金；后果特别严重的，处五年以上十年以下有期徒刑，并处罚金。

《最高人民检察院、公安部关于公安机关管辖的刑事案件立案追诉标准的规定（一）》

第八条　［重大责任事故案（刑法第一百三十四条第一款）］在生产、作业中违反有关安全管理的规定，涉嫌下列情形之一的，应予立案追诉：

（一）造成死亡一人以上，或者重伤三人以上；

（二）造成直接经济损失五十万元以上的；

（三）发生矿山生产安全事故，造成直接经济损失一百万元以上的；

（四）其他造成严重后果的情形。

第十三条　［工程重大安全事故案］建设单位、设计单位、施工单位、工程监理单位违反国家规定，降低工程质量标准，涉嫌下列情形之一的，应予立案追诉：

（一）造成死亡一人以上，或者重伤三人以上；

（二）造成直接经济损失五十万元以上的；

（三）其他造成严重后果的情形。

第 84 问：实际施工人非施工企业员工，是否涉嫌职务侵占罪？

律师解答

根据《刑法》第二百七十一条规定，公司、企业或者其他单位的工作人员，利用职务上的便利，将本单位财物非法占为己有，数额较大的，构成职务侵占罪。该罪的主体明确了是公司、企业的工作人员，而实际施工人与施工企业之间并无劳动关系，还有可能涉嫌职务侵占罪吗？

对此，司法实践中主要有两种观点：第一种是实际施工人并非施工企业的员工，与施工企业不存在劳动关系，所以其不符合职务侵占罪的主体要求，不构成此罪；第二种观点是实际施工人在实施工程的过程中，往往是以施工企业的名义对外开展工作，且还会向相关单位提交施工企业对他出具的授权委托书、任命书等证明其是施工企业工作人员身份的文件，实际施工人有履行职务的外观，不影响其成为职务侵占罪的主体。

参考案例

1. 实际施工人构成职务侵占罪

参考案例： 四川省成都市中级人民法院（2019）川 01 刑终 1239 号

实际施工人： 何某春

原判认为，被告人何某春利用职务便利，将公司财物非法占为己有，数额巨大，其行为已构成职务侵占罪；被告人何某春利用职务便利，挪用公司资金借贷给他人，数额巨大，其行为已构成挪用资金罪；被告人何某春隐匿应当依法提供的会计凭证而拒不交出，情节严重，其行为已构成隐匿会计凭证罪。被告人何某春经公安民警电话通知到案，归案后能够如实交代所指控的事实，视为自首，依法予以从轻处罚。被告人何某春对其行为性质有不同的认识，不影响其具有自首情节的认定。被告人何某春在判决宣告以前一人犯数罪，应当数罪并罚。据此，原判依照《刑法》第一百六十二条之一第一款、第二百七十一条第一款、第二百七十二条第一款、第五十二条、第五十三条、第六十七条第一款、第六十九条、第六十四条的规定，认定：第一，被告人何某春犯职务侵占罪，判处有期徒刑五年；犯挪用资金罪，判处有期徒刑三年；犯隐匿会计凭证罪，判处有期徒刑一年六个月，并处罚金人民币二万元；数罪并罚，决定合并执行有期徒刑六年，罚金人民币二万元；第二，继续追缴被告人何某春犯罪所得人民币 400 万元，发还给被害单位重庆市某浦建设（集团）有限公司，不足部分责令退赔。

二审法院认为，关于主体身份及职务便利的问题。第一，结合《企业内部承包经营合同》，以及四川某浦公司、重庆某浦公司出具的任命通知书、工资表，证实重庆某浦公司通过授权的方式，赋予何某春以该公司名义对外行为的权限，何某春从案涉项目开始按月领取了工资。第二，何某春基于上述授权负责涉案项目的建设，而在案的民事判决证实，重庆某浦公司对因项目建设所产生的后果对外承担责任。第三，在案大量证人证言均证实，何某春全面负责涉案项目，具有管理项目财务的职务便利。综上，在案证据足以证实何某春以授权方式取得重庆某浦公司工作人员的身份，对项目财务具有管理权限，符合职务侵占罪、挪用资金罪的主体构成要件，且具有职务上的便利条件。

二审裁定维持原判。

2. 实际施工人不构成职务侵占罪

参考案例：上海市闵行区人民法院（2019）沪 0112 刑初 1233 号

实际施工人：陈某民

法院认为：结合上述证据及控辩双方的意见，本院认为本案的争议焦点是被告人陈某民与被害单位某公司之间的身份关系，即陈某民是否具备职务犯罪的身份。对此，本院结合双方对于涉案项目责、权、利的约定，项目的来源、实际出资、经营管理等各方面予以综合考虑，认为双方实际上属于挂靠关系，即陈某民借某公司名义对外承揽工程项目，并自负盈亏，某公司收取管理费用，双方之间并不存在劳动关系，故本案要认定为职务侵占罪，主体身份是不适格的。综上，本院确认陈某民的行为不构成职务侵占罪。

法律依据

《中华人民共和国刑法》

第二百七十一条 ［职务侵占罪；贪污罪］公司、企业或者其他单位的工作人员，利用职务上的便利，将本单位财物非法占为己有，数额较大的，处三年以下有期徒刑或者拘役，并处罚金；数额巨大的，处三年以上十年以下有期徒刑，并处罚金；数额特别巨大的，处十年以上有期徒刑或者无期徒刑，并处罚金。

《关于印发〈最高人民检察院、公安部关于公安机关管辖的刑事案件立案追诉标准的规定（二）〉的通知》

第七十六条 ［职务侵占案（刑法第二百七十一条第一款）］公司、企业或者其他单位的人员，利用职务上的便利，将本单位财物非法占为己有，数额在三万元以上的，应予立案追诉。

第85问：实际施工人私刻公司印章，事后公司默许的情形下，是否还涉嫌伪造公司印章罪？

律师解答

实践中，存在实际施工人为了方便自己施工，在未取得公司授权的情况下私刻公司印章的情形，而施工企业获知此事后，因当时并无任何损失发生，便佛系处理，没有追究实际施工人伪造印章的责任。此情形下，实际施工人便认为既然公司都已经默许了伪造的印章，那自己是否就不再涉嫌伪造公司印章罪了呢？

此种认知是错误的，因为伪造公司印章行为是一种妨害社会管理秩序的犯罪行为，其侵犯的不仅有公司的合法权益，更有国家对企业印章的管理秩序，从这个角度出发，就决定了不是某个公司默许就不会追究刑事责任了。所以，即使公司对实际施工人的伪造印章行为有事后默许的情形，也并不影响依法追究实际施工人的刑事责任。

参考案例

江西省南昌市中级人民法院（2017）赣01刑终433号

法院认为：上诉人陈某萍与某康公司之间并未订立任何协议，其在未取得某康公司授权的情况下私刻公司印章，其行为已触犯刑法。即使事后追认也不能对抗私刻印章行为的刑事违法性，况且本案中某康公司也未对陈某萍的行为予以追认，报告及授权委托书中某康公司印章的真假并不影响陈某萍伪造公司印章罪的成立……本院认为，上诉人陈某萍伪造了公司印章，其行为已构成伪造公司印章罪。判处有期徒刑一年。

法律依据

《中华人民共和国刑法》

第二百八十条第二款 【伪造公司、企业、事业单位、人民团体印章罪】伪造公司、企业、事业单位、人民团体的印章的，处三年以下有期徒刑、拘役、管制或者剥夺政治权利，并处罚金。

第 86 问：施工企业本身存在多枚印章的，实际施工人私刻印章还会被以伪造企业印章罪追责吗？

律师解答

司法实践中，当出现如下情形时，即使真实存在实际施工人伪造企业印章的行为，民事案件中法院也不会启动印章鉴定去判别印章的真假。情形一，施工企业本身存在多枚印章在同时使用；情形二，施工企业根据盖有假章的资料进行付款或其他的确认行为。前述情形下，如果施工企业使用多枚印章，并且无法对每枚印章的使用给出合理的解释，就不能以印章未经备案或系伪造为由否认其在另一行为中的效力，施工企业也得对所谓的"假章"加盖的资料承担相应的法律责任。因此，此类案件也更难进入到刑事程序去追究伪造印章者的刑事责任。

但是，刑事案件与民事案件毕竟属于不同的法律体系，千万不能以民事案件中不会鉴别印章的真假就单纯地认为可以随意地刻制他人企业印章，《刑法》第二百八十条第二款对"伪造公司、企业、事业单位、人民团体印章罪"的规定就一句话"伪造公司、企业、事业单位、人民团体的印章的"，也就是只要有伪造印章的行为，就构成了犯罪。因此，实际施工人绝不能对此抱有任何侥幸心理以身试法。

参考案例

最高人民法院（2018）最高法民终 958 号

法院认为：根据本案查明的事实，某中物流公司的公章未在工商行政管理机关或公安机关进行备案登记，且存在同时使用多个印章的情形，即便存有争议的授权收款委托书和收据中使用的印章与某中物流公司在邯郸银行留存的印鉴不一致，也不能证明上述印鉴在本案中的使用即不能代表其真实意思。石河子公安局对徐某是否涉嫌伪造公章罪进行调查时委托新疆某云司法鉴定所作出的鉴定意见书与本案事实具有关联性，可以作为证据使用。该鉴定结论仅是证明案涉授权收款委托书中使用的印章与某中物流公司同期备案使用的印章不同，并不能证明某中物流公司对外使用公司印章的唯一性，某中物流公司对其使用印章的唯一性应当承担证明责任。即便在诉讼中当事人提起对案涉授权书中使用印章进行司法鉴定，但对印章检验样本的排他性，某中物流公司仍然需要举证证明。故某中物流公司所称徐某、李某伪造公司印章领取案涉货款，案涉 3600 万元货款的授权收款委托书系伪造，天山某业公司应承担不尽审查义务责任的上诉理由不能成立，本院不予支持。

《中华人民共和国刑法》

第二百八十条第二款 【伪造公司、企业、事业单位、人民团体印章罪】伪造公司、企业、事业单位、人民团体的印章的，处三年以下有期徒刑、拘役、管制或者剥夺政治权利，并处罚金。

第 87 问：伪造项目部印章是否构成伪造印章罪？

律师解答

很多实际施工人有这样的认知：项目部印章并非公章，本就由公司自行刻制，因此，即使未经公司同意私下刻制项目部印章也不构成犯罪。此种认知是错误的，因为项目部印章在实践中经常用于签订合同，足以使第三人相信此章具有很强的合同效力，客观上也足以损害公司对外的诚实信用度，损害了公司印章的信誉，使公司的正常管理活动受到影响，因此伪造公司内设机构的印章，也可能属于伪造公司印章的范畴。

参考案例

1. 安徽省芜湖市中级人民法院（2017）皖 02 刑终 316 号

法院认为：公司印章的认定不宜单纯依据备案登记的形式标准，未经备案而私刻的内部印章只要具有使用效力，承载公共信用，就应属于公司印章。对于单某辩护人提出项目部印章不属于公司印章的观点不予支持，因伪造公司内设机构的印章，也可能属于伪造公司印章的范畴，在实践中经常用于签订合同，足以使第三人相信此章具有很强的合同效力，客观上也足以损害公司对外的诚实信用度，损害了公司印章的信誉，使公司的正常管理活动受到影响，此时当然可以对公司项目部印章作扩张性的解释为公司印章；出于对国家印章法律秩序的保护，只要使用了伪造的印章，均可以构罪，因为按照国家规定，公司、企业根据经营需要可以刻制部门印章等，应到当地工商部门履行审批手续，并到经公安部门许可的具有刻制公章资格的刻章单位刻制，对印章大小、格式、字体等均有明文规定。单某通过违法手段获取不存在的分公司印章触犯了刑法第二百八十条所保护的法益，属于应当予以处罚的犯罪行为。综上，单某的行为构成伪造公司印章罪。

2. 河南省安阳市中级人民法院（2019）豫05刑终271号

法院认为：关于辩护人提出"刘某华刻制和使用项目专业章，均用于该项目，不存在违法恶意"的辩护意见，经查，刘某华在其个人借据上加盖该印章，致使林州某建公司被法院判决承担给付义务，其行为造成严重后果，应承担法律责任。故辩护人该辩护意见不能成立。

法律依据

《中华人民共和国刑法》

第二百八十条第二款 【伪造公司、企业、事业单位、人民团体印章罪】伪造公司、企业、事业单位、人民团体的印章的，处三年以下有期徒刑、拘役、管制或者剥夺政治权利，并处罚金。

《浙江省高级人民法院刑事审判第二庭关于审理建筑领域职务犯罪和经济犯罪案件若干问题的解答》

四、如何理解和把握建筑领域伪造印章犯罪的定性处罚？

答：伪造印章犯罪是建筑领域较为常见的犯罪，通常不单独出现，而是作为伪造证据、虚假诉讼等行为的一种手段。根据刑法第二百八十条规定，伪造公司、企业、事业单位、人民团体印章罪的印章，不仅包括公司公章，还包括公司项目部章、合同专用章、技术专用章、财务专用章等印章。项目经理伪造上述有关印章的，可认定为伪造公司印章。对项目经理实施违规利用（伪造、偷盖、修改粘贴方式）建筑施工企业印章、虚假诉讼以及损害建筑施工企业利益的其他行为，构成其他犯罪的，宜根据从一重罪处断等原则依法处理。

第88问：实际施工人伪造工程资料多套取工程款，是否构成犯罪？

律师解答

以伪造工程预算书及现场签证单等方式虚增工程量，套取对方工程款的，属于以非法占有为目的捏造事实的行为，可能涉嫌合同诈骗罪。

参考案例

辽宁省本溪市中级人民法院（2021）辽05刑终43号

法院认为：赵某以公司名义与甲方某市人民防空办公室签订施工合同，在施工过程中，赵某授意手下的员工，采用虚增工程量、重复报送、提高材料单品价格的方式，出具虚假的工程预算书及现场签证单，利用工程监理方的不负责任，诱骗其在虚假的现场签证上签字，多领取工程款331683.1元。赵某对虚报工程量的工程款主观上具有非法占有的目的，赵某授意员工采取虚报工程量等方式出具虚假的预算书、现场签证单，并利用了监理方不负责任，诱骗监理方在现场签证单上签名确认，其目的是实现非法占有甲方支付的虚假工程量的工程款。其实施的欺骗行为的程度符合合同诈骗罪中欺骗行为程度的标准，并且达到了使双方当事人陷入错误认识的程度，符合合同诈骗罪犯罪构成，应以合同诈骗罪定罪处罚。

赵某因犯合同诈骗罪，被判处有期徒刑三年，并处罚金人民币十万元。

法律依据

《中华人民共和国刑法》

第二百二十四条 【合同诈骗罪】有下列情形之一，以非法占有为目的，在签订、履行合同过程中，骗取对方当事人财物，数额较大的，处三年以下有期徒刑或者拘役，并处或者单处罚金；数额巨大或者有其他严重情节的，处三年以上十年以下有期徒刑，并处罚金；数额特别巨大或者有其他特别严重情节的，处十年以上有期徒刑或者无期徒刑，并处罚金或者没收财产：

（一）以虚构的单位或者冒用他人名义签订合同的；

（二）以伪造、变造、作废的票据或者其他虚假的产权证明作担保的；

（三）没有实际履行能力，以先履行小额合同或者部分履行合同的方法，诱骗双方当事人继续签订和履行合同的；

（四）收受双方当事人给付的货物、货款、预付款或者担保财产后逃匿的；

（五）以其他方法骗取对方当事人财物的。

第89问：实际施工人拖欠民工工资，能否以拒不支付劳动报酬罪追究其刑事责任？

律师解答

不具备用工主体资格的单位或者个人（包工头），违法用工且拒不支付劳动者报酬，数额较大，经政府有关部门责令支付仍不支付的，应当以拒不支付劳动报酬罪追究刑事责任。需要注意的是，即使其他单位或者个人在刑事立案前为其垫付了劳动报酬的，也不影响追究该用工单位或者个人（包工头）拒不支付劳动报酬罪的刑事责任。

对于拒不支付劳动报酬罪，需要注意以下几点。

（1）并不是只要有欠付民工工资的行为就涉嫌犯罪，若不存在转移、逃匿等情形，的确毫无支付能力的实际施工人不涉嫌此罪。

（2）若经政府有关部门责令后及时依法支付了工资的，不涉嫌此罪。

（3）涉嫌此罪需欠付金额达到"数额较大"，具体为：①拒不支付一名劳动者三个月以上的劳动报酬且数额在五千元至二万元以上的；②拒不支付十名以上劳动者的劳动报酬且数额累计在三万元至十万元以上的。

参考案例

最高人民法院指导性案例 28 号——胡某金拒不支付劳动报酬案（入库编号：2014-18-1-232-001）

法院认为：被告人胡某金拒不支付 20 余名民工的劳动报酬达 12 万余元，数额较大，且在政府有关部门责令其支付后逃匿，其行为构成拒不支付劳动报酬罪。被告人胡某金虽然不具有合法的用工资格，又因没有相应建筑工程施工资质而承包建筑工程施工项目，且违法招用民工进行施工，上述情况不影响以拒不支付劳动报酬罪追究其刑事责任。本案中，胡某金逃匿后，工程总承包企业按照有关规定清偿了胡某金拖欠的民工工资，其清偿拖欠民工工资的行为属于为胡某金垫付，这一行为虽然消减了拖欠行为的社会危害性，但并不能免除胡某金应当支付劳动报酬的责任，因此，对胡某金仍应当以拒不支付劳动报酬罪追究刑事责任。

法律依据

《中华人民共和国刑法》

第二百七十六条之一 【拒不支付劳动报酬罪】以转移财产、逃匿等方法逃避支付劳动者的劳动报酬或者有能力支付而不支付劳动者的劳动报酬，数额较大，经政府有关部门责令支付仍不支付的，处三年以下有期徒刑或者拘役，并处或者单处罚金；造成严重后果的，处三年以上七年以下有期徒刑，并处罚金。

单位犯前款罪的，对单位判处罚金，并对其直接负责的主管人员和其他直接责任人员，依照前款的规定处罚。

有前两款行为，尚未造成严重后果，在提起公诉前支付劳动者的劳动报酬，并依法承担相应赔偿责任的，可以减轻或者免除处罚。

《最高人民法院关于审理拒不支付劳动报酬刑事案件
适用法律若干问题的解释》

第二条　以逃避支付劳动者的劳动报酬为目的，具有下列情形之一的，应当认定为刑法第二百七十六条之一第一款规定的"以转移财产、逃匿等方法逃避支付劳动者的劳动报酬"：

（一）隐匿财产、恶意清偿、虚构债务、虚假破产、虚假倒闭或者以其他方法转移、处分财产的；

（二）逃跑、藏匿的；

（三）隐匿、销毁或者篡改账目、职工名册、工资支付记录、考勤记录等与劳动报酬相关的材料的；

（四）以其他方法逃避支付劳动报酬的。

第三条　具有下列情形之一的，应当认定为刑法第二百七十六条之一第一款规定的"数额较大"：

（一）拒不支付一名劳动者三个月以上的劳动报酬且数额在五千元至二万元以上的；

（二）拒不支付十名以上劳动者的劳动报酬且数额累计在三万元至十万元以上的。

各省、自治区、直辖市高级人民法院可以根据本地区经济社会发展状况，在前款规定的数额幅度内，研究确定本地区执行的具体数额标准，报最高人民法院备案。

第五条　拒不支付劳动者的劳动报酬，符合本解释第三条的规定，并具有下列情形之一的，应当认定为刑法第二百七十六条之一第一款规定的"造成严重后果"：

（一）造成劳动者或者其被赡养人、被扶养人、被抚养人的基本生活受到严重影响、重大疾病无法及时医治或者失学的；

（二）对要求支付劳动报酬的劳动者使用暴力或者进行暴力威胁的；

（三）造成其他严重后果的。

第七条　不具备用工主体资格的单位或者个人，违法用工且拒不支付劳动者的劳动报酬，数额较大，经政府有关部门责令支付仍不支付的，应当依照刑法第二百七十六条之一的规定，以拒不支付劳动报酬罪追究刑事责任。

第 90 问：实际施工人挪用工程资金归个人使用或进行营利活动，是否构成挪用资金罪？

律师解答

实际施工人并非承包单位的工作人员，二者之间系工程的发承包关系，承包单位向实际施工人支付的工程款，虽本应首先用于工程上人工、材料、机械的开支，但该款项本质上属于实际施工人的应得工程款，实际施工人有权自行支配。实际施工人将自有资金用于生活开支或其他营利活动，只能定性为未妥当安排工程资金的行为，该行为并不符合刑法上挪用资金罪的构成要件。

参考案例

北京市第三中级人民法院（2013）三中刑终字第 00142 号

法院认为：案件基本事实为某公司在扣除相应的税费和管理费后，通过转账方式于 2011 年 1 月至 8 月间向张某指定的北京某装饰工程有限责任公司账户和泰州某公司账户支付工程款共计 5508.04 万元。在此期间，张某使用华北公司拨付的工程款以个人名义借款给张某 220 万元；支付个人购车款 137.68 万元；支付个人别墅和办公楼装修费 50 万元；支付其以江苏某建设工程有限公司连云港分公司名义承揽的山东吉祥某豪庭项目工程款 140 万元；支付偿还欠款 265 万元及广告费 7 万元，以上合计 619.68 万元。

基于上述事实，一审法院北京市密云县人民法院认为，被告人张某在某公司总承包的密云县御东园住宅区建设工程中，利用负责工程施工并管理、支配工程资金的职务便利，挪用工程资金归个人使用超过三个月未还，挪用工程资金进行营利活动，数额巨大，其行为已构成挪用资金罪，依法应予惩处。判处被告人张某犯挪用资金罪，判处有期徒刑五年；继续追缴被告人张某人民币五百九十九万六千八百元，发还华北公司。

二审法院北京市第三中级人民法院认为对于上诉人张某及其辩护人所提张某不是某公司的人员，其以泰州某公司名义承包了某公司的御东园住宅小区项目，两公司之间存在转发包关系，张某不具备挪用资金罪的主体要件的上诉理由和辩护意见，以及北京市人民检察院第三分院关于现有证据不能充分证明张某或泰州某公司与某公司存在隶属关系，不能排除二者之间存在承包关系的出庭意见。经查：现无证据证明张某与某公司存在合法的人事或者劳动合同、工资以及社会保险关系。根据某公司出具的授权委托书、法人授权委托书证明，该公司授权张某为密云县御东园住宅小区工程生产负责人。但另据在案的某公司与泰州某公司签订的《御东园住宅小区项目目标责任书》及实际执行情况看，该责任书系两个平等民事主体之间签订的合同，某公司承揽工程后已将其与某公司约定的全部权利义务转让给了张某任法定代表人的泰州某公司。故认定张某及其泰州某公司与某公司存在隶属关系，或者张某实际承担了某公司赋予的密云县御东园住宅小区项目管理职责的事实不清，证据不足。张某及其辩护人的此节上诉理由和辩护意见以及北京市人民检察院第三分院相关出庭意见，本院予以采纳。判决撤销北京市密云县人民法院（2013）密刑初字第 247 号刑事判决，上诉人张某无罪。

《中华人民共和国刑法》

第二百七十二条 【挪用资金罪】第一款公司、企业或者其他单位的工作人员,利用职务上的便利,挪用本单位资金归个人使用或者借贷给他人,数额较大、超过三个月未还的,或者虽未超过三个月,但数额较大、进行营利活动的,或者进行非法活动的,处三年以下有期徒刑或者拘役;挪用本单位资金数额巨大的,处三年以上七年以下有期徒刑;数额特别巨大的,处七年以上有期徒刑。

第 91 问: 借用多家企业的资质去投标,是否构成串通投标罪?

律师解答

自然人为了实现其中标工程项目之目的,借用多家企业的资质,由同一人操作完成投标事项,通过抬高或压低投标报价,诱导招标人对最优报价产生误解而增大围标者的中标概率,排挤其他投标人的公平竞争,其行为既侵犯了国家、集体和其他投标人的合法权益,又扰乱了社会主义市场经济的自由交易和公正竞争秩序,情节严重的应以串通投标罪论。

参考案例

浙江省瑞安市人民法院(2014)温瑞刑初字第 711 号

法院认为:串标的实质在于数个投标人通过谋划,形成统一的意志,形式上的数个投标人成为事实上的一个投标人,限制或者失去了招投标的竞争性。被告人相互串通,通过谋划,形成了统一的意志,虽以七家单位的名义进行投标,其实七家投标人为事实上的一个投标人,失去了招标投标的竞争性,其行为符合串通投标罪的构成。

法律依据

《中华人民共和国刑法》

第二百二十三条 【串通投标罪】投标人相互串通投标报价,损害招标人或者其他投标人利益，情节严重的，处三年以下有期徒刑或者拘役，并处或者单处罚金。

投标人与招标人串通投标，损害国家、集体、公民的合法利益的，依照前款的规定处罚。

《福建省高级人民法院，福建省人民检察院，福建省公安厅
办理串通投标犯罪案件有关问题座谈会纪要》

二、采取挂靠、盗用等非法手段，以多个投标人名义进行围标的，按刑法第二百二十三条第一款的规定处罚。

第 92 问：施工企业出借资质给他人用于围标，并没有中标，是否也构成串通投标罪？

律师解答

施工企业明知他人借用公司资质参与围标而积极配合的，其行为应具有串通性，符合串通投标罪的构成要件，且属于施工企业与实际投标人的共同犯罪，中标与否不影响该行为对法益的侵害，故应认定构成串通投标罪。

参考案例

浙江省缙云县人民法院（2018）浙 1122 刑初 83 号

法院认为：经审理查明，第一，2013 年 12 月，在缙云县小学教学综合楼项目招投标过程中，时任缙云县某盛建设有限公司项目经理的被告人金某与通过招投标预审资格的缙云县某力建筑工程有限责任公司、缙云县某盛建设有限公司、被告人田某阳约定串通投标，再由被告人赵某法联系浙江某云建设有限公司和徐某参与串标，然后确定由被告人金某支付其他入围公司 6 至 8 万元，缙云县某盛建设有限公司按中标项目总金额的 2% 收取项目施工管理费……第二，2013 年 12 月，在缙云县新区幼儿园项目招投标过程中，时任浙江某都建设有限公司项目经理的被告人郭某德与通过招投标预审资格的缙云县某盛建设有限公司、缙云县某力建筑工程有限责任公司、缙云县某盛建设有限公司、浙江某云建设有限公司、被告人田某阳约定串通投标，确定郭某德支付其他入围公司各 10 万元。

本院认为，被告单位缙云县某力建筑工程有限责任公司、浙江某云建设有限公司、缙云县某盛建设有限公司、缙云县某盛建设有限公司及被告人赵某法、王某、曹某扬、朱某、田某阳、金某、郭某德相互串通投标报价，损害招标人利益，情节严重，其行为均已构成串通投标罪。

《中华人民共和国刑法》

第二百二十三条 【串通投标罪】投标人相互串通投标报价，损害招标人或者其他投标人利益，情节严重的，处三年以下有期徒刑或者拘役，并处或者单处罚金。

投标人与招标人串通投标，损害国家、集体、公民的合法利益的，依照前款的规定处罚。

《福建省高级人民法院、福建省人民检察院、福建省公安厅办理串通投标犯罪案件有关问题座谈会纪要》

一、串通投标犯罪的主体是投标人和招标人，包括单位和自然人。在办理串通投标犯罪案件中，应当根据最高人民法院《关于审理单位犯罪案件具体应用法律有关问题的解释》的有关规定和具体案件事实，确定单位或自然人犯罪主体。

挂靠其他单位或者盗用其他单位名义进行串通投标犯罪的，追究挂靠者、盗用者的刑事责任；被挂靠单位明知挂靠者串通投标而接受其挂靠，为挂靠者实行串通投标犯罪提供便利条件的，按共同犯罪处理。

第 93 问：被挂靠单位配合过账开票，是否涉嫌虚开增值税专用发票罪？

律师观点

挂靠经营是建设工程领域中较为常见的一种现象，为规避《建筑法》对挂靠行为的禁止，为满足财务上的四流一致，挂靠施工过程中，挂靠人都会以被挂靠人的名义对外签订合同、办理结算、支付款项、开具发票。说到这儿，很多人的疑问就来了：虽然是被挂靠人对甲方开票，向下游受票，但所有的交易并非被挂靠人实际实施，这岂不是典型的经营行为与开票行为不一致，构成虚开增值税专用发票罪？

挂靠、转包和违法分包情形下，实际施工人在负责具体的施工和经营活动，但开票却都是以未参与施工的施工企业的名义进行，看似违法，但该行为并不满足《刑法》中对虚开增值税专用发票罪的构成要件，因为被挂靠单位并不存在认定虚开增值税专用发票罪中的"以骗税为目的"的主观故意。《关于充分发挥检察职能服务保障"六稳""六保"的意见》也明确规定，应注意把握一般涉税违法行为与骗取国家税款为目的的涉税犯罪的界限，对于有实际生产经营活动的企业为虚增业绩、融资、贷款等非骗税目的且没有造成税款流失的虚开增值税专用发票行为，不以虚开增值税专用发票罪定性处理，依法作出不起诉决定的，移送税务机关给予行政处罚。

同时，最高人民法院研究室《〈关于如何认定以"挂靠"有关公司名义实施经营活动并让有关公司为自己虚开增值税专用发票行为的性质〉征求意见的复函》（法研〔2015〕58号）也指出："行为人利用他人的名义从事经营活动，并以他人名义开具增值税专用发票的，即便行为人与该他人之间不存在挂靠关系，但如行为人进行了实际的经营活动，主观上并无骗取抵扣税款的故意，客观上也未造成国家增值税款损失的，不宜认定为刑法第二百零五条规定的'虚开增值税专用发票'。"

但在实务中，也存在司法机关推定被挂靠方主观上存有故意，结合被挂靠单位客观上也的确实施了开具增值税专用发票的行为，故认定为被挂靠人的行为构成虚开增值税专用发票罪的情形。

参考案例

河北省广宗县人民法院（2017）冀0531刑初20号

被挂靠人：石家庄某悦劳务建筑分包有限公司

挂靠人：赵某安

法院认为：公诉机关指控被告人赵某安犯虚开发票罪是否成立的问题。公诉机关指控被告人赵某安为支取其在沧州市南水北调工程款，多次通过杨某在丁某经营的石家庄某悦劳务建筑分包有限公司虚开劳务发票共1 816.807万元。被告人赵某安辩称虚开发票数额不应认定数额巨大，且没有给国家税收造成损失。辩护人李某辉提出的辩护意见是，公诉机关指控被告人赵某安犯虚开发票罪不能成立，赵某安行为属于"形为虚开，实为实开"，其在施工过程中与劳动者存在真实的用工关系，主观上没有骗税之目的，不具有犯罪的主观故意；为取得对应的工程款，通过签订《劳务派遣协议》的方式取得劳务发票是整个行业存在的一个普遍现象，系不得已而为之，且客观上依法缴纳税款，没有造成国家税款流失，其行为不构成虚开发票罪。经查，我国现行刑法对普通发票的刑事规制要比增值税专用发票更为宽松，仅对伪造、擅自制造以及非法出售这三种行为规定为犯罪，而对非法购买、持有和使用普通发票或伪造的普通发票等行为都没有规定为犯罪，并且赵某安有实际交易存在。故公诉机关对该起指控本院不予支持。对辩护人意见予以采纳。

法律依据

《中华人民共和国刑法》

第二百零五条 【虚开增值税专用发票、用于骗取出口退税、抵扣税款发票罪】虚开增值税专用发票或者虚开用于骗取出口退税、抵扣税款的其他发票的，处三年以下有期徒刑或者拘役，并处二万元以上二十万元以下罚金；虚开的税款数额较大或者有其他严重情节的，处三年以上十年以下有期徒刑，并处五万元以上五十万元以下罚金；虚开的税款数额巨大或者有其他特别严重情节的，处十年以上有期徒刑或者无期徒刑，并处五万元以上五十万元以下罚金或者没收财产。

单位犯本条规定之罪的，对单位判处罚金，并对其直接负责的主管人员和其他直接责任人员，处三年以下有期徒刑或者拘役；虚开的税款数额较大或者有其他严重情节的，处三年以上十年以下有期徒刑；虚开的税款数额巨大或者有其他特别严重情节的，处十年以上有期徒刑或者无期徒刑。

虚开增值税专用发票或者虚开用于骗取出口退税、抵扣税款的其他发票，是指有为他人虚开、为自己虚开、让他人为自己虚开、介绍他人虚开行为之一的。

第二百零五条之一 【虚开发票罪】虚开本法第二百零五条规定以外的其他发票，情节严重的，处二年以下有期徒刑、拘役或者管制，并处罚金；情节特别严重的，处二年以上七年以下有期徒刑，并处罚金。

单位犯前款罪的，对单位判处罚金，并对其直接负责的主管人员和其他直接责任人员，依照前款的规定处罚。

《最高人民检察院关于充分发挥检察职能服务保障"六稳""六保"的意见》

第六条 ……三是依法慎重处理企业涉税案件。注意把握一般涉税违法行为与以骗取国家税款为目的的涉税犯罪的界限，对于有实际生产经营活动的企业为虚增业绩、融资、贷款等非骗税目的且没有造成税款损失的虚开增值税专用发票行为，不以虚开增值税专用发票罪定性处理，依法作出不起诉决定的，移送税务机关给予行政处罚。

《最高人民法院研究室〈关于如何认定以"挂靠"有关公司名义实施经营活动并让有关公司为自己虚开增值税专用发票行为的性质〉征求意见的复函》

法研〔2015〕58 号

行为人利用他人的名义从事经营活动，并以他人名义开具增值税专用发票的，即便行为人与该他人之间不存在挂靠关系，但如行为人进行了实际的经营活动，主观上并无骗取抵扣税款的故意，客观上也未造成国家增值税款损失的，不宜认定为刑法第二百零五条规定的"虚开增值税专用发票"。

第十三章　合同效力及相关问题

第 94 问：挂靠、转包、违法分包情形下签订的合同无效，其中的"背靠背"支付条款是否还会参照执行？

律师解答

所谓的背靠背支付条款一般包括两种情形，一是计价方式的背靠背，二是付款条件的背靠背。

计价方式的背靠背，即实际施工人与施工企业之间的计价方法、计价标准与发包人同施工企业之间的计价方法、计价标准一致，施工企业不会在工程款金额上做调减，仅是收取一定比例的管理费。

付款条件的背靠背，即施工企业收到发包人支付的工程款后，再同比例地支付给实际施工人。

挂靠、转包、违法分包情形下签订的合同无效，但根据《民法典》第七百九十三条的规定："建设工程施工合同无效，但是建设工程经验收合格的，可以参照合同关于工程价款的约定折价补偿承包人"，只要工程质量合格，仍然要参照合同的约定向实际施工人支付工程款。根据最高人民法院的司法观点，此处的"参照合同关于工程价款的约定折价补偿承包人"，仅仅指的是参照合同中关于确定工程款金额的计价方法和计价标准的约定，而关于工程款的支付条件、支付方式等并不属于参照的内容。

因此，当合同无效时，用于确定工程款金额的条款仍要参照适用，但关于支付方式、支付条件的背靠背条款，因合同无效，此条款也无效，不参照适用。

最高人民法院（2019）最高法民申 1218 号

法院认为：在建设工程施工合同无效的情况下，《建工合同案件司法解释（2004）》第二条关于"请求参照合同约定支付工程价款"规定的原意应当是参照合同约定确定工程价款数额，主要指工程款计价方法、计价标准等与工程价款数额有关的约定，而双方间关于付款节点约定的条款，不属于可以参照适用的合同约定。

法律依据

《最高人民法院关于大型企业与中小企业约定以第三方支付款项为付款前提条款效力问题的批复》

一、大型企业在建设工程施工、采购货物或者服务过程中，与中小企业约定以收到第三方向其支付的款项为付款前提的，因其内容违反《保障中小企业款项支付条例》第六条、第八条的规定，人民法院应当根据民法典第一百五十三条第一款的规定，认定该约定条款无效。

二、在认定合同约定条款无效后，人民法院应当根据案件具体情况，结合行业规范、双方交易习惯等，合理确定大型企业的付款期限及相应的违约责任。双方对欠付款项利息计付标准有约定的，按约定处理；约定违法或者没有约定的，按照全国银行间同业拆借中心公布的一年期贷款市场报价利率计息。大型企业以合同价款已包含对逾期付款补偿为由要求减轻违约责任，经审查抗辩理由成立的，人民法院可予支持。

《保障中小企业款项支付条例》

第六条　机关、事业单位和大型企业不得要求中小企业接受不合理的付款期限、方式、条件和违约责任等交易条件，不得违约拖欠中小企业的货物、工程、服务款项。

中小企业应当依法经营，诚实守信，按照合同约定提供合格的货物、工程和服务。

第八条　机关、事业单位从中小企业采购货物、工程、服务，应当自货物、工程、服务交付之日起 30 日内支付款项；合同另有约定的，付款期限最长不得超过 60 日。

大型企业从中小企业采购货物、工程、服务，应当按照行业规范、交易习惯合理约定付款期限并及时支付款项。

合同约定采取履行进度结算、定期结算等结算方式的，付款期限应当自双方确认结算金额之日起算。

《中华人民共和国中小企业促进法》

第二条　本法所称中小企业，是指在中华人民共和国境内依法设立的，人员规模、经营规模相对较小的企业，包括中型企业、小型企业和微型企业。

中型企业、小型企业和微型企业划分标准由国务院负责中小企业促进工作综合管理的部门会同国务院有关部门，根据企业从业人员、营业收入、资产总额等指标，结合行业特点制定，报国务院批准。

《工业和信息化部、国家统计局、国家发展和改革委员会、
财政部关于印发中小企业划型标准规定的通知》

四、各行业划型标准为：

（三）建筑业。营业收入80000万元以下或资产总额80000万元以下的为中小微型企业。其中，营业收入6000万元及以上，且资产总额5000万元及以上的为中型企业；营业收入300万元及以上，且资产总额300万元及以上的为小型企业；营业收入300万元以下或资产总额300万元以下的为微型企业。

《安徽省高级人民法院关于审理建设工程施工合同纠纷案件
适用法律问题的指导意见（二）》

第十一条　非法转包、违法分包建设工程，实际施工人与承包人约定以发包人与承包人的结算结果作为结算依据，承包人与发包人尚未结算，实际施工人向承包人主张工程价款的，分别下列情形处理：

（一）承包人与发包人未结算尚在合理期限内的，驳回实际施工人的诉讼请求。

（二）承包人已经开始与发包人结算、申请仲裁或者诉至人民法院的，中止审理。

（三）承包人怠于向发包人主张工程价款，实际施工人主张参照发包人与承包人签订的建设工程施工合同确定工程价款的，应予支持。

第 95 问：第三方为实际施工人履行合同提供担保，是否有效？

律师解答

因工程中的挂靠、转包、违法分包行为系《建筑法》所禁止，故由此而签订的合同会被认定为无效合同（不明知的挂靠除外），此种情形下，第三方为实际施工人履行合同提供的担保从属于主合同，主合同无效必然导致第三方提供的担保条款或者担保合同也无效。

担保行为无效，若担保人无过错，则不再承担保证责任；担保人有过错的，其承担的赔偿责任不应超过债务人不能清偿部分的三分之一。

参考案例

最高人民法院（2019）最高法民终 1779 号

施工企业：江苏某建

实际施工人：孙某、鞠某军

担保方：鞠某中、恒某建设公司

法院认为：涉案担保合同的效力确定以及相关责任应如何承担。《中华人民共和国担保法》第五条规定："担保合同是主合同的从合同，主合同无效，担保合同无效。担保合同另有约定的，按照约定。担保合同被确认无效后，债务人、担保人、债权人有过错的，应当根据其过错各自承担相应的民事责任。"本案中，因涉案《工程内部承包合同书》无效，一审法院认定鞠某中、恒某建设公司提供的担保也无效，并不缺乏法律依据。江苏某建主张即使主合同无效，担保合同也不应被认定为无效依据不足，本院不予支持。在主合同、担保合同均无效的情况下，因鞠某中、恒某建设公司存在过错，一审法院根据《最高人民法院关于适用〈中华人民共和国担保法〉若干问题的解释》第八条的规定，判决恒某建设公司、鞠某中承担孙某、鞠某军不能清偿部分的三分之一并无不当，本院予以维持。

法律依据

《中华人民共和国民法典》

第三百八十八条 设立担保物权，应当依照本法和其他法律的规定订立担保合同。担保合同包括抵押合同、质押合同和其他具有担保功能的合同。担保合同是主债权债务合同的从合同。主债权债务合同无效的，担保合同无效，但是法律另有规定的除外。

第六百八十二条 保证合同是主债权债务合同的从合同。主债权债务合同无效的，保证合同无效，但是法律另有规定的除外。

《最高人民法院关于适用〈中华人民共和国民法典〉有关担保制度的解释》

第十七条 主合同有效而第三人提供的担保合同无效，人民法院应当区分不同情形确定担保人的赔偿责任：

（一）债权人与担保人均有过错的，担保人承担的赔偿责任不应超过债务人不能清偿部分的二分之一；

（二）担保人有过错而债权人无过错的，担保人对债务人不能清偿的部分承担赔偿责任；

（三）债权人有过错而担保人无过错的，担保人不承担赔偿责任。

主合同无效导致第三人提供的担保合同无效，担保人无过错的，不承担赔偿责任；担保人有过错的，其承担的赔偿责任不应超过债务人不能清偿部分的三分之一。

第 96 问：被挂靠人与发包人签订的施工合同是否一律为无效合同？

律师解答

被挂靠人与与发包人签订的施工合同不宜一律认定为无效，应结合发包人对挂靠是否知情等因素认定合同效力。

即当挂靠双方隐瞒真相，导致发包人无从知晓挂靠事实，并合理相信被挂靠人即为承包人时，应优先保护善意相对人发包人的利益，双方的协议应对发包人和被挂靠人具有约束力，并不仅因存在挂靠关系就属于无效协议。相反，如果发包人在签订协议时知道挂靠事实，即发包人与挂靠人、被挂靠人通谋作出虚假意思表示，那么发包人与被挂靠人签订的建设工程施工合同属于无效合同。因此，被挂靠人与发包人签订的施工合同并不一律为无效合同。

参考案例

最高人民法院（2019）最高法民申 1245 号

法院认为：在处理无资质的企业或个人挂靠有资质的建筑企业承揽工程时，应区分内部关系和外部关系。挂靠人与被挂靠人之间的协议因违反法律的禁止性规定，属于无效协议。而挂靠人以被挂靠人名义对外签订合同的效力，应根据合同相对人是否善意、在签订协议时是否知道挂靠事实来作出认定。

第 97 问：发包人在施工过程中才发现实际施工人与施工企业之间的挂靠行为，施工合同是否无效？

律师解答

根据题干可知，发包人是在施工过程中才知道与自己签订合同的施工企业系别人挂靠，即在一开始发包人认为与自己洽谈合同、签订合同、履行合同的实际施工人都是代表着施工企业。此情形下，发包人是善意的，其有合理理由相信履行施工合同义务的就是施工企业，因此，施工合同本身应属于有效合同。而在施工过程中发包人获知了挂靠事宜，真正施工的并非施工企业，而是一个无建筑资质或资质不匹配的实际施工人，此时，发包人可以受到欺诈为由撤销该合同，并追究施工企业的相应责任，但也不应直接认定合同为无效。

参考案例

最高人民法院（2021）最高法民终 1287 号

法院认为：……实际施工人借用被挂靠人资质与发包人就建设工程施工事宜签订的协议，即对外法律关系是否无效，则需要根据发包人对于实际施工人借用资质承包工程事宜是否知道或者应当知道进行审查判断；若发包人知道或者应当知道，则所签协议无效，反之则协议有效。

法律依据

《最高人民法院关于适用〈中华人民共和国民法典〉总则编若干问题的解释》

第二十一条 故意告知虚假情况，或者负有告知义务的人故意隐瞒真实情况，致使当事人基于错误认识作出意思表示的，人民法院可以认定为民法典第一百四十八条、第一百四十九条规定的欺诈。

《中华人民共和国民法典》

第一百四十八条 一方以欺诈手段，使对方在违背真实意思的情况下实施的民事法律行为，受欺诈方有权请求人民法院或者仲裁机构予以撤销。

《最高人民法院第六巡回法庭裁判规则》

02. 挂靠施工情形下，如何认定相关合同的效力，实践中如何解决有关工程欠款、工程质量纠纷？

……

在挂靠人、被挂靠人与发包人外部关系的认定上，应当根据发包人在签订建设工程施工合同时是否知道挂靠事实作出认定。

如果发包人不知道挂靠的事实，有合理理由相信履行施工合同义务的就是被挂靠人，此种情况下被挂靠人以自己的名义与发包人签订施工合同的行为属于真意保留，被挂靠人的表示行为与真实意思不一致，但发包人的表示行为与真实意思是一致的。

这种情况下，应当优先保护发包人的利益，该合同属于可撤销合同，并不仅因存在挂靠关系就当然无效。被挂靠人将所承包工程交由挂靠人施工的行为属于转包行为，根据《建工司法解释（一）》第1条第2款规定，该转包合同属于无效合同。

如果发包人知道挂靠事实，根据《民法典》第一百四十六条规定，该发包人与被挂靠人之间的施工合同属于以虚假的意思表示实施的民事法律行为，应当认定无效。

第十四章 管辖

第 98 问：实际施工人将应收的工程款债权转让给第三人，第三人是否也只能在工程所在地起诉主张工程款？

律师解答

实际施工人为了尽快回笼资金，存在将其应收工程款债权以低价转让给第三人的情形，因第三人并非施工方，其凭债权转让协议起诉工程款时，是否仍然要受工程案件专属管辖的约束，即是否只能在工程所在地起诉？或只能按照当初实际施工人与其合同相对方的约定提起仲裁？

债权转让的诉讼通常涉及两个主要法律关系，一是债权转让人与债权受让人的债权转让合同关系；二是原基础合同关系，即债权受让人取代原债权人向原合同债务人主张权利时所依据的基础合同关系。需要注意的是，根据《民法典》第五百四十七条之规定，债权转让后，受让人与债务人之间并不产生新的法律关系，受让人向债务人主张的权利，来源于债权转让人对债务人的权利，故司法观点普遍认为应当适用专属管辖，即仍由工程所在地人民法院管辖。

参考案例

1. 最高人民法院（2018）最高法民辖终第 221 号

债权受让方：杜某生

施工企业：中建某局

债权转让方：北京某机械租赁处

法院认为：从杜某生提起本案诉讼的事实依据来看，案涉《路基工程施工合同》由中建某局与北京某机械租赁处签订，杜某生并非合同当事人或者案涉工程的实际施工人，其之所以向中建某局主张工程款，系基于其通过与北京某机械租赁处签订《债权转让协议》受让了北京某机械租赁处在《路基工程施工合同》项下全部权利义务之事实。杜某生在本案中的诉讼请求为确认《路基工程施工合同》无效、中建某局向其支付工程款、五盂高速公路公司承担连带责任等，均是围绕案涉《路基工程施工合同》提出，因此本案法律关系性质仍为建设工程施工合同纠纷。杜某生与北京某机械租赁处债权转让的后果仅是《路基工程施工合同》权利主体发生变更，并不影响本案的法律关系性质。中建某局上诉提出本案应为债权转让纠纷的主张，缺乏事实和法律依据，本院不予支持。关于建设工程施工合同纠纷的管辖问题，《最高人民法院关于适用〈中华人民共和国民事诉讼法〉的解释》第二十八条第二款规定："建设工程施工合同纠纷，按照不动产纠纷确定管辖。"《民事诉讼法》第三十三条规定："因不动产纠纷提起的诉讼，由不动产所在地人民法院管辖。"本案建设工程所在地为山西省盂县，因此按照专属管辖以及级别管辖之规定，山西省高级人民法院对本案有管辖权。中建某局上诉提出一审裁定适用法律错误，本案应移送至河南省高级人民法院管辖的主张，缺乏事实和法律依据，本院不予支持。

2. 最高人民法院（2022）最高法民辖 82 号

债权受让方：程某东

债权转让方：东莞某拓公司

法院认为：本案管辖争议的焦点问题是按照合同纠纷还是不动产纠纷确定管辖。《最高人民法院关于适用〈中华人民共和国民事诉讼法〉的解释》第二十八条第二款规定：农村土地承包经营合同纠纷、房屋租赁合同纠纷、建设工程施工合同纠纷、政策性房屋买卖合同纠纷，按照不动产纠纷确定管辖。本案中，程某东起诉请求天津某川公司履行债务的依据，是程某东受让的东莞某拓公司基于建设工程施工形成的对天津某川公司的债权。从天津某川公司答辩看，当事人对案涉工程质量、工程款数额有争议，案件受理后的审理，既涉及质量鉴定、造价评估等工程问题，也涉及天津某川公司与东莞某拓公司签订的《建设工程施工劳务分包合同》签订、履行情况，而不是单纯地给付一定数额的工程欠款，故本案应当按照不动产纠纷确定管辖。案涉工程位于河南省郑州市金水区，河南省郑州市金水区人民法院是本案的管辖法院。河南省郑州市金水区人民法院将本案移送天津市滨海新区人民法院处理不当，本院予以纠正。

法律依据

《中华人民共和国民事诉讼法》

第三十四条　下列案件，由本条规定的人民法院专属管辖：

（一）因不动产纠纷提起的诉讼，由不动产所在地人民法院管辖；

（二）因港口作业中发生纠纷提起的诉讼，由港口所在地人民法院管辖；

（三）因继承遗产纠纷提起的诉讼，由被继承人死亡时住所地或者主要遗产所在地人民法院管辖。

《中华人民共和国民法典》

第五百四十七条　债权人转让债权的，受让人取得与债权有关的从权利，但是该从权利专属于债权人自身的除外。

受让人取得从权利不因该从权利未办理转移登记手续或者未转移占有而受到影响。

《最高人民法院关于审理建设工程施工合同纠纷案件适用法律问题的解释（一）》

第四十三条　实际施工人以转包人、违法分包人为被告起诉的，人民法院应当依法受理。

实际施工人以发包人为被告主张权利的，人民法院应当追加转包人或者违法分包人为本案第三人，在查明发包人欠付转包人或者违法分包人建设工程价款的数额后，判决发包人在欠付建设工程价款范围内对实际施工人承担责任。

第99问：发包人与施工企业的合同有仲裁条款，实际施工人是否受此条款约束？

律师解答

对此问题，应当区分发包人明知挂靠和发包人不明知挂靠、转包、违法分包两种情形进行讨论。

情形一，发包人明知实际施工人（挂靠人）挂靠施工企业施工（被挂靠人）。

此情形下，虽然施工合同上是发包人与被挂靠人的公司名称，但被挂靠人的本意仅是将建筑资质出借给挂靠人使用并收取挂靠费，其自身并无要承包工程的意思，施工合同的签订是被挂靠人的虚假意思表示。发包人对挂靠人与被挂靠人的挂靠行为明确知晓的情形下，发包人和挂靠人才是施工合同的实质相对方，合同条款是二者达成的真实合意，包括合同中的仲裁条款当然也是二者协商一致的内容，因此，笔者认为这种情形下作为实际施工人的挂靠人受此仲裁条款的约束。

情形二，发包人不明知挂靠，以及转包、违法分包情形。

先说转包和违法分包，此种情形下，存在两个合同关系，一是发包人与施工企业之间的发承包合同关系，二是施工企业与实际施工人之间的转包、违法分包关系，两个合同关系是相互独立的。实际施工人可以直接向发包人行使索要工程款的权利，是特殊背景下的政策考量，是有条件的对"合同相对性"的突破，不能简单地理解为是实际施工人对施工企业合同权利的承继。实际施工人不是发包人与施工企业施工合同的相对方，基于合同相对性原则，实际施工人不应受施工企业与发包人之间仲裁条款的约束。

发包人不明知挂靠的情形下，发包人与施工企业（被挂靠人）之间的合同不应当然地认定为无效，否则，将是对出于善意的发包人的不公允。此种情形下仍然是存在两个合同关系，一是发包人与被挂靠人之间的施工合同关系，二是挂靠人与被挂靠人之间的挂靠合同关系，两个合同关系仍应是独立的，法律后果与上述转包、违法分包的应一致。

参考案例

1. 转包关系下，实际施工人不受发包人与施工企业之间仲裁条款的约束。

参考案例：最高人民法院发布第三十六批指导性案例 198 号——湖南省岳阳市中级人民法院（2018）湘 06 民特 1 号

发包人：中国某银行股份有限公司岳阳分行

施工企业（转包人）：湖南某建设有限公司

实际施工人：刘某良

法院认为：仲裁协议是当事人达成的自愿将他们之间业已产生或可能产生的有关特定的无论是契约性还是非契约性的法律争议的全部或特定争议提交仲裁的合意。仲裁协议是仲裁机构取得管辖权的依据，是仲裁合法性、正当性的基础，其集中体现了仲裁自愿原则和协议仲裁制度。本案中，某行岳阳分行与某陵公司签订的《装修工程施工合同》第15.11 条约定"本合同发生争议时，先由双方协商解决，协商不成时，向岳阳仲裁委员会申请仲裁"，故某行岳阳分行与某陵公司之间因工程款结算及支付引起的争议应当通过仲裁解决。但刘某良作为实际施工人，其并非某行岳阳分行与某陵公司签订的《装修工程施工合同》的当事人，刘某良与某行岳阳分行及某陵公司之间均未达成仲裁合意，不受该合同中仲裁条款的约束。除非另有约定，刘某良无权援引某行岳阳分行与某陵公司之间《装修工程施工合同》中的仲裁条款向合同当事方主张权利。刘某良以某陵公司的名义施工，某陵公司作为《装修工程施工合同》的主体仍然存在并承担相应的权利义务，案件当事人之间并未构成《最高人民法院关于适用〈中华人民共和国仲裁法〉若干问题的解释》第八条规定的合同仲裁条款"承继"情形，亦不构成上述解释第九条规定的合同主体变更情形。《建工合同案件司法解释（2004）》第二十六条虽然规定实际施工人可以发包人为被告主张权利且发包人只在欠付工程款的范围内对实际施工人承担责任，但上述内容仅规定了实际施工人对发包人的诉权以及发包人承担责任的范围，不应视为实际施工人援引《装修工程施工合同》中仲裁条款的依据。综上，某行岳阳分行与刘某良之间不存在仲裁协议，岳阳仲裁委员会基于刘某良的申请以仲裁方式解决某行岳阳分行与刘某良之间的工程款争议无法律依据。实际施工人依据发包人与承包人的仲裁协议申请仲裁，仲裁机构作出仲裁裁决后，发包人请求撤销仲裁裁决的，人民法院应予支持。

2. 转包关系下，实际施工人不受发包人与施工企业之间仲裁条款的约束。

参考案例：最高人民法院（2014）民申字第 1575 号

法院认为：存在于双方当事人之间的、合法有效的仲裁协议，是当事人排除人民法院主管采取仲裁方式解决纠纷的必要条件。《建工合同案件司法解释（2004）》第二十六条第二款规定，实际施工人在一定条件下可以向与其没有合同关系的发包人主张权利。该规定是一定时期及背景下为解决拖欠农民工工资问题的一种特殊制度安排，其不等同于代位权诉讼，不具有代位请求的性质。同时，该条款规定发包人只在欠付工程价款范围内对实际施工人承担责任，目的是防止无端加重发包人的责任，明确工程价款数额方面，发包人仅在欠付承包人的工程价款数额内承担责任，这不是对实际施工人权利范围的界定，更不是对实际施工人程序性诉讼权利的限制。实际施工人向发包人主张权利，不能简单地理解为是对承包人权利的承继，也不应受承包人与发包人之间仲裁条款的约束。

3. 明知挂靠关系下，挂靠人受施工合同中仲裁条款的约束。

参考案例：广东省阳江市中级人民法院（2020）粤 17 民终 453 号

实际施工人（挂靠人）：冯某友

施工企业（被挂靠人）：某建深圳分公司

发包人：某冶公司

法院认为：关于《施工承包合同》能否约束冯某友的问题。冯某友在起诉状中自认其与某建深圳分公司是挂靠关系，《施工承包合同》的签订与履行均由冯某友实质性地主导了工程项目运作的全过程，而合同的相对方某冶公司在一审答辩中也认为合同实质是冯某友以某建深圳分公司名义与某冶公司签订，故《施工承包合同》实际上是冯某友与某冶公司之间达成的合意，冯某友与某冶公司应受合同中仲裁条款约定的约束。

💬 **法律依据**

《中华人民共和国民法典》

第五百零七条　合同不生效、无效、被撤销或者终止的，不影响合同中有关解决争议方法的条款的效力。

《中华人民共和国仲裁法》

第四条　当事人采用仲裁方式解决纠纷，应当双方自愿，达成仲裁协议。没有仲裁协议，一方申请仲裁的，仲裁委员会不予受理。

第五十八条　当事人提出证据证明裁决有下列情形之一的，可以向仲裁委员会所在地的中级人民法院申请撤销裁决：

（一）没有仲裁协议的；

……

人民法院经组成合议庭审查核实裁决有前款规定情形之一的，应当裁定撤销。

人民法院认定该裁决违背社会公共利益的，应当裁定撤销。

《最高人民法院关于适用〈中华人民共和国仲裁法〉若干问题的解释》

第十八条　仲裁法第五十八条第一款第一项规定的"没有仲裁协议"是指当事人没有达成仲裁协议。仲裁协议被认定无效或者被撤销的，视为没有仲裁协议。

《最高人民法院关于审理建设工程施工合同纠纷案件适用法律问题的解释（一）》

第四十三条　实际施工人以转包人、违法分包人为被告起诉的，人民法院应当依法受理。

实际施工人以发包人为被告主张权利的，人民法院应当追加转包人或者违法分包人为本案第三人，在查明发包人欠付转包人或者违法分包人建设工程价款的数额后，判决发包人在欠付建设工程价款范围内对实际施工人承担责任。

第 100 问：实际施工人与施工企业之间约定产生争议时由仲裁委管辖，其在仲裁时能否一并向发包人主张权利？

律师解答

实际施工人能突破合同相对性向发包人主张工程款，只能是在转包、违法分包关系之下，因此，该问题只讨论转包与违法分包关系。

对此问题，有这样的疑问：在此法律关系之下，存在两个合同关系，一是发包人与施工企业之间的施工合同关系，二是施工企业与实际施工人之间的转包、违法分包合同关系，该两个合同关系是相互独立的，发包人不是转包、违法分包合同的相对方，当然不受他们合同中仲裁条款的约束。另外，虽然司法解释规定实际施工人可以突破合同相对性直接起诉发包人，但该规定是特定背景下为保护农民工生存权益作出的一种特殊制度安排，不代表把发包人拉入到转包、违法分包合同关系中。因此，发包人不是转包、违法分包合同的相对方，不应当受合同中仲裁条款的约束。

笔者认为上述观点是错误的。正如以上分析，实际施工人能直接起诉发包人，是因为他是转包、违法分包合同关系下的实际施工人，然后基于建设工程司法解释的特殊规定，从而可以突破合同相对性起诉发包人，其依据的基础法律关系是实际施工人与施工企业之间的转包、违法分包关系，关于管辖的确定自然也应当按照转包合同或违法分包合同的约定执行，因此，其在提起仲裁时可以一并向发包人主张权利。

参考案例

最高人民法院（2014）民申字第 1591 号

发包人：某铁路公司

施工企业（转包人）：某公路公司

实际施工人：某建筑公司

法院认为：关于原裁定是否存在法律适用错误的问题。《建工合同案件司法解释（2004）》第二十六条规定："实际施工人以转包人、违法分包人为被告起诉的，人民法院应当依法受理。实际施工人以发包人为被告主张权利的，人民法院可以追加转包人或者违法分包人为本案当事人。发包人只在欠付工程价款范围内对实际施工人承担责任。"本条司法解释第一款确立了实际施工人工程价款请求权的一般规则，即实际施工人可以依法起诉与其具有合同关系的转包人、违法分包人；第二款明确了实际施工人工程价款请求权的例外救济，即实际施工人可以要求发包人在欠付工程价款范围内对实际施工人承担责任。本案中，某建筑公司主张工程价款的基础法律关系是其与某公路公司之间的合同关系，而双方在合同中约定了仲裁条款，排除了法院管辖权。某建筑公司将某铁路公司、某公路公司作为共同被告起诉至甘肃省陇南市中级人民法院，违背了某建筑公司与某公路公司通过仲裁处理双方争议的约定。原裁定书中虽有不甚准确的表述，但适用法释〔2004〕14 号解释第二十六条的规定，并不存在法律适用错误的问题。

关于二审法院认定事实是否缺乏证据支持的问题。依据法释〔2004〕14 号解释第二十六条第二款的规定，本案中，某建筑公司依法能否向某铁路公司主张权利，取决于某建筑公司与某公路公司之间的合同关系，而非某铁路公司与某公路公司之间的合同关系，同时，取决于某铁路公司是否存在欠付工程价款的事实。

法律依据

《最高人民法院关于审理建设工程施工合同纠纷案件
适用法律问题的解释（一）》

第四十三条　实际施工人以转包人、违法分包人为被告起诉的，人民法院应当依法受理。

实际施工人以发包人为被告主张权利的，人民法院应当追加转包人或者违法分包人为本案第三人，在查明发包人欠付转包人或者违法分包人建设工程价款的数额后，判决发包人在欠付建设工程价款范围内对实际施工人承担责任。

附录

一、法律

《中华人民共和国民法典》（摘录）

施行日期：2021 年 01 月 01 日

第七百八十八条　建设工程合同是承包人进行工程建设，发包人支付价款的合同。

建设工程合同包括工程勘察、设计、施工合同。

第七百八十九条　建设工程合同应当采用书面形式。

第七百九十条　建设工程的招标投标活动，应当依照有关法律的规定公开、公平、公正进行。

第七百九十一条　发包人可以与总承包人订立建设工程合同，也可以分别与勘察人、设计人、施工人订立勘察、设计、施工承包合同。发包人不得将应当由一个承包人完成的建设工程支解成若干部分发包给数个承包人。

总承包人或者勘察、设计、施工承包人经发包人同意，可以将自己承包的部分工作交由第三人完成。第三人就其完成的工作成果与总承包人或者勘察、设计、施工承包人向发包人承担连带责任。承包人不得将其承包的全部建设工程转包给第三人或者将其承包的全部建设工程支解以后以分包的名义分别转包给第三人。

禁止承包人将工程分包给不具备相应资质条件的单位。禁止分包单位将其承包的工程再分包。建设工程主体结构的施工必须由承包人自行完成。

第七百九十二条　国家重大建设工程合同，应当按照国家规定的程序和国家批准的投资计划、可行性研究报告等文件订立。

第七百九十三条　建设工程施工合同无效，但是建设工程经验收合格的，可以参照合同关于工程价款的约定折价补偿承包人。

建设工程施工合同无效，且建设工程经验收不合格的，按照以下情形处理：

（一）修复后的建设工程经验收合格的，发包人可以请求承包人承担修复费用；

（二）修复后的建设工程经验收不合格的，承包人无权请求参照合同关于工程价款的约定折价补偿。

发包人对因建设工程不合格造成的损失有过错的，应当承担相应的责任。

第七百九十四条　勘察、设计合同的内容一般包括提交有关基础资料和概预算等文件的期限、质量要求、费用以及其他协作条件等条款。

第七百九十五条　施工合同的内容一般包括工程范围、建设工期、中间交工工程的开工和竣工时间、工程质量、工程造价、技术资料交付时间、材料和设备供应责任、拨款和结算、竣工验收、质量保修范围和质量保证期、相互协作等条款。

第七百九十六条　建设工程实行监理的，发包人应当与监理人采用书面形式订立委托监理合同。发包人与监理人的权利和义务以及法律责任，应当依照本编委托合同以及其他有关法律、行政法规的规定。

第七百九十七条　发包人在不妨碍承包人正常作业的情况下，可以随时对作业进度、质量进行检查。

第七百九十八条　隐蔽工程在隐蔽以前，承包人应当通知发包人检查。发包人没有及时检查的，承包人可以顺延工程日期，并有权请求赔偿停工、窝工等损失。

第七百九十九条　建设工程竣工后，发包人应当根据施工图纸及说明书、国家颁发的施工验收规范和质量检验标准及时进行验收。验收合格的，发包人应当按照约定支付价款，并接收该建设工程。

建设工程竣工经验收合格后，方可交付使用；未经验收或者验收不合格的，不得交付使用。

第八百条　勘察、设计的质量不符合要求或者未按照期限提交勘察、设计文件拖延工期，造成发包人损失的，勘察人、设计人应当继续完善勘察、设计，减收或者免收勘察、设计费并赔偿损失。

第八百零一条　因施工人的原因致使建设工程质量不符合约定的，发包人有权请求施工人在合理期限内无偿修理或者返工、改建。经过修理或者返工、改建后，造成逾期交付的，施工人应当承担违约责任。

第八百零二条　因承包人的原因致使建设工程在合理使用期限内造成人身损害和财产损失的，承包人应当承担赔偿责任。

第八百零三条　发包人未按照约定的时间和要求提供原材料、设备、场地、资金、技术资料的，承包人可以顺延工程日期，并有权请求赔偿停工、窝工等损失。

第八百零四条　因发包人的原因致使工程中途停建、缓建的，发包人应当采取措施弥补或者减少损失，赔偿承包人因此造成的停工、窝工、倒运、机械设备调迁、材料和构件积压等损失和实际费用。

第八百零五条　因发包人变更计划，提供的资料不准确，或者未按照期限提供必需的勘察、设计工作条件而造成勘察、设计的返工、停工或者修改设计，发包人应当按照勘察人、设计人实际消耗的工作量增付费用。

第八百零六条　承包人将建设工程转包、违法分包的，发包人可以解除合同。

发包人提供的主要建筑材料、建筑构配件和设备不符合强制性标准或者不履行协助义务，致使承包人无法施工，经催告后在合理期限内仍未履行相应义务的，承包人可以解除合同。

合同解除后，已经完成的建设工程质量合格的，发包人应当按照约定支付相应的工程价款；已经完成的建设工程质量不合格的，参照本法第七百九十三条的规定处理。

第八百零七条　发包人未按照约定支付价款的，承包人可以催告发包人在合理期限内支付价款。发包人逾期不支付的，除根据建设工程的性质不宜折价、拍卖外，承包人可以与发包人协议将该工程折价，也可以请求人民法院将该工程依法拍卖。建设工程的价款就该工程折价或者拍卖的价款优先受偿。

第八百零八条　本章没有规定的，适用承揽合同的有关规定。

二、司法解释

《最高人民法院关于审理建设工程施工合同纠纷案件适用法律问题的解释（一）》

发文字号：法释〔2020〕25号

施行日期：2021年01月01日

为正确审理建设工程施工合同纠纷案件，依法保护当事人合法权益，维护建筑市场秩序，促进建筑市场健康发展，根据《中华人民共和国民法典》《中华人民共和国建筑法》《中华人民共和国招标投标法》《中华人民共和国民事诉讼法》等相关法律规定，结合审判实践，制定本解释。

第一条　建设工程施工合同具有下列情形之一的，应当依据民法典第一百五十三条第一款的规定，认定无效：

（一）承包人未取得建筑业企业资质或者超越资质等级的；

（二）没有资质的实际施工人借用有资质的建筑施工企业名义的；

（三）建设工程必须进行招标而未招标或者中标无效的。

承包人因转包、违法分包建设工程与他人签订的建设工程施工合同，应当依据民法典第一百五十三条第一款及第七百九十一条第二款、第三款的规定，认定无效。

第二条　招标人和中标人另行签订的建设工程施工合同约定的工程范围、建设工期、工程质量、工程价款等实质性内容，与中标合同不一致，一方当事人请求按照中标合同确定权利义务的，人民法院应予支持。

招标人和中标人在中标合同之外就明显高于市场价格购买承建房产、无偿建设住房配套设施、让利、向建设单位捐赠财物等另行签订合同，变相降低工程价款，一方当事人以该合同背离中标合同实质性内容为由请求确认无效的，人民法院应予支持。

第三条　当事人以发包人未取得建设工程规划许可证等规划审批手续为由，请求确认建设工程施工合同无效的，人民法院应予支持，但发包人在起诉前取得建设工程规划许可证等规划审批手续的除外。

发包人能够办理审批手续而未办理，并以未办理审批手续为由请求确认建设工程施工合同无效的，人民法院不予支持。

第四条　承包人超越资质等级许可的业务范围签订建设工程施工合同，在建设工程竣工前取得相应资质等级，当事人请求按照无效合同处理的，人民法院不予支持。

第五条　具有劳务作业法定资质的承包人与总承包人、分包人签订的劳务分包合同，当事人请求确认无效的，人民法院依法不予支持。

第六条　建设工程施工合同无效，一方当事人请求对方赔偿损失的，应当就对方过错、损失大小、过错与损失之间的因果关系承担举证责任。

损失大小无法确定，一方当事人请求参照合同约定的质量标准、建设工期、工程价款支付时间等内容确定损失大小的，人民法院可以结合双方过错程度、过错与损失之间的因果关系等因素作出裁判。

第七条　缺乏资质的单位或者个人借用有资质的建筑施工企业名义签订建设工程施工合同，发包人请求出借方与借用方对建设工程质量不合格等因出借资质造成的损失承担连带赔偿责任的，人民法院应予支持。

第八条　当事人对建设工程开工日期有争议的，人民法院应当分别按照以下情形予以认定：

（一）开工日期为发包人或者监理人发出的开工通知载明的开工日期；开工通知发出后，尚不具备开工条件的，以开工条件具备的时间为开工日期；因承包人原因导致开工时间推迟的，以开工通知载明的时间为开工日期。

（二）承包人经发包人同意已经实际进场施工的，以实际进场施工时间为开工日期。

（三）发包人或者监理人未发出开工通知，亦无相关证据证明实际开工日期的，应当综合考虑开工报告、合同、施工许可证、竣工验收报告或者竣工验收备案表等载明的时间，并结合是否具备开工条件的事实，认定开工日期。

第九条　当事人对建设工程实际竣工日期有争议的，人民法院应当分别按照以下情形予以认定：

（一）建设工程经竣工验收合格的，以竣工验收合格之日为竣工日期；

（二）承包人已经提交竣工验收报告，发包人拖延验收的，以承包人提交验收报告之日为竣工日期；

（三）建设工程未经竣工验收，发包人擅自使用的，以转移占有建设工程之日为竣工日期。

第十条　当事人约定顺延工期应当经发包人或者监理人签证等方式确认，承包人虽未取得工期顺延的确认，但能够证明在合同约定的期限内向发包人或者监理人申请过工期顺延且顺延事由符合合同约定，承包人以此为由主张工期顺延的，人民法院应予支持。

当事人约定承包人未在约定期限内提出工期顺延申请视为工期不顺延的，按照约定处理，但发包人在约定期限后同意工期顺延或者承包人提出合理抗辩的除外。

第十一条　建设工程竣工前，当事人对工程质量发生争议，工程质量经鉴定合格的，鉴定期间为顺延工期期间。

第十二条　因承包人的原因造成建设工程质量不符合约定，承包人拒绝修理、返工或者改建，发包人请求减少支付工程价款的，人民法院应予支持。

第十三条　发包人具有下列情形之一，造成建设工程质量缺陷，应当承担过错责任：

（一）提供的设计有缺陷；

（二）提供或者指定购买的建筑材料、建筑构配件、设备不符合强制性标准；

（三）直接指定分包人分包专业工程。

承包人有过错的，也应当承担相应的过错责任。

第十四条　建设工程未经竣工验收，发包人擅自使用后，又以使用部分质量不符合约定为由主张权利的，人民法院不予支持；但是承包人应当在建设工程的合理使用寿命内对地基基础工程和主体结构质量承担民事责任。

第十五条　因建设工程质量发生争议的，发包人可以以总承包人、分包人和实际施工人为共同被告提起诉讼。

第十六条　发包人在承包人提起的建设工程施工合同纠纷案件中，以建设工程质量不符合合同约定或者法律规定为由，就承包人支付违约金或者赔偿修理、返工、改建的合理费用等损失提出反诉的，人民法院可以合并审理。

第十七条　有下列情形之一，承包人请求发包人返还工程质量保证金的，人民法院应予支持：

（一）当事人约定的工程质量保证金返还期限届满；

（二）当事人未约定工程质量保证金返还期限的，自建设工程通过竣工验收之日起满二年；

（三）因发包人原因建设工程未按约定期限进行竣工验收的，自承包人提交工程竣工验收报告九十日后当事人约定的工程质量保证金返还期限届满；当事人未约定工程质量保证金返还期限的，自承包人提交工程竣工验收报告九十日后起满二年。

发包人返还工程质量保证金后，不影响承包人根据合同约定或者法律规定履行工程保修义务。

第十八条　因保修人未及时履行保修义务，导致建筑物毁损或者造成人身损害、财产损失的，保修人应当承担赔偿责任。

保修人与建筑物所有人或者发包人对建筑物毁损均有过错的，各自承担相应的责任。

第十九条　当事人对建设工程的计价标准或者计价方法有约定的，按照约定结算工程价款。

因设计变更导致建设工程的工程量或者质量标准发生变化，当事人对该部分工程价款不能协商一致的，可以参照签订建设工程施工合同时当地建设行政主管部门发布的计价方法或者计价标准结算工程价款。

建设工程施工合同有效，但建设工程经竣工验收不合格的，依照民法典第五百七十七条规定处理。

第二十条　当事人对工程量有争议的，按照施工过程中形成的签证等书面文件确认。承包人能够证明发包人同意其施工，但未能提供签证文件证明工程量发生的，可以按照当事人提供的其他证据确认实际发生的工程量。

第二十一条　当事人约定，发包人收到竣工结算文件后，在约定期限内不予答复，视为认可竣工结算文件的，按照约定处理。承包人请求按照竣工结算文件结算工程价款的，人民法院应予支持。

第二十二条　当事人签订的建设工程施工合同与招标文件、投标文件、中标通知书载明的工程范围、建设工期、工程质量、工程价款不一致，一方当事人请求将招标文件、投标文件、中标通知书作为结算工程价款的依据的，人民法院应予支持。

第二十三条　发包人将依法不属于必须招标的建设工程进行招标后，与承包人另行订立的建设工程施工合同背离中标合同的实质性内容，当事人请求以中标合同作为结算建设工程价款依据的，人民法院应予支持，但发包人与承包人因客观情况发生了在招标投标时难以预见的变化而另行订立建设工程施工合同的除外。

第二十四条　当事人就同一建设工程订立的数份建设工程施工合同均无效，但建设工程质量合格，一方当事人请求参照实际履行的合同关于工程价款的约定折价补偿承包人的，人民法院应予支持。

实际履行的合同难以确定，当事人请求参照最后签订的合同关于工程价款的约定折价补偿承包人的，人民法院应予支持。

第二十五条　当事人对垫资和垫资利息有约定，承包人请求按照约定返还垫资及其利息的，人民法院应予支持，但是约定的利息计算标准高于垫资时的同类贷款利率或者同期贷款市场报价利率的部分除外。

当事人对垫资没有约定的，按照工程欠款处理。

当事人对垫资利息没有约定，承包人请求支付利息的，人民法院不予支持。

第二十六条　当事人对欠付工程价款利息计付标准有约定的，按照约定处理。没有约定的，按照同期同类贷款利率或者同期贷款市场报价利率计息。

第二十七条　利息从应付工程价款之日开始计付。当事人对付款时间没有约定或者约定不明的，下列时间视为应付款时间：

（一）建设工程已实际交付的，为交付之日；

（二）建设工程没有交付的，为提交竣工结算文件之日；

（三）建设工程未交付，工程价款也未结算的，为当事人起诉之日。

第二十八条　当事人约定按照固定价结算工程价款，一方当事人请求对建设工程造价进行鉴定的，人民法院不予支持。

第二十九条　当事人在诉讼前已经对建设工程价款结算达成协议，诉讼中一方当事人申请对工程造价进行鉴定的，人民法院不予准许。

第三十条　当事人在诉讼前共同委托有关机构、人员对建设工程造价出具咨询意见，诉讼中一方当事人不认可该咨询意见申请鉴定的，人民法院应予准许，但双方当事人明确表示受该咨询意见约束的除外。

第三十一条　当事人对部分案件事实有争议的，仅对有争议的事实进行鉴定，但争议事实范围不能确定，或者双方当事人请求对全部事实鉴定的除外。

第三十二条　当事人对工程造价、质量、修复费用等专门性问题有争议，人民法院认为需要鉴定的，应当向负有举证责任的当事人释明。当事人经释明未申请鉴定，虽申请鉴定但未支付鉴定费用或者拒不提供相关材料的，应当承担举证不能的法律后果。

一审诉讼中负有举证责任的当事人未申请鉴定，虽申请鉴定但未支付鉴定费用或者拒不提供相关材料，二审诉讼中申请鉴定，人民法院认为确有必要的，应当依照民事诉讼法第一百七十条第一款第三项的规定处理。

第三十三条　人民法院准许当事人的鉴定申请后，应当根据当事人申请及查明案件事实的需要，确定委托鉴定的事项、范围、鉴定期限等，并组织当事人对争议的鉴定材料进行质证。

第三十四条　人民法院应当组织当事人对鉴定意见进行质证。鉴定人将当事人有争议且未经质证的材料作为鉴定依据的，人民法院应当组织当事人就该部分材料进行质证。经质证认为不能作为鉴定依据的，根据该材料作出的鉴定意见不得作为认定案件事实的依据。

第三十五条　与发包人订立建设工程施工合同的承包人，依据民法典第八百零七条的规定请求其承建工程的价款就工程折价或者拍卖的价款优先受偿的，人民法院应予支持。

第三十六条　承包人根据民法典第八百零七条规定享有的建设工程价款优先受偿权优于抵押权和其他债权。

第三十七条　装饰装修工程具备折价或者拍卖条件，装饰装修工程的承包人请求工程价款就该装饰装修工程折价或者拍卖的价款优先受偿的，人民法院应予支持。

第三十八条　建设工程质量合格，承包人请求其承建工程的价款就工程折价或者拍卖的价款优先受偿的，人民法院应予支持。

第三十九条　未竣工的建设工程质量合格，承包人请求其承建工程的价款就其承建工程部分折价或者拍卖的价款优先受偿的，人民法院应予支持。

第四十条　承包人建设工程价款优先受偿的范围依照国务院有关行政主管部门关于建设工程价款范围的规定确定。

承包人就逾期支付建设工程价款的利息、违约金、损害赔偿金等主张优先受偿的，人民法院不予支持。

第四十一条　承包人应当在合理期限内行使建设工程价款优先受偿权，但最长不得超过十八个月，自发包人应当给付建设工程价款之日起算。

第四十二条 发包人与承包人约定放弃或者限制建设工程价款优先受偿权，损害建筑工人利益，发包人根据该约定主张承包人不享有建设工程价款优先受偿权的，人民法院不予支持。

第四十三条 实际施工人以转包人、违法分包人为被告起诉的，人民法院应当依法受理。

实际施工人以发包人为被告主张权利的，人民法院应当追加转包人或者违法分包人为本案第三人，在查明发包人欠付转包人或者违法分包人建设工程价款的数额后，判决发包人在欠付建设工程价款范围内对实际施工人承担责任。

第四十四条 实际施工人依据民法典第五百三十五条规定，以转包人或者违法分包人怠于向发包人行使到期债权或者与该债权有关的从权利，影响其到期债权实现，提起代位权诉讼的，人民法院应予支持。

第四十五条 本解释自 2021 年 1 月 1 日起施行。

三、最高人民法院与建设工程有关的其他司法文件

（一）《2015 年全国民事审判工作会议纪要》

发文机关：最高人民法院

施行日期：2015 年

七、关于建设工程施工合同纠纷案件

会议认为，审理好建设工程施工合同纠纷，对于保证建筑工程质量，保障人民群众生命财产安全，维护农民工等弱势群体的利益，意义重大。经济结构调整的新形势下，建设工程施工合同的纠纷仍将保持高发的态势。要贯彻执行好法律、行政法规和《关于审理建设工程施工合同纠纷案件适用法律问题的解释》等司法解释的有关规定，并进一步深化对以下问题的认识：

（一）关于合同效力问题

42. 就尚未取得建设工程规划许可审批手续的工程，发包人与承包人签订的建设工程施工合同无效。但在一审法庭辩论终结前发包人取得相应审批手续或者经主管部门批准建设的，应当认定合同有效。

43. 要依法维护通过招投标所签订的中标合同的法律效力。当事人违反工程建设强制性标准，任意压缩合理工期、降低工程质量标准的约定，应当认定无效。对于约定无效后的工程价款结算，应依据《关于审理建设工程施工合同纠纷案件适用法律问题的解释》的相关规定处理。

（二）关于工程价款问题

44. 招标人和中标人另行签订改变工期、工程价款、工程项目性质等影响中标结果实

质性内容的协议，导致合同双方当事人就实质内容享有的权利义务发生较大变化的，应认定为变更中标合同实质性内容。

45. 中标人作出的以明显低于市场价格购买承建房产、无偿建设住房配套设施、让利、向建设方捐款等承诺，亦应认定为变更中标合同的实质性内容。对于变更中标合同实质性内容的工程价款结算，应按照《关于审理建设工程施工合同纠纷案件适用法律问题的解释》第二十一条规定，以备案的中标合同作为结算工程价款的依据。

46. 建设工程开工后，因设计变更、建设工程规划指标调整等客观原因，发包人与承包人通过补充协议、会议纪要、往来函件、签订洽商记录形式变更工期、工程价款、工程项目性质的，不应认定为变更中标合同的实质性内容。

47. 当事人就建设工程订立的施工合同被认定无效后，人民法院经审查，建设工程无规划变更、增加工程量、提高施工标准等情形的，应严格依据《最高人民法院关于审理建设工程施工合同纠纷案件适用法律问题的解释》第二条的规定精神，参照当事人的合同约定结算工程价款，对于实际施工人申请造价鉴定并据实结算的请求，一般不予支持。

48. 当事人就同一建设工程订立的数份施工合同均被认定无效，在结算工程价款时，应当参照当事人真实合意并实际履行的合同约定结算工程价款。无法确定双方当事人真实合意并实际履行合同的，应当结合缔约过错、已完工程质量、利益平衡等因素分配两份或以上合同间的差价确定工程价款。

49. 依法有效的建设工程施工合同，双方当事人均应依约履行。除合同另有约定，当事人请求以审计机关作出的审计报告、财政评审机构作出的评审结论作为工程价款结算依据的，一般不予支持。合同约定以审计机关出具的审计意见作为工程价款结算依据的，应当遵循当事人缔约本意，将合同约定的工程价款结算依据确定为真实有效的审计结论。承包人提供证据证明审计机关的审计意见具有不真实、不客观情形，人民法院可以准许当事人补充鉴定、重新质证或者补充质证等方法纠正审计意见存在的缺陷。上述方法不能解决的，应当准许当事人申请对工程造价进行鉴定。

50. 对实际施工人向与其没有合同关系的转包人、分包人、总承包人、发包人提起的诉讼，要严格依照法律、司法解释的规定进行审查，不能随意扩大《关于审理建设工程施工合同纠纷案件适用法律问题的解释》第二十六条第二款的适用范围，并且要严格根据相关司法解释规定明确发包人只在欠付工程价款范围内对实际施工人承担责任。

51. 实际施工人借用建筑施工企业资质或者挂靠建筑施工企业进行招投标的，如果建设工程出现质量问题，发包人依据《合同法》第一百一十一条规定及《最高人民法院关于审理建设工程施工合同纠纷案件适用法律问题的解释》第二十五条规定，主张由投标的建筑施工企业和实际施工人承担连带质量保修责任的，人民法院应予支持。

（三）关于建设工程价款优先受偿权问题

52. 第一种意见：发包人与承包人在建设工程施工合同中约定承包人预先放弃行使优

先受偿权，承包人起诉请求确认上述约定无效的，人民法院应在确定该预先放弃承包人真实意思的基础上，对承包人的请求不予支持。第二种意见：发包人与承包人在建设工程施工合同中约定承包人预先放弃行使优先受偿权，承包人起诉请求确认上述约定无效的，人民法院应对该请求予以支持。

53. 第一种意见：建设工程施工合同无效，但建设工程经竣工验收合格，实际施工人请求依据合同法第二百八十六条规定对承建的建设工程享有优先受偿权的，应予以支持。第二种意见：建设工程施工合同无效，实际施工人请求对承建的建设工程享有优先受偿权的，不予支持。

（二）《最高人民法院关于印发〈第八次全国法院民事商事审判工作会议（民事部分）纪要〉的通知》

发文字号：法〔2016〕399 号
施行日期：2016 年 11 月 21 日

七、关于建设工程施工合同纠纷案件的审理

经济新常态形势下，因建设方资金缺口增大，导致工程欠款、质量缺陷等纠纷案件数量持续上升。人民法院要准确把握法律、法规、司法解释规定，调整建筑活动中个体利益与社会利益冲突，维护社会公共利益和建筑市场经济秩序。

（一）关于合同效力问题

30. 要依法维护通过招投标所签订的中标合同的法律效力。当事人违反工程建设强制性标准，任意压缩合理工期、降低工程质量标准的约定，应认定无效。对于约定无效后的工程价款结算，应依据建设工程施工合同司法解释的相关规定处理。

（二）关于工程价款问题

31. 招标人和中标人另行签订改变工期、工程价款、工程项目性质等影响中标结果实质性内容的协议，导致合同双方当事人就实质性内容享有的权利义务发生较大变化的，应认定为变更中标合同实质性内容。

（三）关于承包人停（窝）工损失的赔偿问题

32. 因发包人未按照约定提供原材料、设备、场地、资金、技术资料的，隐蔽工程在隐蔽之前，承包人已通知发包人检查，发包人未及时检查等原因致使工程中途停、缓建，发包人应当赔偿因此给承包人造成的停（窝）工损失，包括停（窝）工人员人工费、机械设备窝工费和因窝工造成设备租赁费用等停（窝）工损失。

（四）关于不履行协作义务的责任问题

33. 发包人不履行告知变更后的施工方案、施工技术交底、完善施工条件等协作义务，致使承包人停（窝）工，以至难以完成工程项目建设的，承包人催告在合理期限内履行，发包人逾期仍不履行的，人民法院视违约情节，可以依据合同法第二百五十九条、第二百八十三条规定裁判顺延工期，并有权要求赔偿停（窝）工损失。

34. 承包人不履行配合工程档案备案、开具发票等协作义务的，人民法院视违约情节，可以依据 合同法第六十条、第一百零七条规定，判令承包人限期履行、赔偿损失等。

（三）《最高人民法院关于印发〈全国法院民商事审判工作会议纪要〉的通知》

发文字号：法〔2019〕254 号
施行日期：2019 年 11 月 08 日

41. 【盖章行为的法律效力】司法实践中，有些公司有意刻制两套甚至多套公章，有的法定代表人或者代理人甚至私刻公章，订立合同时恶意加盖非备案的公章或者假公章，发生纠纷后法人以加盖的是假公章为由否定合同效力的情形并不鲜见。人民法院在审理案件时，应当主要审查签约人于盖章之时有无代表权或者代理权，从而根据代表或者代理的相关规则来确定合同的效力。

法定代表人或者其授权之人在合同上加盖法人公章的行为，表明其是以法人名义签订合同，除《公司法》第16条等法律对其职权有特别规定的情形外，应当由法人承担相应的法律后果。法人以法定代表人事后已无代表权、加盖的是假章、所盖之章与备案公章不一致等为由否定合同效力的，人民法院不予支持。

代理人以被代理人名义签订合同，要取得合法授权。代理人取得合法授权后，以被代理人名义签订的合同，应当由被代理人承担责任。被代理人以代理人事后已无代理权、加盖的是假章、所盖之章与备案公章不一致等为由否定合同效力的，人民法院不予支持。

（四）《最高人民法院关于人民法院在审理建设工程施工合同纠纷案件中如何认定财政评审中心出具的审核结论问题的答复》

发文字号：〔2008〕民一他字第 4 号
施行日期：2008 年 05 月 16 日

福建省高级人民法院：

你院（2007）闽民他字第 12 号请示收悉。关于人民法院在审理建设工程施工合同纠纷案件中如何认定财政评审中心出具的审核结论问题，经研究，答复如下：

财政部门对财政投资的评定审核是国家对建设单位基本建设资金的监督管理，不影响建设单位与承建单位的合同效力及履行。但是，建设合同中明确约定以财政投资的审核结论作为结算依据的，审核结论应当作为结算的依据。

二〇〇八年五月十六日

（五）《最高人民法院关于建设工程承包合同案件中双方当事人已确认的
工程决算价款与审计部门审计的工程决算价款不一致时
如何适用法律问题的电话答复意见》

发文字号：〔2001〕民一他字第 2 号
施行日期：2001 年 04 月 02 日

河南省高级人民法院：

你院"关于建设工程承包合同案件中双方当事人已确认的工程决算价款与审计部门审计的工程决算价款不一致时如何适用法律问题的请示"收悉。经研究认为，审计是国家对建设单位的一种行政监督，不影响建设单位与承建单位的合同效力。建设工程承包合同案件应以当事人的约定作为法院判决的依据。只有在合同明确约定以审计结论作为结算依据或者合同约定不明确、合同约定无效的情况下，才能将审计结论作为判决的依据。

2001 年 4 月 2 日

（六）《对最高人民法院〈全国民事审判工作会议纪要〉
第 59 条作出进一步释明的答复》

发文机关：最高人民法院
施行日期：2014 年 04 月 11 日

网友在《建筑领域确认劳动关系之我见》一文中对建筑行业大量存在的转包、分包引发的劳动关系问题进行了分析，并结合（法办〔2011〕42 号）《全国民事审判工作会议纪要》（以下简称《纪要》）第 59 条和（劳社部发〔2005〕12 号）《关于确立劳动关系有关事项的通知》（以下简称《通知》）第 4 条作了比较，得出了这两个文件规定的内容并不冲突的结论，并阐述了自己的理由。应当说，您对上述问题的见解是有一定道理的，说明您对这一领域存在的问题有一定的研究，并希望能够解决这一实践中较为棘手的问题。

关于实际施工人招用的劳动者与承包人也就是建筑施工企业之间是否存在劳动关系，理论与实践中存在两种截然相反的观点：第一种观点认为，实际施工人与其招用的劳动者之间应认定为雇佣关系，但实际施工人的前一手具有用工主体资格的承包人、分包人或转包人与劳动者之间既不存在雇佣关系，也不存在劳动关系。理由是：建筑施工企业与实际施工人之间只是分包、转包关系，劳动者是由实际施工人雇佣的，其与建筑施工企业之间并无建立劳动关系或雇佣关系的合意。另一种观点则认为，应认定实际施工人的前一手具有用工主体资格的承包人、分包人或转包人与劳动者之间存在劳动关系，因为认定他们之间存在劳动关系，有利于对劳动者保护。

我们同意第一种观点。主要理由如下：

首先，实际施工人的前一手具有用工主体资格的承包人、分包人或转包人与劳动者之间并没有丝毫的建立劳动关系的意思表示，更没有建立劳动关系的合意。我国《劳动合同法》第三条明确规定，建立劳动关系必须遵循自愿原则。自愿就是指订立劳动合同完全是出于劳动者和用人单位双方的真实意志，是双方协商一致达成的，任何一方不得将自己的意志强加给另一方。自愿原则包括：订不订立劳动合同由双方自愿、与谁订立劳动合同由双方自愿、合同的内容取决于双方的自愿。现实生活中，劳动者往往不知道实际施工人的前一手具有用工主体资格的承包人、转包人或分包人是谁，承包人、转包人或分包人同样也不清楚该劳动者是谁，是否实际为其工程提供了劳务。在这种完全缺乏双方合意的情形下，直接认定二者之间存在合法劳动关系，不符合实事求是原则。如果实际施工人的前一手具有用工主体资格的承包人、分包人或转包人根本没有与劳动者订立劳动合同的意思，我们通过仲裁或者司法判决方式强行认定他们之间存在劳动关系，则等于违背了《劳动合同法》总则中对自愿原则的规定。

其次，如果认定实际施工人的前一手具有用工主体资格的承包人、分包人或转包人与劳动者之间存在劳动关系，那么，将由具有用工主体资格的承包人、分包人或转包人对劳动者承担劳动法上的责任，而实际雇佣劳动者并承担管理职能的实际施工人反而不需要再承担任何法律责任了，这种处理方式显然不符合公平原则。如果我们许可这样的做法，实际施工人反而很容易逃避相应的法律责任。此外，如果强行认定实际施工人的前一手具有用工主体资格的承包人、分包人或转包人与劳动者之间存在劳动关系，还会导致产生一系列无法解决的现实难题：劳动者会要求与承包人、分包人或转包人签订书面劳动合同；要求为其办理社会保险手续；要求支付不签订书面劳动合同而应支付的双倍工资等等。这些要求显而易见都是不应当得到支持的。

再次，《通知》第4条之所以规定可认定承包人、分包人或转包人与劳动者之间存在劳动关系，其用意是惩罚那些违反《建筑法》的相关规定任意分包、转包的建筑施工企业。我们认为，承包人、分包人或转包人违反了《建筑法》的相关规定，应当承担相应的行政责任或民事责任。不能为了达到制裁这种违法发包、分包或者转包行为的目的，就可以任意超越《劳动合同法》的有关规定，强行认定本来不存在的劳动关系。

最后，虽然不认定实际施工人的前一手具有用工主体资格的承包人、分包人或转包人与劳动者之间存在劳动关系，并不意味着劳动者的民事权益得不到保护。《劳动合同法》第九十四条规定："个人承包经营者违反本法规定招用劳动者，给劳动者造成损害的，发包的组织与个人承包经营者承担连带赔偿责任。"实践中个人承包经营者（也就是实际施工人）往往没有承担民事责任的足够财力，为了保护劳动者的权益，在劳动者遭受损失时，承包人、分包人或转包人是要承担民事上的连带赔偿责任的。这是有利于对劳动者提供周全保护的。从诉讼程序看，劳动者既可以单独起诉实际施工人，也可以将承包人、分包人或转包人与实际施工人列为共同被告；从实体处理看，劳动者既可以要求实际施工人承担全额或者部分赔偿责任，也可以要求承包人、分包人或转包人承担全额或者部分赔偿责任，还可以要求承包人、分包人或转包人与实际施工人一起承担连带赔偿责任。

（七）《最高人民法院关于当前形势下审理民商事合同纠纷案件若干问题的指导意见》

发文字号：法发〔2009〕40号

施行日期：2009年07月07日

四、正确把握法律构成要件，稳妥认定表见代理行为

12、当前在国家重大项目和承包租赁行业等受到全球性金融危机冲击和国内宏观经济形势变化影响比较明显的行业领域，由于合同当事人采用转包、分包、转租方式，出现了大量以单位部门、项目经理乃至个人名义签订或实际履行合同的情形，并因合同主体和效力认定问题引发表见代理纠纷案件。对此，人民法院应当正确适用合同法第四十九条关于表见代理制度的规定，严格认定表见代理行为。

13、合同法第四十九条规定的表见代理制度不仅要求代理人的无权代理行为在客观上形成具有代理权的表象，而且要求相对人在主观上善意且无过失地相信行为人有代理权。合同相对人主张构成表见代理的，应当承担举证责任，不仅应当举证证明代理行为存在诸如合同书、公章、印鉴等有权代理的客观表象形式要素，而且应当证明其善意且无过失地相信行为人具有代理权。

14、人民法院在判断合同相对人主观上是否属于善意且无过失时，应当结合合同缔结与履行过程中的各种因素综合判断合同相对人是否尽到合理注意义务，此外还要考虑合同的缔结时间、以谁的名义签字、是否盖有相关印章及印章真伪、标的物的交付方式与地点、购买的材料、租赁的器材、所借款项的用途、建筑单位是否知道项目经理的行为、是否参与合同履行等各种因素，作出综合分析判断。

四、各省高级人民法院与建设工程有关的司法文件

（一）《浙江省高级人民法院民二庭关于审理涉建筑施工企业项目部纠纷的疑难问题解答》

施行日期：2020年12月17日

1. 在审理涉建筑施工企业项目部的案件时，总体要求是什么？

在审理涉建筑施工企业项目部的案件中，判断项目经理等人实施的行为是否对建筑施工企业发生效力时，要按照"准确界定职务行为，依法认定表见代理，严厉打击虚假诉讼"的思路，从该行为是否有建筑施工企业的明确授权（委托代理行为），是否属于职务行为（职务代理行为），是否构成表见代理三个层面依次进行审查。构成委托代理、职务行为或表见代理的，相应的法律后果应当由建筑施工企业承担。同时，在案件审理中也要加强对相关合同的真实性审查，防止部分当事人恶意串通，虚构债务，损害建筑施工企业的合法权益。

2. 在何种情况下，可以认定项目经理行为构成职务行为？

按照《建筑施工企业项目经理资质管理办法》第二条、第六条的规定，项目经理是指受企业法定代表人委托对工程项目施工过程全面负责的项目管理者，是建筑施工企业法定代表人在工程项目上的代表人。工程项目施工实行项目经理负责制，项目经理在工程项目施工中处于中心地位，对工程项目施工负有全面管理的责任。由此可见，项目经理既不同于建筑施工企业的法定代表人，也不同于建筑施工企业普通的内设部门负责人，对工程项目施工活动具有较大的管理权限。

我们认为，认定项目经理的行为属于职务行为一般应满足身份要素、名义要素、权限要素三个方面的要件。身份要素，是指项目经理与建筑施工企业存在劳动关系，系建筑施工企业的员工；名义要素，是指项目经理是以建筑施工企业或项目部的名义对外签订合同；权限要素，是指项目经理的行为在建筑施工企业的授权范围之内，如与建设单位确定或变更施工内容、施工期限、施工质量、工程价款、违约责任，招聘必要的办公人员，购买或租赁必备的办公用具、原材料、机器设备等行为。项目经理实施的行为满足该三个要件的，可以认定为职务行为，由建筑施工企业承担相应的合同责任。

3. 审理涉建筑施工企业项目部的案件时，应当如何认定表见代理行为？

在认定行为人（项目经理、实际施工人或项目部其他人员等）的行为是否构成表见代理时，要按照《最高人民法院关于当前形势下审理民商事合同纠纷案件若干问题的指导意见》的有关规定，依法审查无权代理行为在客观上是否具有代理权的表象，以及相对人在主观上是否善意且无过失地相信行为人有代理权。

在认定行为人是否具有代理权表象时，要结合行为人的身份、权限、行为模式、交易惯例等予以综合认定。有下列情形之一的，可以认定行为人具有代理权的表象：

（1）项目经理同时是实际施工人或者实际对实际施工人负责的，在项目部权限范围内以建筑施工企业或项目部的名义签订合同的；

（2）行为人持有建筑施工企业的空白或权限不明的介绍信、委托书、合同，以建筑施工企业的名义签订合同的；

（3）行为人在项目部权限范围内签订合同时，加盖了项目部印章，或实际作为项目部印章使用的专用印章的；

（4）虽未与第三人签订书面合同，但建筑施工企业知道或应当知道该民事行为而未作反对表示的；或者从事该民事行为属于项目部权限范围，项目部知道或应当知道而未作反对表示的。

在判断相对人是否属于善意且无过失时，应当结合合同缔结与履行过程中的各种因素予以综合判断。存在以下情形之一的，一般不认定相对人为善意且无过失：

（1）签订的合同明显损害建筑施工企业利益的；

（2）相对人明知行为人与建筑施工企业之间是挂靠、非法转包、非法分包关系，仍然与其签订合同的；

（3）合同项下货物、机器设备、劳务未实际向工程项目提供的；

（4）交易的金额与实际需求、规模等明显不相称的。

4. 表见代理的证明责任应当由谁承担？

《最高人民法院关于适用〈中华人民共和国民事诉讼法〉的解释》第九十一条第（一）项规定，"主张法律关系存在的当事人，应当对产生该法律关系的基本事实承担举证证明责任"。因此，应当由主张表见代理成立的相对人就代理行为在客观上是否具有代理权的表象，以及其善意且无过失地相信行为人有代理权承担举证证明责任；而建筑施工企业可以就行为人不具有代理权的表象，以及相对人不属于善意或存在过错提供反证。人民法院综合全案证据及庭审情况后，仍不能形成心证的，由相对人承担不利后果。

5. 加盖了项目部技术专用章、财务专用章、图纸审核专用章等专用印章的合同，其法律后果是否由建筑施工企业承担？

项目部技术专用章、财务专用章、图纸审核专用章等专用印章已明确了印章的使用范围，一般不能认为行为人具有授权对外签订合同的表象，故建筑施工企业不应承担合同责任。但如果项目部以上述印章对外签订的合同曾得到建筑施工企业认可的，仍可认定为具有有权代理表象。判断建筑施工企业是否认可，下列因素可作为参考：（1）建筑施工企业是否直接向相对人支付款项或以其他方式参与合同履行；（2）相对人向建筑施工企业开具的发票，建筑施工企业是否实际入账等。

6. 合同上的印章是项目经理、实际施工人或其他人伪造或私刻，签订的合同是否对建筑施工企业发生法律效力？

一般情况下，合同上加盖项目经理、实际施工人或其他人伪造或私刻的印章，其不代表建筑施工企业的真实意思表示，不对建筑施工企业发生法律效力。但是，如果综合全案其他证据，能够认定行为人的行为构成有权代理行为或表见代理行为的，仍应由建筑施工企业承担相应的合同责任。

7. 行为人购买或租赁的原材料、机器设备已用于建设项目的，如何处理？

行为人以建筑施工企业或项目部的名义，向第三人购买或租赁必备的原材料、机器设备时，未签订书面合同，或签订的书面合同中未加盖建筑施工企业或项目部印章，但原材料、机器设备事实上已用于该建设项目，且第三人不知道或不应当知道行为人没有代理权限的，应当由建筑施工企业承担相应的合同责任。

人民法院在认定"原材料、机器设备事实上已用于该建设项目"时，应当根据原材料、机器设备是否已运至建设项目工地，并结合原材料、机器设备的数量、类型与建设项目的实际需求、规模是否相适应，予以综合判断。

8. 行为人向第三人借款，款项已汇入项目部或确实用于建设项目的，如何处理？

除非有建筑施工企业的明确授权，项目部或项目经理无权对外借款。

行为人以建筑施工企业或项目部的名义向第三人借款，第三人能够举证证明其有合理理由相信行为人有代理权限，且款项直接汇入建筑企业银行账户或确实用于该建设项目的，应当由建筑施工企业承担相应的合同责任。

9. 相对人依据项目经理或实际施工人出具的结算凭证主张权利，人民法院是否还应当对合同的具体交易情况进行审查？

相对人依据项目经理、实际施工人出具的结算凭证，要求建筑施工企业承担合同责任的，人民法院应当就合同的具体履行情况一并进行审查。如建筑施工企业就合同标的物的使用工地、使用时间、价格、标准、数量、签约时间等内容提出合理性怀疑的，人民法院可以要求相对人提供除结算凭证外的其他证据予以佐证；也可以向有关部门和人员主动进行调查取证。相对人能够提供而拒不提供结算凭证以外的其他证据，人民法院也无法通过调查取证予以查明的，由相对人承担不利后果。

相对人与项目经理、实际施工人或其他人恶意串通，伪造签证单、结算单等结算资料或合同、借条、债权转让协议等文书故意损害建筑施工企业合法权益的，人民法院应当按照《中华人民共和国民事诉讼法》的有关规定，予以训诫、罚款或拘留；可能构成刑事犯罪的，依法移送公安机关查处。

(二)《河北省高级人民法院关于印发〈建设工程施工合同案件审理指南〉的通知》

2018 年 5 月 7 日审判委员会总第 9 次会议讨论通过

为了正确审理建设工程施工合同纠纷，准确适用法律，规范自由裁量权的行使，依据《中华人民共和国合同法》《中华人民共和国建筑法》《中华人民共和国招标投标法》《最高人民法院关于审理建设工程施工合同纠纷案件适用法律若干问题的解释》（以下简称《最高人民法院建设工程案件司法解释》）等法律、行政法规及司法解释，结合我省实际情况，制定本审理指南。

一、建设工程施工合同的效力认定问题

1. 发包人未取得建设用地规划许可证或建设工程规划许可证，与承包人签订的建设工程施工合同，应认定为无效。但在一审法庭辩论终结前取得两证或者经主管部门批准建设的，可以认定有效。发包人已经办理建设用地使用权手续，但尚未取得建设用地使用权证，不影响合同效力。发包人未取得建设工程施工许可证的，不影响合同效力。

2. 当事人以商品房开发未经招投标程序主张签订的建设工程施工合同无效的，如果该开发项目符合《中华人民共和国招投标法》第三条、《河北省实施〈中华人民共和国招投标法〉的办法》第六条、第九条规定的强制招投标项目而未进行招投标的，人民法院应予支持。但根据国务院《关于促进建筑业持续健康发展的意见》（2017 年第 19 号），在民间投资的建设工程项目中，可由建设单位自主决定发包方式。

3. 法律、行政法规规定必须经过招投标的建设工程，当事人以招投标程序违法，或者存在串标、明招暗定等情形主张建设工程施工合同无效的，应承担相应的举证责任，人民法院经审查，认定确实存在以上情形的，该建设工程施工合同为无效合同。

4. 建筑施工企业与其下属分支机构或在册职工签订合同，将其承包的全部或者部分工程分包给其下属分支机构或职工施工，并在资金、技术、设备、人力等方面给予支持的，可以认定为企业内部承包合同。判断是否为企业的在册职工应以书面劳动合同、社保缴纳凭证、工资发放证明等证据综合予以认定。企业内部职工和下属分支机构不得单独主张工程款建筑施工企业与无施工资质的承包人签订的合同名为企业内部承包实为借用资质，当事人主张合同有效的，人民法院不予支持。

5. 以下情形可以认定为非法劳务分包：（1）总承包人、专业分包企业将建筑工程的劳务作业分包给不具备相应资质条件的企业和个人；（2）总承包人、专业分包企业将建筑工程的劳务作业分包给具备相应资质条件的企业，但分包的内容包括提供大型机械、周转性材料租赁和主要材料、设备采购等；（3）劳务作业承包人将承包的劳务作业再分包的。

二、工程价款结算及相关问题

6. 建设工程施工合同无效，发包人与承包人均有权请求参照合同约定支付工程价款；承包人要求另行按照定额结算或者据实结算的，人民法院不予支持。

7. 当事人就同一建设工程订立的数份施工合同均被认定为无效的，在结算工程价款时，应当参照当事人真实意思表示并实际履行的合同约定结算工程价款。当事人已经基于其中一份合同达成结算单的，如不存在欺诈、胁迫等撤销事由，应认定该结算单应有效。无法确定当事人真实意思并实际履行的合同的，可以结合缔约过错、已完工程质量、利益平衡等因素合理分配当事人之间数份合同的差价确定工程价款。

8. 法律、行政法规未规定必须进行招投标的建设工程，经过合法有效的招投标程序的，当事人实际履行的建设工程施工合同与备案中标合同实质性内容不一致的，应当以中标合同作为工程价款的结算依据。

9. 法律、行政法规未规定必须进行招投标的建设工程，实际上也未经过招投标，当事人根据当地行政主管部门的要求，对双方签订的建设工程施工合同进行备案后另行签订实质性内容不同的合同，应当以当事人实际履行的合同作为工程价款的结算依据。

10. 当事人在合同中只约定了发包人收到竣工结算文件后，应在约定的期限内予以答复，但未明确约定逾期不答复视为认可竣工结算文件的，不能适用《最高人民法院建设工程案件司法解释》第20条的规定。承包人仅依据建设部制定的建设施工合同格式文本通用条款第33.3条"发包人收到竣工结算报告及结算资料后28天内无正当理由不支付工程结算价款的，从29天起按承包人同期向银行贷款利率支付拖欠工程价款的利息，并承担违约责任"的约定请求发包人按照竣工结算文件结算工程价款的，人民法院不予支持。

11. 合同约定固定价款的，因发包人原因导致工程变更的，承包人能够证明工程变更增加的工程量不属于合同约定包干价范围之内的，有约定的，按约定结算工程价款，没有约定的，可以参照合同约定标准对工程量增减部分予以单独结算，无法参照约定标准结算可以参照施工地建设行政主管部门发布的计价方法或者计价标准结算。主张调整的当事人对合同约定的施工具体范围、实际工程量增减的原因、数量等事实负有举证责任。

12. 建设工程施工合同约定工程款实行固定价，如建设工程尚未完工，当事人对已完工程造价产生争议的，可将争议部分的工程造价委托鉴定，但应以合同约定的固定价为基础，根据已完工工程占合同约定施工范围的比例计算工程款。即由鉴定机构在同一取费标准下分别计算出已完工工程部分的价款和整个合同约定工程的总价款，两者对比计算出相应系数，再用合同约定的固定价乘以该系数，确定工程价款。当事人一方主张以定额标准作为造价鉴定依据的，人民法院不予支持。

13. 未施工完毕的工程项目，当事人就已完工程的工程量存有争议的，应当根据双方在撤场交接时签订的会议纪要、交接记录以及监理材料、后续施工资料等文件予以确定；不能确定的应根据工程撤场时未能办理交接及工程未能完工的原因等因素合理分配举证责任。发包人有恶意驱逐施工方、强制施工方撤场等情形的，发包人不认可承包方主张的工程量的，由发包人承担举证责任。发包人不提供相应证据，应承担举证不能的不利后果。

14. 建设工程施工合同无效，当事人一方依照《合同法》第58条规定，请求对方赔偿其因合同无效所受到的损失，人民法院应当综合过错程度、损失大小、损失与对方的过错之间是否存在因果关系等因素，依照诚实信用原则和公平原则，做出认定和裁决。

15. 建设工程施工合同被确认无效后，发包人主张因承包方工期延误应赔偿其与第三人签订的房屋买卖合同因逾期交房发生的违约损失，承包人对工期延误存在过错，损失已经实际发生，且损失的发生与承包人逾期交工行为有因果关系，可以纳入无效合同过错责任赔偿范围。根据承包方订立、履行合同中的过错责任大小及诚实信用原则，依据《合同法》第五十八条规定判令其承担相应的责任。

16. 合作开发房地产合同中的一方当事人作为发包人与承包人签订建设工程施工合同，承包人要求合作开发的各方当事人对欠付的工程款承担连带责任的，人民法院应予支持。

17. 工程价款确定前，发包人与承包人约定以土地或商品房抵顶工程款的，该协议属于流质契约，应认定为无效。当事人请求继续履行该抵债协议的，不予支持。人民法院应对涉案土地或房屋进行评估，折价后支付承包人的工程款。支付工程款后的剩余款项，应返还发包人；不足部分，承包人可向发包人另行主张。

18. 工程价款确定后，包括施工过程中对已完工工程的造价确定后，发包人与承包人约定以土地或商品房抵顶工程款，如果已经办理土地或房屋的过户手续的，应认定为有效。如果尚未办理土地或房屋过户手续，一方当事人主张继续给付工程欠款及利息的，人民法院应予支持。

19. 建设工程施工过程中，发包人与承包人进行结算后，出具欠条确认欠付债务，原告依据欠条起诉，被告主张该欠条中确认数额并非实际的工程款数额，要求确认欠条无效的，一般不予支持。除非被告能够提供证据证明出具欠条时存在重大误解、欺诈、胁迫或显失公平等情形。

三、审计结论、财政评审意见作为结算依据的相关问题

20. 政府投资和以政府投资为主的建设项目，合同明确约定以审计机关出具的审计意见作为工程价款结算依据的，财政部门审计部门等对工程款的审核、审计，应当作为结算依据。

21. 审计机关严重超出合同约定的期限未作出审计结论，发包人以此为由拒付工程款的，发包人无法举证证明审计机关具有正当理由不能出具审计结论的，当事人申请对工程

造价予以司法鉴定，人民法院应予支持。

22. 在双方当事人已经通过结算协议确认了工程结算价款并已基本履行完毕的情况下，国家审计机关作出的审计结论或财政评审意见，不影响双方结算协议的效力。

四、建设工程造价鉴定

23. 当事人诉前共同委托具有鉴定资质的鉴定机构对涉案工程的工程造价作出鉴定结论，诉讼中一方当事人要求重新鉴定的，人民法院一般不予准许，但有证据推翻该鉴定结论的除外。承包方提出结算申请后，发包人单方委托鉴定，后承包方以发包人委托鉴定结论为依据起诉要求支付工程款的，按诉前共同委托鉴定处理。

24. 发包人对承包方提供的结算报告已经委托有资质的第三方进行审核并经双方签字认可，或者双方当事人已完成工程价款结算，结算报告已经双方签字认可。诉讼中一方当事人要求重新鉴定的，人民法院不予准许。

25. 当事人对施工合同效力、结算依据、签证文件的真实性及效力等问题存在争议的，应由人民法院进行审查并确认是否作为结算依据。人民法院准许当事人对工程价款进行鉴定的申请后，应当根据当事人申请及查明案件事实的需要，确定委托鉴定的事项及范围，并组织双方当事人对争议的鉴定材料进行质证，确定鉴定依据。当事人对对方提交的鉴定资料无法达成一致意见的，人民法院不能简单以当事人不予认可为由否认该鉴定资料的真实性，人民法院应依法对争议的资料进行审查并确定是否可以作为鉴定资料使用。

26. 人民法院在委托鉴定时可要求鉴定机构根据当事人所主张的不同结算依据分别作出鉴定结论，或者要求鉴定机构对存疑部分的工程量及价款鉴定后单独列项，供审判时审核认定使用，也可由人民法院就争议问题先做出明确结论后再启动鉴定程序。

27. 鉴定过程中，各方当事人均有提交鉴定资料的义务。当事人在鉴定过程中未按法院指定的期限提交鉴定资料，经过催告仍不提交，且不能做出合理解释的，视为拖延提交鉴定资料，应承担举证不能的法律后果。

28. 人民法院经审理认为就建设工程价款等专门性问题需要进行鉴定的，应当向负有举证责任的当事人进行充分释明、明确告知其不申请鉴定可能承担的不利后果。当事人经释明后未申请鉴定的，可参照 民事诉讼法逾期举证的规定，由其承担相应的法律后果。一审诉讼中负有举证责任的当事人未对工程价款申请鉴定，二审诉讼中申请鉴定的，人民法院可予准许。人民法院准许后，可以将案件发回一审法院委托鉴定，但不得违反民事诉讼法的相关规定。对经一审法院释明未申请鉴定的当事人，可参照民事诉讼法对逾期举证的规定，对当事人进行训诫、罚款。

五、实际施工人的认定及权利行使问题

29. 实际施工人与名义上的承包人相对，一般是指非法转包合同、违法分包合同、借用资质（挂靠）签订合同的承包人。具有下列情形可认定为实际施工人：（1）存在实际施工行为，包括在施工过程中购买材料、支付工人工资、支付水电费等行为；（2）参与建设工程承包合同的签订与履行过程；（3）存在投资或收款行为。具有下列情形的，不能认定为实际施工人：（1）属于施工企业的内部职工；（2）与非法转包人、违法分包人无施工合同关系的农民工、建筑工人或者施工队、班组成员。上述人员不能直接向发包人主张权利，只能依据劳动关系或劳务关系向实际施工人（承包人）主张权利。建设工程经数次转包的，实际施工人为最终的承包人。

30. 对于工程项目多次分包或转包的，实际施工人起诉合同相对方、发包人支付工程款的，为查明发包人欠付工程款的数额应追加总承包人为第三人，其余违法分包人、转包人未参与实际施工，不影响案件事实查明的，可以不追加为案件诉讼主体。

31. 实际施工人向与其没有合同关系的转包人、分包人、总承包人、发包人提起的诉讼，发包人与承包人就工程款问题尚未结算的，原则上仍应坚持合同相对性，由与实际施工人有合同关系的前手承包人给付工程款。如果发包人与承包人已就工程款进行结算或虽尚未结算，但欠款范围明确，可以确定发包人欠付承包人的工程款数额大于承包人欠付实际施工人的工程款数额，可以直接判决发包人对实际施工人在承包人欠付实际施工人的工程款数额范围内承担连带给付责任。欠付工程款范围明确是指判决中必须明确发包人承担连带责任的范围和数额，不能简单表述为发包人在欠付工程款范围内承担连带责任。

32. 承包人请求发包人支付工程款，发包人以向实际施工人支付工程款抗辩的，应当举证证明支付工程款数额及支付理由，对付款有特殊约定、承包人予以授权、生效裁决予以确定，或者有其他正当理由，人民法院应当予以支持。

六、建设工程优先受偿权

33. 建设工程施工合同无效、但建设工程质量合格，承包人主张建设工程价款就该工程折价或拍卖的价款优先受偿的，人民法院应予以支持；分包人或实际施工人在总包人或非法转包人怠于主张工程价款时，主张建设工程价款就该工程折价或拍卖的价款优先受偿的，人民法院应予支持。

34. 承包人享有的优先受偿权的建设工程价款范围是指承包人完成的工作成果所产生的费用，包括直接费、间接费、利润、税金及工作人员报酬、材料款等实际支出的费用，不包括因发包人违约所产生的损失。利息属于工程价款的法定孳息，承包人主张未付工程价款利息属于工程价款属于优先受偿权范围的，应予支持。土地使用权不属于优先受偿权的客体，承包人请求对建设工程占用范围内的土地使用权的价值享有优先受偿权的，不予支持。

35. 建设工程承包人行使优先受偿权的期限为六个月，具体起算时间按照以下方式确定：（1）工程已竣工的，自建设工程竣工之日或者建设工程合同约定的竣工之日起算，上述日期不一致的，以在后日期作为起算点，但合同约定的付款期限尚未届满的，以合同约定的付款期限届满之日作为起算点；（2）工程尚未竣工而合同解除、终止履行的，以合同实际解除、终止之日作为起算点；（3）发包人主张以《最高人民法院建设工程案件司法解释》第十四条第（二）、（三）项作为承包人行使优先受偿权起算点的，不予支持。

36. 当事人以调解方式对优先受偿权进行确认的，人民法院应依法审查其合法性，对当事人恶意串通损害第三人合法权益的调解协议不予确认。

37. 建设工程价款优先受偿权与建设工程价款请求权具有人身依附性，承包人将建设工程价款债权转让，建设工程价款的优先受偿权消灭。

七、工程质量、质保金返还及保修责任

38. 承包人提起的建设工程施工合同纠纷中，发包人以工程质量不符合合同约定或规定、工期延误等为由，要求承包人支付违约金或者赔偿修理、返工或者改建的合理费用等损失的，告知发包人应提起反诉，与本诉一并审理。承包人提起建设工程施工合同纠纷后，发包人在其他法院另行起诉承包人主张上述权利的，人民法院应告知发包人在前诉中提起反诉。发包人坚持立案的，后立案的法院应主动将案件移送到先立案的法院合并审理。

39. 因承包人的过错造成建设工程质量不符合约定，发包人能够证明已经履行了通知义务，承包人拒绝修理、返工或者改建，发包人请求减付工程价款的，可以将发包人因修理、返工或重建而支付的费用在工程款中予以扣减。

40. 建设工程经过竣工验收合格后，承包人主张工程款的发包人又以工程质量不合格主张付款条件不成就或者拒付工程款的，人民法院不予支持。

41. 建设工程未经竣工验收或未经验收合格，发包人擅自使用后，承包人主张工程款的，发包人又以使用部分质量不合格主张付款条件不成就或者拒付工程款的，人民法院不予支持。但确因承包人原因导致建设工程的地基基础工程和主体结构存在质量问题的除外。

42. 未完工程中，承包人主张其已完成部分的工程款的，后续工程已经由第三方施工完毕，并竣工验收合格的，发包人又以承包人施工部分的工程质量不合格主张付款条件不成就或者拒付工程款的，人民法院不予支持。后续工程已经由第三方施工完毕但未进行竣工验收，或者未由第三方继续施工，但分部分项验收合格的，发包人以承包人施工部分的工程质量不合格主张付款条件不成就或者拒付工程款的，人民法院不予支持。人民法院可在承包人已完工程价款中按合同约定比例暂扣质保金，暂扣质保金的时间最长不超过两年。但确因承包人原因导致建设工程的地基基础工程和主体结构存在质量问题的除外。

43. 当事人对质量保证金返还期限有约定的，承包人请求按照约定返还工程质量保证金的，人民法院应予支持。没有约定或约定不明的，适用《建设工程质量保证金管理办法》（建质〔2016〕295号）第二条规定，缺陷责任期最长为2年。发包人应在最长缺陷责任期（2年）期满后将质量保证金返还承包人。质量保证金的期限自工程竣工验收合格之日起算；工程因发包人原因未能竣工验收的，自承包人提交工程竣工验收报告90天后起算。发包人返还质量保证金后，不影响承包人依照合同约定或法律规定履行工程保修义务。

44. 发包人擅自使用未经验收或验收不合格工程，视为该工程已经竣工验收，但不能排除工程保修期内承包人的保修责任。

45. 建设工程施工合同中约定发包人可因工期、工程质量转包或违法分包等情形对承包人处以"罚款"的，该约定应视为双方对违约责任的约定，罚款具有违约金的性质。经承包人确认的罚款数额，发包人主张从工程款中扣减的，人民法院应予支持。当事人要求对罚款的数额进行调整的，人民法院可按照《合同法》第一百一十四条的规定予以处理。

46. 发包人未取得施工许可证，但承包人已实际开工的，应以实际开工之日为开工日期；合同另有约定的除外。因未取得施工许可证而被行政主管部门责令停止施工的，可作为工期顺延的事由。

47. 工期延误的责任应该由造成工期延误的过错一方承担，发包人仅以承包人未在合同约定的期限内提出工期顺延申请而主张工期不能顺延的，人民法院不予支持。

48. 建设工程施工合同履行中，承包人由于管理不善等原因，导致工期延误等违约行为的，人民法院确定承包人向发包人承担的违约责任时，应准确理解、把握《合同法》第一百一十三条规定，综合考虑承包人过错、履行施工合同的预期利益，发包人实际损失等情况，综合确定赔偿数额。

八、承包主体的对外责任承担

49. 挂靠人以自己的名义与材料设备供应商签订买卖合同，材料设备供应商起诉要求被挂靠单位承担合同责任的，不予支持。挂靠人以被挂靠单位名义签订合同，一般应由被挂靠单位和挂靠人共同承担责任，但材料设备供应商签订合同时明知挂靠的事实，并起诉要求被挂靠人承担合同责任的，人民法院不予支持。非法转包人、违法分包人未经施工企业授权，以施工企业项目部名义对外签订买卖、租赁等合同，施工企业是否承担民事责任适用《合同法》第四十九条的规定。有证据证实合同标的用于工程或施工合同履行过程中施工企业对项目部的行为进行过认可的，可以认定债权人有理由相信非法转包人、违法分包人有代理权。非法转包人、违法分包人未经施工企业授权，以施工企业项目部名义对外签订借款合同，应按照《最高人民法院关于民间借贷案件适用法律若干问题的规定》严格审查借贷的基础事实，包括借款的数额、利息等，并审查借款的用途。有证据证实借款实际发生且用于工程或施工合同履行过程中施工企业对项目部的行为进行过认可的，可以认定债权人有理由相信非法转包人、违法分包人有代理权。

50. 施工企业设立项目部并任命项目部负责人的，项目部负责人受施工企业委托从事民事行为，应视为履行职务行为，施工企业应为合同主体。建设工程承包人设立的项目部负责人在施工企业授权范围外从事的行为，构成表见代理的，施工企业应对外承担责任。施工企业与其设立的项目部负责人签订的有关内部协议，约定免除施工企业对外承担责任的条款，不具有对外效力，不能约束第三人。

51. 施工企业认可的项目部印章对外订立合同的，该印章具有缔约或结算的效力，施工企业应对加盖该项目部印章的合同承担责任。施工企业对项目部印章不认可的，若权利人举证证明在其他对外经济往来或具有公示效力的场合使用过该印章，则该印章具有缔约或结算的效力。

52. 技术章、材料收讫章、资料专用章一般不具有缔约或结算的效力，相对人主张权利的，应当结合交易习惯、该章的使用情况等举证证明其有理由相信该印章具有超出其表面记载的实际功能，可以认定该章的效力。

53. 实际施工人与施工企业之间存在挂靠关系，行为人私刻施工企业印章的，施工企业不能证明合同相对人对私刻印章的情形是明知的，施工企业应承担相应的民事责任。

54. 支付工程款义务和开具发票义务是两种不同性质的义务，不具有对等关系。发包人以承包人违反约定未开具发票为抗辩理由拒付工程款的，人民法院不予支持。但可以明确承包人具有向发包人开具发票的义务。发包人提起反诉请求主张承包人开具发票的，人民法院应予支持。

55. 本审理指南自印发之日起在工作中参照执行。

（三）《江苏省高级人民法院建设工程施工合同纠纷案件委托鉴定工作指南》

施行日期：2019 年 12 月 27 日

为进一步规范建设工程施工合同纠纷案件审理工作，提高司法鉴定效率和鉴定意见质量，根据《中华人民共和国民事诉讼法》及其司法解释、《最高人民法院关于审理建设工程施工合同纠纷案件适用法律问题的解释》《最高人民法院关于民事诉讼证据的若干规定》等法律、司法解释的规定，结合全省审判实践，制定本指南。

1.【当事人鉴定申请的提出】当事人就建设工程造价、建设工程工期及停窝工损失、建设工程质量等事实的专门性问题发生争议的，可以向人民法院申请鉴定。

当事人申请鉴定，应当在人民法院指定的期限内以书面方式提出，并预交鉴定费用。申请书中应当载明需要鉴定的事项及需要通过鉴定意见证明的事实。当事人逾期提出鉴定申请，申请鉴定的事项对案件基本事实的认定有重大影响的，可予准许，但应当依法予以训诫、罚款。

经人民法院释明，对需要鉴定的事项负有举证责任的当事人，在人民法院指定的期限内明确表示放弃鉴定申请后又提出鉴定申请的，或者当事人在再审申请审查期间提出鉴定申请的，不予准许。

2.【鉴定申请审查判断规则】申请鉴定的事项，与争议事实没有关联，或者不涉及案件基本事实的认定，或者对诉争事项的裁量没有异议，缺乏鉴定必要性的，鉴定申请不予准许。

3.【鉴定申请不予准许情形】当事人申请鉴定存在下列情形之一，且没有相反证据予以反驳或者推翻的，不予准许：

（一）当事人对申请鉴定的争议事项已自行达成协议的；

（二）当事人对申请鉴定的争议事项共同委托有关机构、人员出具咨询意见且双方明确表示受该咨询意见约束的；

（三）当事人约定工程价款的结算以第三方结论如行政审计、财政评审等作为依据的；

（四）当事人约定按照固定价（包括固定总价与固定单价）结算工程价款，未超出承包人约定承担的风险范围应当适用固定价的；

（五）当事人约定发包人无正当理由未在约定期限内对竣工结算文件作出答复视为认

可竣工结算文件的；

（六）建设工程经竣工验收合格发包人提出质量异议，或者建设工程未经竣工验收合格发包人擅自使用后提出质量异议的；

（七）当事人没有证据或者理由足以反驳另一方当事人就专门性问题自行委托有关机构或者人员出具的意见的；

（八）其他足以认定鉴定申请所涉争议事项的情形。

4.【申请准许与事项确定程序规则】鉴定申请的准许、鉴定事项的确定，应当经合议庭讨论决定。合议庭不能形成一致意见的，应当提交专业法官会议讨论。

委托鉴定的事项，应当根据当事人诉辩意见及诉讼争议待证事实的举证质证情况，在委托鉴定之前予以确定。

5.【委托鉴定预备事项】准许鉴定申请的，应当指定当事人提交或者补充提交鉴定材料的期限，并组织当事人对鉴定材料进行质证。未经质证的材料，不得作为鉴定的根据。

向司法鉴定部门移送鉴定、依法选定鉴定机构时，主审法官应当以书面形式明确委托书须列明的以下事项：

（一）委托鉴定的具体事项；

（二）建设工程造价、建设工程工期或停窝工损失、建设工程质量等鉴定的具体范围；

（三）通过鉴定解决的争议和争议要点；

（四）鉴定期限的具体要求；

（五）其他根据案件情况需明确的事项。

6.【委托鉴定一般要求】人民法院委托鉴定，应当依法出具委托书，并在鉴定开始前要求鉴定机构签署承诺书。

鉴定机构接受委托后，应当在委托法院确定的鉴定期限内完成鉴定，并提交鉴定报告。鉴定机构无正当理由未按期完成鉴定的，委托法院可以解除委托，责令退还鉴定费用，并视情节取消鉴定机构参与司法鉴定遴选的资格。

7.【鉴定材料补充期限】鉴定机构认为鉴定材料不全需要委托法院补充的，应当在接受委托之日起10日内向委托法院一次性提交补充所需材料的书面清单。

委托法院应当在收到材料补充清单之日起20日内，对照清单要求，组织当事人举证质证，并将经质证的相关材料移送鉴定机构。证据材料较多且当事人争议较大的，经分管庭长同意可以延长10日。

8.【鉴定依据补充确定】鉴定过程中，鉴定机构认为应当由人民法院确定的事项而要求委托法院确定的，应当及时以书面形式征询委托法院的意见，委托法院应当及时作出书面答复。

委托法院认为鉴定机构要求确定的事项，不属于必须由人民法院确定且宜由鉴定机构进行专业鉴别的，可以要求鉴定机构分析鉴别。必要时，委托法院、鉴定机构可以协同建设工程案件咨询专家或者行业管理部门研讨确定。

9. 【人民法院确定事项】下列事项，鉴定机构可以要求委托法院予以明确：

（一）可以作为鉴定依据的合同、签证、函件、联系单等书证的真实性及其证据效力；

（二）合同没有约定、约定不明，或者约定之间存在矛盾，需要进行合同解释明确鉴定依据的；

（三）无效合同中可以参照作为结算依据的条款；

（四）确定质量标准的依据；

（五）约定工期与实际工期认定的依据；

（六）当事人在鉴定过程补充证据材料或者对证据材料有实质性异议需要重新质证认证的；

（七）鉴定所需材料缺失，需要明确举证不能责任承担的；

（八）对未全部完工工程等需先确定鉴定方法的；

（九）其他需要由人民法院予以明确、作出决定的事项。

10. 【鉴定意见确定性要求】鉴定机构接受鉴定委托，应当出具肯定或否定的确定性鉴定意见，原则上不得出具选择性鉴定意见。

鉴定机构认为只能出具选择性鉴定意见的，应及时以书面方式与委托法院进行沟通。委托法院同意出具选择性鉴定意见的，鉴定机构方可出具选择性鉴定意见。

11. 【鉴定报告规范性要求】对鉴定机构出具的鉴定报告，委托法院应当对照《最高人民法院关于民事诉讼证据的若干规定》第三十六条的规定，审查鉴定报告的内容构成和形式要件是否符合要求。符合的应当及时将副本送交当事人，并指定当事人提出异议的期限；不符合的应当径行退回鉴定机构重新出具。

对鉴定事项的鉴定意见，鉴定机构应当在鉴定报告中分类、逐项说明，明确所依据的具体证据、法律、法规和规范性文件名称以及发布机关、文号、具体条款等内容；援引有关原理、方法作出判断的，应当注明出处。

12. 【鉴定报告完整性要求】鉴定机构与委托法院的往来函件应当作为鉴定报告的附件。经委托法院准许或者按委托法院要求，鉴定机构进行现场勘验制作的勘验笔录，应当作为鉴定报告的附件。

勘验笔录，应当详细记录勘验的时间、地点、勘验人、在场人及勘验的经过、结果，并由勘验人、在场人签名或者盖章。

鉴定意见最终出具前征求当事人意见，当事人提出异议的，鉴定机构应当在鉴定报告中作出解释、说明。

13. 【当事人异议规范要求】当事人对鉴定报告的内容有异议的，应当在人民法院指定期限内以书面方式明确说明异议的具体内容及其依据，并提交或者列举相关证据，对计算方法有异议，应当说明采用不同计算方法的理由及依据。

对当事人的异议，鉴定机构应当以书面形式作出解释、说明或者补充。

14. 【鉴定未完成认定与处理】委托法院认为鉴定机构未完成鉴定，或者鉴定报告遗留过多不确定项，鉴定机构无正当理由拒绝继续完成或补充鉴定的，委托法院经向三名建设工程案件咨询专家咨询，认为鉴定机构可以作出鉴定意见的，鉴定机构应当退还收取的鉴定费用。

鉴定机构不能完成鉴定的，经合议庭讨论决定，可以委托备选鉴定机构或者重新选定鉴定机构进行鉴定。备选鉴定机构存在法定回避等不适宜担任鉴定人的情形的，应当依照程序重新选定鉴定机构。

15. 【鉴定事项辅助确定机制】具备下列情形之一的，经双方当事人和选定鉴定机构同意，委托法院可以通知鉴定机构派员作为专家辅助人参与证据交换，辅助确定鉴定事项：

（一）当事人在诉辩初期即申请司法鉴定的；

（二）证据材料较多且当事人争议较大的；

（三）证据材料涉及较强专业性问题判断的。

鉴定机构应当按委托法院要求派员从建设工程专业角度指导当事人举证、质证，并对应当委托鉴定的事项提出意见和建议。

16. 【鉴定终止辅助费用负担】鉴定机构派员参与辅助确定鉴定事项，在鉴定开始之前，当事人自行和解、达成调解，或者发现鉴定没有必要进行的，鉴定机构退还预收的鉴定费，委托法院应当根据纠纷解决情况和鉴定机构参与程度，决定当事人应当向鉴定机构支付的合理费用。

（四）《四川省高级人民法院关于审理建设工程施工合同纠纷案件若干疑难问题的解答》

发文字号：川高法民一〔2015〕3 号

施行日期：2015 年 03 月 16 日

一、建设工程施工合同效力的认定

1. 哪些情形下的建设工程施工合同无效？

具有下列情形之一的建设工程施工合同，人民法院应当根据《中华人民共和国合同法》第五十二条第（五）项的规定，认定无效：（一）承包人未取得建筑施工企业资质或者超越资质等级的；（二）没有资质的实际施工人借用有资质的建筑施工企业名义的；（三）建设工程必须进行招投标而未招投标或者中标无效的；（四）转包、违法分包建设工程的；（五）法律、行政法规规定的其他情形。

承包人超越资质登记许可的业务范围签订建设工程施工合同，在建设工程竣工前取得相应资质等级，当事人请求按照无效合同处理的，不予支持。

2. 未取得建设审批手续的建设工程施工合同的效力如何认定？

未取得建设用地规划许可证、建设工程规划许可证签订的建设工程施工合同无效。但在审理期间取得建设用地使用权，办理了相应审批手续或者经行政主管部门批准建设且已经竣工验收合格的，应当认定为有效。

建设单位未领取施工许可证的，不影响建设工程施工合同的效力。

3. 如何认定转包？

转包是指建筑施工企业承包工程后，不履行合同约定的责任和义务，将其承包的全部工程或者将其承包的全部工程肢解后以分包的名义分别转给其他企业或个人施工的行为。

存在下列情形之一的，一般可以认定为转包：

（一）建筑施工企业未在施工现场设立项目管理机构或未派驻项目负责人、技术负责人、质量管理负责人、安全管理负责人等主要管理人员，不履行管理义务，未对该工程的施工活动进行组织管理的；

（二）建筑施工企业不履行管理义务，只向实际施工企业或个人收取费用，主要建筑材料、构配件及工程设备由实际施工企业或个人采购的；

（三）劳务分包企业承包的范围是建筑施工企业承包全部工程，劳务分包企业计取的是除上缴给建筑施工承包企业管理费之外的全部工程价款的；

（四）建筑施工企业通过采取合作、联营、个人承包等形式或名义，直接或变相将其承包的全部工程转给其他企业或个人施工的；

（五）法律、行政法规规定的其他转包情形。

4. 如何认定违法分包？

违法分包是指建筑施工企业承包工程后违反法律法规规定或者施工合同关于工程分包的约定，把单位工程或分部分项工程分包给其他企业或个人施工的行为。

存在下列情形之一的，一般可以认定为违法分包：

（一）建筑施工企业将工程分包给个人的；

（二）建筑施工企业将工程分包给不具备相应资质的企业的；

（三）施工合同中没有约定，又未经建设单位认可，建筑施工企业将其承包的部分工程交由其他企业施工的；

（四）施工总承包企业将除钢结构工程以外的房屋建筑工程的主体结构的施工分包给其他企业的；

（五）专业分包企业将其承包的专业工程中非劳务作业部分再分包的；

（六）劳务分包企业除计取劳务作业费用外，还计取主要建筑材料款、周转材料款和大中型施工机械设备费用的；

（七）法律、行政法规规定的其他违法分包情形。

5. 如何认定借用资质（挂靠）？

借用资质（挂靠）是指没有建筑施工资质的企业或个人以其他建筑施工企业的名义，资质等级低的建筑施工企业以资质等级高的建筑施工企业名义，没有施工总承包资质的建筑施工企业以具有施工总承包资质的建筑施工企业名义承揽工程的行为，或者有资质的建筑施工企业通过名义上的联营、合作、内部承包等其他违法方式允许他人以本企业的名义承揽工程的行为。

前述所称承揽工程，包括参与投标、订立合同、办理有关施工手续、从事施工等活动。

审判实践中，可以结合下列情形综合认定是否属于借用资质（挂靠）：

（一）借用资质（挂靠）人通常以出借资质（被挂靠）人的名义参与招投标、与发包人签订建筑施工合同，借用资质（挂靠）人与出借资质（被挂靠）人之间没有产权联系，没有劳动关系，没有财务管理关系的；

（二）借用资质（挂靠）人在施工现场派驻的项目负责人、技术负责人、质量管理负责人、安全管理负责人中一人以上与出借资质（被挂靠）人没有订立劳动合同，或没有建立劳动工资或社会养老保险关系的；

（三）借用资质（挂靠）人承揽工程经营方式表现为自筹资金，自行组织施工，自主经营，自负盈亏。出借资质（被挂靠）人只收取管理费（包括为确保管理费收取为目的的出借账户），不参与工程施工、管理，不承担工程技术、质量和经济责任的；

（四）出借资质（被挂靠）人与发包人之间没有实质上工程款收付关系，均是以"委托支付""代付"等其他名义进行工程款支付，或者仅是过账转付关系的；

（五）施工合同约定由出借资质（被挂靠）人负责采购主要建筑材料、构配件及工程设备或租赁施工机械设备，实际并非由出借资质（被挂靠）人进行采购、租赁，或者出借资质（被挂靠）人不能提供有关采购、租赁合同及发票等证明，又不能进行合理解释并提供证据证明的；

（六）法律、行政法规规定的其他借用资质（挂靠）情形。

6. 如何认定内部承包？

建筑施工企业将其承包的全部或部分工程交由其下属分支机构或在册的项目经理等本企业职工个人承包施工，建筑施工企业对工程施工过程及质量进行管理，并在资金、技术、设备、人力等方面给予支持的，属于内部承包。

审判实践中，可以结合下列情形综合认定是否属于内部承包：

（一）合同的发包人为建筑施工企业，承包人为建筑施工企业下属分支机构或在册的项目经理等本企业职工，两者之间存在管理与被管理的行政隶属关系的；

（二）发包给个人的，发、承包人之间有合法的劳动关系以及社会保险关系的；

（三）承包人使用建筑施工企业的建筑资质、商标及企业名称等是履行职责行为，在建筑施工企业的管理和监督下进行项目施工，承包人根据承包合同约定向建筑施工企业交纳承包合同保证金的；

（四）施工现场的项目经理或其他现场管理人员接受建筑施工企业的任免，调动和聘用的；

（五）承包人组织项目施工所需的人、财、物及资金，由建筑施工企业予以协调支持的；

（六）承包人在建筑施工企业统一管理和监督下独立核算、自负盈亏，承包人与建筑施工企业按照承包合同约定对经营利润进行分配的。

内部承包的对外民事权利义务主体为该合同发包人建筑施工企业。

7. 如何认定劳务分包?

劳务分包是指建设工程的总承包人或者专业承包人将其总包工程中的劳务作业(包括木工、砌筑、抹灰、石制作、油漆、钢筋、混凝土、脚手架、模板、焊接、水暖、钣金、架线等)发包给具有相应劳务资质的劳务作业承包人完成的行为。

审判实践中,可以结合下列情形综合认定是否属于劳务分包:

(一)劳务作业承包人具有劳务分包企业资质;

(二)分包内容是劳务作业而不是工程本身;

(三)劳务作业承包人一般仅提供劳务作业,施工技术、工程主要材料、大型机械、设备等均由总承包人或者专业承包人负责;

(四)劳务费用一般是通过工日的单价和工日的总数量进行费用结算,不发生主要材料、大型机械、设备等费用的结算,不收取管理费。

8. 如何认定是否属于必须招投标的建设工程?

最高人民法院《关于审理建设工程施工合同纠纷案件适用法律问题的解释》(以下简称《建工司法解释》)第一条第(三)项规定的"必须进行招标"的建设工程的认定应当依据《中华人民共和国招标投标法》第三条、《中华人民共和国招标投标法实施条例》和原国家发展计划委员会《工程建设项目招标范围和规模标准规定》(2000年第3号令)的相关规定予以确定。法律、行政法规有新规定的,适用新规定。

法律、行政法规规定不是必须进行招投标的建设工程,但当事人自愿进行招投标的,应当受《中华人民共和国招标投标法》的约束。

9. 如何认定"黑白合同"实质性内容不一致?

招投标双方在同一工程合同范围和条件下,另行订立的建设工程施工合同变更经过备案的中标合同约定的工程价款、计价方式、工程期限、工程质量标准等内容的,应当认定为《建工司法解释》第二十一条规定的与经过备案的中标合同实质性内容不一致。当事人主张按照该变更后的合同结算工程价款的,不予支持。

中标合同备案后,承包人作出的明显高于市场价格购买承建房产、无偿建设住房配套设施、向建设方捐款、让利等承诺应当认定为变更经过备案的中标合同的实质性内容。发包人主张按照该承诺内容结算工程价款的,不予支持。

建设工程施工合同履行过程中,因设计变更、建设工程规划调整等非双方当事人原因,且无须重新进行招投标并备案的,当事人通过签订补充协议、会谈纪要等形式对工程价款、计价方式、工程期限、工程质量标准等合同内容进行合理变更或补充的,不应认定为与经过备案的中标合同"实质性内容不一致",当事人主张以该变更或补充内容结算工程价款的,应予支持。

10. 如何认定当事人约定的保修期限的效力?

建设工程施工合同中约定的正常使用条件下工程的保修期限低于国家和省级相关行政主管部门规定的最低期限的,该约定应认定无效。

11. 如何认定小型建筑工程及农民低层住宅施工合同、家庭住宅室内装饰装修合同的效力？

施工人签订合同承建小型建筑工程或两层以下（含两层）农民住宅，或者进行家庭住宅室内装饰装修，当事人仅以施工人缺乏相应资质为由，主张合同无效的，一般不予支持。

前述合同对质量标准有约定的，依照其约定，没有约定的，依照通常标准或符合合同目的的特定标准予以确定。当事人有其他争议的，原则上可以参照本解答的相关内容处理。

二、诉讼主体的确定

12. "实际施工人"的范围如何确定？

《建工司法解释》中的"实际施工人"是指转包、违法分包以及借用资质的无效建设工程施工合同的承包人。建设工程经数次转包或分包的，实际施工人应当是实际投入资金、材料和劳力进行工程施工的企业或个人。对于不属于前述范围的当事人依据《建工司法解释》第二十六条第二款规定以发包人为被告主张欠付工程款的，应当不予受理，已经受理的，应当裁定驳回起诉。

建筑工人追索欠付工资或劳务报酬的，按照劳动关系或雇佣关系妥善处理。

13. 实际施工人主张欠付工程款的诉讼主体如何确定？发包人、转包人、违法分包人的责任如何承担？

《建工司法解释》第二十六条中的"发包人"应当理解为建设工程的业主，不应扩大理解为转包人、违法分包人等中间环节的相对发包人。

建设工程因转包、违法分包导致建设工程施工合同无效的，实际施工人以转包人、违法分包人为被告主张权利的，人民法院一般不主动依职权追加发包人作为共同被告参加诉讼。

实际施工人以发包人为被告主张权利的，人民法院应当追加与实际施工人存在直接合同关系的转包人、违法分包人作为共同被告参加诉讼，发包人在欠付工程价款范围内对实际施工人承担责任。

发包人以其未欠付工程价款为由提出抗辩的，应当承担举证责任。

实际施工人可以以发包人、转包人，违法分包人为共同被告主张权利，当事人之间依据相应的合同关系承担法律责任。

建设工程施工合同无效，实际施工人要求未与其建立合同关系的转包人、违法分包人对工程欠款承担支付责任的，不予支持。

14. 如何确定借用资质（挂靠）人主张欠付工程款的诉讼主体及责任承担？

发包人知晓并认可实际施工人借用资质施工，能够认定发包人实际与实际施工人建立建设工程施工合同关系，实际施工人要求发包人直接承担工程价款支付责任的，应予支持。

15. 如何确定建设工程质量争议案件的诉讼主体和责任承担？

承包人经发包人同意将自己承包的部分工程交由第三人完成，因建设工程质量发生争议的，发包人可以以承包人、第三人为共同被告主张权利，承包人和第三人对工程质量向发包人承担连带责任。

承包人转包，违法分包建设工程，因建设工程质量发生争议的，发包人可以以转包人、违法分包人和实际施工人为共同被告主张权利，转包人、违法分包人和实际施工人对工程质量向发包人承担连带责任。

16. 仅以不具有独立法人资格的建筑施工企业分支机构作为被告起诉的案件诉讼主体如何确定？

原告仅以不具有独立法人资格的建筑施工企业分支机构作为被告提起诉讼的，人民法院应当追加建筑施工企业作为共同被告参加诉讼。

三、建设工程价款的确定及交付

17. 政府审计部门审计结果能否作为合同结算依据？

政府投资的建设工程施工合同结算纠纷，发包人主张以政府审计部门审计结果作为工程造价结算依据的原则上不予支持，但当事人在合同中有明确约定的除外。

当事人在合同中明确约定工程价款以政府审计部门审计结果作为结算依据，并约定了审计时间，在合同约定的审计时间内非因承包人原因未作出审计结论，或虽未约定审计时间，经承包人催告，发包人未在合理期限内送交政府审计部门审计的，承包人主张按照双方签章确认的送审结算价结算工程价款的，可予支持。

政府审计部门审计结论明确部分项目已经超出政府投资项目，但合同明确约定属于施工内容的，承包人主张支付工程价款的，应予支持。

18. 承包人要求按照竣工结算文件结算工程价款如何处理？

当事人在建设工程施工合同专用条款或另行签订的协议中明确约定发包人应在收到承包人提交竣工结算文件后一定期限内予以答复，且逾期未答复则视为认可竣工结算文件的，承包人依据《建工司法解释》第二十条的规定请求按照竣工结算文件结算工程价款的，应予支持。没有明确约定逾期未答复则视为认可竣工结算文件的，承包人请求按照竣工结算文件确定工程价款的，不予支持。

当事人在建设工程施工合同专用条款中未明确约定发包人应在收到承包人提交竣工结算文件后一定期限内予以答复，也未另行签订协议约定，承包人仅以原建设部《建筑工程施工发包与承包计价管理办法》第十六条的规定，或者《建设工程施工合同（示范文本）》通用条款约定为依据，诉请依照《建工司法解释》第二十条的规定按照竣工结算文件结算工程价款的，不予支持。

当事人在建设工程施工合同专用条款或另行签订的协议中明确约定发包人应在承包人提交竣工结算文件后未答复则视为认可竣工结算文件，但未约定答复期限，经承包人催告后，发包人仍不予答复的，人民法院可根据实际情况确定合理的答复期限，但答复期限不应超过 60 日。

19. 被确认无效的建设工程施工合同工程价款如何确定？

建设工程施工合同被确认无效，但工程经竣工验收合格，当事人依据《建工司法解释》第二条的规定要求参照合同约定支付工程价款的，应予支持。

实际施工人以转包或违法分包合同无效，主张按照转包人或违法分包人与发包人之间的合同作为结算依据的，不予支持。但实际施工人与转包人或违法分包人另有约定的除外。

20. 当事人就同一建设工程订立的数份施工合同均被认定无效的，如何结算工程价款？

当事人就同一建设工程订立的数份施工合同均被认定无效，但工程经竣工验收合格，当事人请求按照合同约定结算工程款，应当参照当事人实际履行的合同结算工程价款。不能确定实际履行合同的，可以参照签订建设工程施工合同时当地建设行政主管部门发布的计价方法或者计价标准结算工程价款。

21. 存在"黑白合同"的建设工程，如何结算工程价款？

法律，行政法规规定必须进行招标的建设工程．或者未规定必须进行招标的建设工程，但依法经过招标投标程序并进行了备案，当事人实际履行的施工合同与备案的中标合同实质性内容不一致的，应当以备案的中标合同为结算工程价款的依据。

不是法律，行政法规规定必须进行招标的建设工程，且未进行实质意义的招投标，当事人均明确表示签订的中标合同仅用于当地建设行政主管部门备案，备案的合同与实际履行的合同实质性内容不一致的。应以反映当事人真实意思表示的实际履行的合同结算工程价款。

备案的中标合同与当事人实际履行的建设工程施工合同均因违反法律，行政法规的强制性规定被认定为无效的，应参照当事人实际履行的合同结算工程价款。

22. 当事人诉前达成的结算协议如何处理？

当事人在诉讼前已就工程价款的结算达成协议，一方在诉讼中要求重新结算的，不予支持，但结算协议被人民法院或仲裁机构认定为无效或撤销的除外。

23. 约定工程价款实行固定总价结算的施工合同出现因设计变更导致工程量或者质量标准发生变化的如何结算工程价款？

当事人约定按照固定总价结算工程价款，应当严格按照合同约定的工程价款执行，一方当事人请求对工程造价进行鉴定并依据鉴定结论结算的，不予支持。

建设工程因设计变更导致工程量或质量标准发生变化，当事人要求对工程价款予以调整的，如果合同对工程价款调整有约定的，依照其约定；没有约定或约定不明的，应当由当事人协商解决，不能协商一致的，可以就变更部分参照签订建设工程施工合同时当地建设行政主管部门发布的计价方法或者计价标准结算工程价款。

主张工程价款调整的当事人应当对合同约定施工的具体范围、实际工程量增减的原因、数量等事实承担举证责任。

24. 约定工程价款实行固定总价结算的施工合同在履行过程中材料价格发生重大变化如何处理？

约定工程价款实行固定总价结算的施工合同履行过程中，主要建筑材料价格发生重大变化，超出了正常市场风险范围，合同对建材价格变动风险负担有约定的，依照其约定处理；没有约定或约定不明的，当事人要求调整工程价款，如不调整显失公平的，可在市场风险范围和幅度之外酌情予以支持，具体数额可以委托鉴定机构参照工程所在地建设行政主管部门关于处理建材差价问题的意见予以确定。

因一方当事人原因致使工期或建筑材料供应时间延误导致的建材价格变化风险由该方当事人承担，该方当事人要求调整工程价款的，不予支持。

25. 约定工程价款实行固定总价结算的施工合同在未全部完成施工即中止履行的工程价款如何结算？

约定工程价款实行固定总价结算的建设工程施工合同在未全部完成施工即中止履行，承包人已施工的工程质量合格，承包人要求发包人支付工程价款的，由双方协商确定已施工的工程价款，协商不成的，由鉴定机构根据工程设计图纸、施工图纸、施工签证、交接记录等资料以及现场勘验结果对已完成工程量占合同工程量比例计算系数，再用合同约定的固定价款乘以该系数确定发包人应付的工程价款。

当事人就已施工的工程量存在争议的，应当根据双方在撤场交接时签订的会议纪要、交接记录以及监理材料，后续施工资料等文件予以确定；不能确定的，应根据承包人撤场时未能办理交接及工程未能完工的原因等因素合理分配举证责任。

26. 如何认定当事人的工作人员签证确认行为的效力？

当事人的法定代表人以及经合同约定或当事人授权的工作人员对工程量和价款等的签证确认行为对当事人具有约束力。虽没有合同约定或当事人授权，当事人工作人员的签证确认属于履行职务行为，或者当事人事后追认。或者当事人虽不予追认，相对方有理由相信该签证确认人员有代理权的签证确认行为，对当事人具有约束力。

27. 如何认定承包项目经理在合同履行中所实施的与项目建设有关行为的效力？

合同履行过程中，承包人项目经理以承包人名义在结算报告和签证文件上签字确认、加盖项目部印章，收取工程款、接收发包人供材等行为，一般应当认定为履行职务行为，对承包人具有约束力，但双方另有约定或承包人有证据证明相对人知道或应当知道项目经理没有代理权的除外。

28. 如何认定工程监理人员在签证文件上签字确认行为的效力？

工程监理人员依据监理合同的约定以及监理规范实施的签字确认行为，对发包人具有约束力。超越监理合同约定以及监理规范实施的签字确认行为，除承包人有理由相信工程监理人员的签字确认行为未超越其监理合同的约定以及监理规范的以外，对发包人不具有约束力。

29. 欠付工程价款的利息如何确定？

当事人对欠付工程价款利息计付标准有约定的，按照约定处理，但不得超过中国人民银行公布的同期同类贷款利率的 4 倍；没有约定的，按照中国人民银行发布的同期同类贷款利率计算。

发包人以承包人未开具发票，未移交工程竣工资料为由拒付工程价款的，不予支持。

但建设工程施工合同另有约定的除外。

30. 对转包、违法分包、借用资质非法所得如何处理？

承包人转包、违法分包建设工程或者没有资质的实际施工人借用有资质的建筑施工企业名义与他人签订的建设工程施工合同被认定无效后，人民法院可以根据《中华人民共和国民法通则》第一百三十四条的规定，对承包人转包、违法分包建设工程已经取得的非法所得、出借资质的建筑施工企业因出借行为已经取得的非法所得，实际施工人因承建工程已经取得的非法所得予以收缴。

31. 如何处理发包人提出的工程质量问题？

承包人诉请支付工程价款，发包人主张工程质量不符合合同约定或者国家强制性质量规范标准，要求减少工程价款的，按抗辩主张处理；发包人要求承包人赔偿损失的，应以反诉的方式提出或另行起诉。

建设工程已经竣工验收合格，或虽未竣工验收，但发包人已实际使用，如工程质量问题属于承包人施工原因导致的地基基础工程或工程主体结构质量问题，发包人要求拒付或延期支付工程价款的，应予支持；如发包人提出的工程质量问题属于保修范围，发包人要求拒付或减付工程款的，不予支持。

工程尚未进行竣工验收且未交付使用，发包人以工程质量不符合合同约定或者国家强制性质量规范标准为由要求拒付或减付工程款，经查证属实的，应予支持；发包人要求承包人支付违约金或者赔偿修理，返工或改建的合理费用等损失的，应以反诉的方式提出或另行起诉。

因承包人原因致使工程质量不符合合同约定，发包人要求承包人承担保修责任或者赔偿修复费用等实际损失的，按保修的相关规定处理。承包人拒绝修复、在合理期限内不能修复或者发包人有正当理由拒绝承包人修复，发包人另行委托他人修复后要求承包人承担合理修复费用的，应予支持。发包人未通知承包人或无正当理由拒绝由承包人修复而另请他人修复的，所发生的修复费用由发包人自行承担。

四、工程造价鉴定

32. 当事人在诉前、诉中自行委托鉴定的效力如何认定？

当事人诉前或诉中自行共同选定具有相应工程造价鉴定资质的鉴定机构对建设工程进行造价鉴定并出具了鉴定意见，一方当事人要求重新进行鉴定的，不予支持。但有证据证明该鉴定意见具有《最高人民法院关于民事诉讼证据的若干规定》第二十七条第一款规定的情形除外。

当事人诉前或诉中单方选定具有相应工程造价鉴定资质的鉴定机构对建设工程进行造价鉴定并出具了鉴定意见，一方当事人有证据证明该鉴定意见具有《最高人民法院关于民事诉讼证据的若干规定》第二十七条第一款规定的情形，该鉴定意见不予采信。

33. 如何把握工程造价鉴定的启动原则？

当事人对工程价款存在争议，既未达成结算协议，也无法采取其他方式确定工程价款的，人民法院可以根据当事人的申请，委托有司法鉴定资质的工程造价鉴定机构对工程造价进行鉴定；当事人双方均不申请鉴定的，人民法院应当予以释明，经释明后对工程造价负有举证责任的当事人在人民法院指定的期限内无正当理由仍不申请鉴定，致使工程造价无法认定的，应当对工程造价承担举证不能的不利后果。为了查明案件事实，人民法院也可以根据案件情况，依职权启动司法鉴定程序。当事人应依照人民法院的要求提交鉴定资料、预交鉴定费用、选定鉴定机构，否则，承担相应的不利后果。

申请工程造价鉴定方在人民法院指定的期限内不预交鉴定费用，或者在人民法院指定的缴纳期限内申请延期、分期缴纳鉴定费用未获准许后仍不缴纳的，视为放弃鉴定申请。申请鉴定人对其该行为导致工程造价不能通过鉴定确认的不利后果承担责任。

鉴定过程中，一方当事人无正当理由在规定期限内不提交鉴定相关资料或拒不配合，经人民法院释明不利后果后仍拒绝提交或拒不配合的，应承担举证不能的不利后果。

34. 当事人在一审中未申请鉴定，二审中申请鉴定应否准许？

对相应事实负有举证责任的当事人在一审诉讼中未就该事实申请鉴定，导致该事实不清，二审诉讼中申请鉴定的，人民法院根据案件审理情况认为需要鉴定的，可以准许。但在一审法院告知后，该负有举证责任的当事人在人民法院指定的期限内无正当理由拒不申请鉴定或者在一审法院决定委托鉴定后拒不预交鉴定费用的除外。

当事人已在一审诉讼中对相应事实进行了鉴定，二审诉讼中申请重新鉴定不予准许，但确有证据证明鉴定意见具有最高人民法院《关于民事诉讼证据的若干规定》第二十七条第一款规定情形的除外。

原判决认定基本事实不清或者认定的基本事实缺乏依据，二审法院经审理认为案件基本事实需要通过司法鉴定进行查明的，可以发回一审法院重审，由一审法院委托鉴定查明案件事实。

35. 对当事人提交的鉴定资料应当如何处理？

对当事提交的鉴定资料，人民法院应在移交鉴定机构进行司法鉴定之前，先行组织质证，对鉴定资料的真实性、合法性、关联性进行审核认定，并将经过认证的鉴定资料移送鉴定机构。对当事人争议大、人民法院尚需结合其他证据和事实作出认证的鉴定资料，人民法院应向鉴定机构作出说明，并要求鉴定机构就该证据采信与不采信的情形分别作出鉴定意见，供人民法院审核认定。

人民法院不得将鉴定资料的质证和审核认定工作交由鉴定机构完成。

36. 对人民法院委托鉴定的鉴定机构作出的鉴定意见如何进行审核认定？

受人民法院委托鉴定的鉴定机构的鉴定意见作出后，人民法院应当组织双方当事人对鉴定意见进行质证。当事人对鉴定意见有异议或者人民法院认为鉴定人有必要出庭的，鉴定机构应当委派鉴定人出庭作证。当事人对鉴定意见提出异议的，鉴定人应当针对异议问题进行回复。人民法院经审查认为当事人提出的异议成立的，应当告知鉴定机构补充鉴定或予以调整，异议不成立的，对该鉴定意见予以采信。

经人民法院通知，鉴定人拒不出庭作证的，鉴定意见不得作为认定事实的根据。

五、建设工程价款的优先受偿

37. 如何确定享有优先受偿权的主体？

建设工程施工合同有效，发包人未按照约定支付价款的，承包人可以催告发包人在合理期限内支付价款，发包人逾期不支付的，承包人可以向人民法院提起诉讼，并有权依据《中华人民共和国合同法》第二百八十六条之规定，要求建设工程的价款就该承建的建设工程折价或拍卖的价款优先受偿。

建设工程施工合同无效，但建设工程经竣工验收合格，或者未经竣工验收但已经实际使用，实际施工人请求其工程价款就承建的建设工程折价或拍卖的价款优先受偿的，应予支持。

装饰装修工程属于建设工程，可以适用《中华人民共和国合同法》第二百八十六条的规定，但装饰装修工程的发包人不是该建筑物的所有权人或者承包人与该建筑物的所有权人之间没有合同关系的除外。享有优先受偿权的承包人只能在建筑物因装饰装修而增加价值的范围内优先受偿。

38. 如何界定优先受偿权的范围？

建设工程经验收合格，工程的直接成本、间接成本、利润和税金属于优先受偿范围。

承包人、实际施工人支付的履约保证金、工程质量保证金、发包人应当支付的违约金等不属于优先受偿范围。

承包人、实际施工人请求确认对建设工程占用范围内的土地使用权享有优先受偿权的，不予支持。

39. 承包人、实际施工人不享有优先受偿权的情形有哪些？

具有下列情形之一，承包人、实际施工人请求工程价款就承建的建设工程折价或拍卖的价款优先受偿的，不予支持：

（一）经竣工验收不合格的工程；

（二）建设工程属于为公益目的建设的教育设施、医疗设施及其他社会公益设施；

（三）建设工程属于国家机关已投入使用的办公用房或者军事建筑；

（四）建设工程属于设备安装等附属工程；

（五）消费者购买承包人承建的商品房，并已经办理商品房产权变更或预告登记，或者消费者已交付购买商品房的全部或者大部分款项的。

（五）《重庆市高级人民法院、四川省高级人民法院关于审理建设工程施工合同纠纷案件若干问题的解答》

施行日期：2022 年 12 月 28 日

为统一裁判尺度，指导川渝地区正确审理建设工程施工合同纠纷案件，根据《中华人民共和国民法典》《建工合同案件司法解释一（2020）》等法律、行政法规及司法解释规定，结合川渝两地审判实践，制定本解答。

一、如何认定是否属于必须招标的工程项目？

答：审查建设工程是否属于必须招标的工程项目范围，应当根据《招标投标法》《中华人民共和国招标投标法实施条例》、国家发展和改革委员会《必须招标的工程项目规定》（2018 年第 16 号令）、《必须招标的基础设施和公用事业项目范围规定》（发改法规规〔2018〕843 号）等相关规定确定。

订立合同时属于必须招标的工程项目，但在起诉前属于非必须招标工程项目，可以认定建设工程属于非必须招标工程项目。

二、装饰装修合同的承包人不具备相应的施工资质是否影响合同效力？

答：装饰装修工程可以分为工业装饰装修工程和家庭居室装饰装修工程。工业装饰装修工程的承包人应当具备相应的施工资质，不具备相应的施工资质或者超越资质等级所签订的装饰装修合同应当认定为无效。家庭居室装饰装修工程的承包人不具备相应的施工资质的，不影响装饰装修合同的效力，但装修活动涉及变动建筑主体和承重结构，或者法律、法规要求承包人应具备相应施工资质的除外。

通常情形下，家庭居室装饰装修工程的装修对象应为住宅用房，商服用房、办公用房等非住宅用房的装修不属于家庭居室装饰装修工程。家庭居室装饰装修工程主体应为业主或者住宅使用人，建设单位为进行成品房销售而实施的批量住宅装修一般不属于家庭居室装饰装修工程。

三、农民自建建筑物施工合同的承包人不具备相应的施工资质是否影响合同效力？

答：农民自建两层（含两层）以下的住宅，属于《建筑法》第八十三条规定的"农民自建低层住宅"，承包人不具备相应的施工资质的，不影响施工合同的效力。

农民自建三层（含三层）以上的住宅或者自建非住宅建筑的，承包人应当具备相应的施工资质，不具备相应的施工资质或者超越资质等级所签订的施工合同应当认定无效。

四、承包人请求发包人支付工程价款，发包人主张建设工程质量不符合合同约定或者法律规定的，如何处理？

答：承包人请求发包人支付工程价款，发包人以建设工程质量不符合合同约定或者法律规定为由主张权利的，应当区分情形分别予以处理：

建设工程竣工验收后，发包人以建设工程质量不符合合同约定或者法律规定为由主张权利的，人民法院应当告知其按照建设工程有关质量缺陷责任、保修责任的规定进行处理。

建设工程虽未竣工验收但发包人擅自使用后，发包人以建设工程质量不符合合同约定或者法律规定为由拒付工程价款或主张质量缺陷责任的，人民法院不予支持，但发包人有证据证明地基基础工程和主体结构工程存在重大质量问题的除外。

建设工程完工后尚未进行竣工验收且发包人未擅自使用的，承包人请求发包人支付工程价款，应当根据发包人抗辩的具体内容分别作出处理：

（一）以建设工程质量不符合合同约定或者法律规定为由拒绝支付工程款，发包人举证证明因承包人原因导致工程尚未进行竣工验收或申请司法鉴定确认建设工程质量不合格的，人民法院予以支持；

（二）发包人根据《建工合同案件司法解释一（2020）》第十二条之规定主张减少支付工程价款的，发包人能够举证证明应当减少的工程价款数额或者合理修复费用的，人民法院可以从工程价款中予以扣除；

（三）发包人根据《建工合同案件司法解释一（2020）》第十六条之规定主张承包人承担违约金或者赔偿修理、返工、改建的合理费用等损失的，人民法院可告知发包人提起反诉。

五、当事人请求以审计单位的审计意见作为确定工程造价依据的，如何处理？

答：建设工程施工合同未约定工程造价以审计单位的审计意见或者财政评审机构作出的评审结论为准，当事人请求以审计单位作出的审计意见、财政评审机构作出的评审结论作为确定工程造价依据的，人民法院不予支持。

建设工程施工合同约定工程造价以审计意见为准，但审计单位未能出具审计意见的，人民法院应当对审计单位未能出具审计意见的原因进行审查，区分不同情形分别作出处理：

（一）因承包人原因导致未能及时进行审计的，如承包人未按照约定报送审计所需的竣工结算资料等，承包人请求以申请司法鉴定的方式确定工程造价的，人民法院不予支持；

（二）因发包人原因导致未能及时进行审计的，如发包人收到承包人报送的竣工结算资料后未及时提交审计或者未提交完整的审计资料等，可视为发包人不正当地阻止条件成就，承包人请求以申请司法鉴定的方式确定工程造价的，人民法院予以支持；

（三）因审计单位原因未及时出具审计意见的，人民法院可以函告审计单位在合理期间内出具审计意见。审计单位未在合理期间内出具审计意见又未能作出合理说明的，承包人请求以申请司法鉴定的方式确定工程造价的，人民法院予以支持。

六、无效建设工程施工合同中约定的管理费如何处理？

答：转包人、违法分包人、出借资质的建筑施工企业已经收取了管理费，实际施工人以建设工程施工合同无效为由请求返还的，人民法院不予支持。

未实际参与施工、组织管理协调的转包人、违法分包人、出借资质的建筑施工企业请求实际施工人按照无效建设工程施工合同约定支付管理费，人民法院不予支持。

实际施工人请求转包人、违法分包人、出借资质的建筑施工企业支付的工程款中包含管理费的，对于管理费部分不予支持。

七、建设工程施工合同约定工程造价以第三方的咨询意见为准，一方当事人单方委托第三方出具的咨询意见能否作为确定工程造价的依据？

答：建设工程施工合同约定工程造价以第三方的咨询意见为准，但未约定具体单位的，双方当事人共同委托第三方对结算资料进行审核，并明确表示受咨询意见约束的，可依据咨询意见确定工程造价。

一方当事人单方委托第三方对预结算书等结算资料进行审核所出具的咨询意见原则上不能作为确定工程造价的依据，但双方当事人通过委托合同或者其他方式明确表示接受咨询意见约束等情况除外。

八、如何认定内部承包合同关系及其效力？

答：建筑施工企业将其自身承包的工程交由与其建立了劳动关系的企业职工或者下属分支机构经营管理，利用建筑施工企业特定的生产资料完成工程施工，对相关经营管理权以及利润分配、风险承担等事项达成合意的，属于内部承包。当事人以《建工合同案件司法解释一（2020）》第一条第一、二项规定主张合同无效的，人民法院不予支持。

审判实践中，可以结合下列情形综合判断是否属于内部承包：

（一）内部承包人为建筑施工企业下属分支机构，其与建筑施工企业之间是否存在管理与被管理的隶属关系；

（二）内部承包人为个人的，如本企业职工或在册项目经理等，其与建筑施工企业之间是否存在劳动关系；

（三）内部承包人是否在建筑施工企业的管理和监督下进行项目施工，使用建筑施工企业的建筑资质、商标及企业名称等是否属于职务行为；

（四）施工现场的项目经理或其他现场管理人员是否接受建筑施工企业的任免、调动和聘用；

（五）承包人组织项目施工所需的资金、技术、设备和人力等方面是否由建筑施工企业予以支持；

（六）承包人与建筑施工企业是否共享利润、共担风险。

九、建设工程施工合同纠纷中实际施工人范围如何确定？

答：实际施工人是指依照法律规定被认定无效的施工合同中，实际完成工程建设的主体。实际施工人身份的界定，应当结合最终实际投入资金、材料，组织工程施工等因素综合予以认定。仅从事建筑业劳务作业的农民工、劳务班组不属于实际施工人范畴，其依据《建工合同案件司法解释一（2020）》第四十三条的规定向发包人、转包人、违法分包人主张权利的，人民法院不予支持。

十、实际施工人起诉转包人、违法分包人和发包人主张权利，将转包人、违法分包人和发包人作为共同被告，如何处理？

答：实际施工人向其合同相对方转包人或者违法分包人主张合同权利，同时请求发包人在欠付工程款范围内承担责任，人民法院应当依法受理。但多层转包和多次分包关系中的实际施工人依据《建工合同案件司法解释一（2020）》第四十三条的规定向发包人主张权利的，不予支持。

十一、中标通知书发出后，一方无正当理由拒绝签约如何处理？

答：中标通知书发出后，中标人拒绝签约，其主张退还投标保证金的，人民法院不予支持。招标人无正当理由拒绝签约时构成违约，没有约定招标人违约责任时，中标人请求招标人返还投标保证金并参照投标保证金数额赔偿损失的，人民法院予以支持。

中标通知书发出后，一方无正当理由不与对方订立合同，或者在签订合同时提出背离招投标文件实质性内容的附加条件，视为拒绝签约。

十二、非必须招标工程项目进行了招标程序，但在招标开始前，双方进行了实质性谈判并订立合同的效力如何认定？

答：在非必须招标项目中，当事人选择通过招标投标程序订立建设工程施工合同，应当受《中华人民共和国招标投标法》的约束和调整，中标前进行实质性谈判并签订合同，属于"先定后招"实质性谈判的行为，违反了《中华人民共和国招标投标法》第四十三条的强制性规定，应属无效。

十三、建设工程施工合同约定工程价款实行固定价结算，因设计变更导致工程量或者质量标准发生变化，当事人请求对工程价款进行调整如何处理？

答：当事人约定按照固定价结算工程价款，在合同约定的风险范围和风险费用内，按照合同约定执行，一方当事人请求对工程造价进行鉴定并依据鉴定结论结算的，人民法院不予支持。

因设计变更导致建设工程的工程量或者质量标准发生变化，当事人请求对工程价款予以调整的，如果合同对工程价款调整的计算方法有约定的，依照其约定；没有约定或者约定不明的，由当事人协商解决，不能协商一致的，可以参照合同约定标准对变更部分予以结算，无法参照合同约定结算可以参照工程所在地建设行政主管部门发布的计价方法或者计价标准结算；涉及新材料、新工艺等在建设行政主管部门发布的计价方法或者计价标准中没有规定的项目，可根据市场行情据实结算。

十四、建设工程施工合同约定工程价款实行固定价结算，在履行过程中主要建筑材料价格发生重大变化，当事人请求对工程价款进行调整如何处理？

答：固定价施工合同履行过程中，钢材、水泥等对工程造价影响较大的主要建筑材料价格发生重大变化，超出了正常市场风险范围，合同对建材价格变动风险调整计算方法有约定的，依照其约定调整；没有约定或约定不明，当事人请求调整工程价款的，参照《中华人民共和国民法典》第五百三十三条的规定处理。

因承包人原因致使工期或建筑材料供应时间延误导致的建材价格变化风险由承包人承担，承包人要求调整工程价款的，人民法院不予支持。

固定价合同中约定承包人承担无限风险、所有风险或者类似未明确风险内容和风险范围的条款，对双方没有约束力。

十五、约定工程价款实行固定总价结算的施工合同，在未完成施工即终止履行，如何结算？

答：建设工程施工合同约定工程价款实行固定总价结算，在未全部完成施工即终止履行，已施工部分工程质量合格，承包人要求发包人支付工程价款的，可以采用"价款比例法"的方式，由鉴定机构根据工程所在地的建设工程定额及相关配套文件确定已完工程占整个工程的比例，再用合同约定的固定总价乘以该比例确定发包人应付的工程价款（即：已完工部分工程价款＝固定总价×已完工部分定额价/定额总价）。

十六、建设工程价款优先受偿权何时起算？

答：建设工程施工合同的承包人行使建设工程价款优先受偿权的期限自发包人应当给

付建设工程价款之日起计算，当事人对付款时间没有约定或者约定不明，承包人请求依照《建工合同案件司法解释一（2020）》第二十七条规定确定应付工程款时间，人民法院予以支持。

十七、建设工程价款债权转让后，受让人是否享有优先受偿权？

答：建设工程价款优先受偿权属于法定优先权，行使主体应限定为与发包人形成建设工程施工合同关系的承包人，建设工程价款债权转让后，受让人主张对建设工程享有优先受偿权的，人民法院不予支持。

（六）《安徽省高级人民法院关于审理建设工程施工合同纠纷案件适用法律问题的指导意见（二）》

施行日期：2014 年 01 月 01 日

为正确审理建设工程施工合同纠纷案件，根据《中华人民共和国民法通则》《中华人民共和国合同法》《中华人民共和国招标投标法》《中华人民共和国民事诉讼法》《最高人民法院关于审理建设工程施工合同纠纷案件适用法律问题的解释》等法律和司法解释的规定，结合本省民事审判实际，制定本意见。

第一条　建筑施工企业的内部人员对外以企业名义承包工程，对内与企业签订承包协议，企业只收取管理费，不在资金、技术、设备、人力等方面提供支持，不承担技术、质量监管和经济责任的，应当认定为借用资质，以建筑施工企业名义与发包人签订的建设工程施工合同无效。

第二条　依法必须进行招标的建设工程，招标人与投标人在履行招投标程序前，以签订补充协议等形式对建设工程的施工范围、工期、计价方式、总价款等内容进行约定的，属串通投标，所签订的建设工程施工合同无效。

第三条　建设工程的开工日期应依据开工令、开工报告记载的时间予以认定。当事人认为实际开工时间与开工令、开工报告记载的时间不符的，应当承担举证责任。

因发包人原因导致延误开工的，以实际开工时间作为开工日期；因承包人原因导致延误开工的，以开工令、开工报告记载的时间作为开工日期。

既无开工令、开工报告，又无法查明实际开工时间的，依据合同约定的开工日期予以认定。

第四条　承包人未能提供顺延工期的签证等书面文件，但能够证明工程存在延期开工、不具备施工条件、设计变更、工程量增加、发包人指定的分包工程迟延完工、不可抗力等不可归责于承包人的原因，影响施工进度的，可以允许承包人相应顺延工期。

第五条　承包人已经按照合同约定或者《中华人民共和国建筑法》第六十一条规定，向发包人提交竣工验收报告、其承包部分完整的工程技术经济资料和经签署的工程保修书，发包人拖延验收的，以上述资料提交齐全之日为竣工日期。但工程质量不合格的除外。

第六条　尚未竣工验收或使用的建设工程，承包人主张工程价款，发包人以工程质量不符合合同约定或者国家质量标准为由，主张减少工程价款或者扣除修复费用的，属于抗辩。

工程已经竣工验收合格，发包人又以工程质量不合格为由，主张承包人承担违约责任的，应当提起反诉。

第七条　不属于依法必须招标的建设工程，发包人与承包人又另行签订并实际履行了与备案中标合同不一致的合同，当事人请求按照实际履行的合同确定双方权利义务的，应予支持。

第八条　当事人就同一建设工程订立的数份施工合同均被认定无效，应当参照当事人实际履行的合同结算工程价款。

第九条　经过招投标的建设工程，当事人对工程量变化部分的工程价款如何确定没有约定，且不能协商一致的，参照建设行政主管部门的规定或者行业规范处理。

第十条　政府投资和以政府投资为主的建设项目，当事人在合同中约定以审计机关出具的审计报告、财政评审机构出具的评审结论作为工程价款结算依据，发包人请求依据审计报告、评审结论结算工程价款的，予以支持。

第十一条　非法转包、违法分包建设工程，实际施工人与承包人约定以发包人与承包人的结算结果作为结算依据，承包人与发包人尚未结算，实际施工人向承包人主张工程价款的，分别下列情形处理：

（一）承包人与发包人未结算尚在合理期限内的，驳回实际施工人的诉讼请求。

（二）承包人已经开始与发包人结算、申请仲裁或者诉至人民法院的，中止审理。

（三）承包人怠于向发包人主张工程价款，实际施工人主张参照发包人与承包人签订的建设工程施工合同确定工程价款的，应予支持。

第十二条　非法转包、违法分包建设工程的当事人未签订书面合同，又无法查明双方的计价方法或者计价标准，一方主张参照承包人与发包人签订的建设工程施工合同确定工程价款的，可予支持。

第十三条　实际施工人根据《最高人民法院关于审理建设工程施工合同纠纷案件适用法律问题的解释》第二十六条第二款的规定要求发包人承担责任，发包人对其已支付的工程价款数额负有举证责任。

第十四条　建设工程尚未竣工，合同终止履行的，已完工程质量合格，发包人主张按照合同约定扣留一定比例的工程价款作为质量保修金的，不予支持。

第十五条　建设工程施工合同履行过程中，人工、材料、机械费用出现波动，合同有约定的，按照约定处理；合同无约定，当事人又不能协商一致的，参照建设行政主管部门的规定或者行业规范处理。

因工期延误导致上述费用增加造成损失的，由导致工期延误的一方承担；双方对工期延误均有过错的，应当各自承担相应的责任。

第十六条　当事人同时主张违约金和利息的，可予支持。

当事人主张的总额在中国人民银行公布的同期同类贷款利率或贷款基础利率 4 倍范围

内的，应当综合违约行为的情节、程度，给守约方造成损失的大小等因素进行确定。

当事人主张的总额超出中国人民银行公布的同期同类贷款利率或贷款基础利率 4 倍范围的，应当举证证明实际损失的数额，人民法院按照《最高人民法院关于适用〈中华人民共和国合同法〉若干问题的解释（二）》第二十九条的规定处理。

第十七条　一方当事人主张以自行委托中介机构作出的审核意见作为确定建设工程造价的依据，另一方有异议的，审核人员应当出庭接受质询。审核人员无正当理由拒不出庭的，审核意见不得作为定案依据。

第十八条　出具审核意见的审核人员已出庭接受质询，如果审核意见存在《最高人民法院关于民事诉讼证据的若干规定》第二十七条第一款规定情形，且不能通过该条第二款规定解决，当事人又申请司法鉴定的，可予支持。

第十九条　工程价款、质量等需要通过司法鉴定确定，经一审人民法院释明，负有举证责任的当事人无正当理由拒不申请鉴定，或者在人民法院决定委托鉴定后拒不预交鉴定费用的，应当承担举证不能的法律后果。

上述当事人在二审期间又申请鉴定的，应当责令其说明理由，拒不说明理由或者理由不成立的，不予支持。

第二十条　人民法院对外委托工程造价鉴定，应当选择具有建设行政主管部门颁发的工程造价资质证书的鉴定机构。

第二十一条　鉴定机构出具的鉴定意见，因具有《最高人民法院关于民事诉讼证据的若干规定》第二十七条规定情形，未被采信，当事人可以依据《中华人民共和国民事诉讼法》第七十八条的规定，向鉴定机构要求返还鉴定费用。

第二十二条　承包人仅对建设工程占用的土地使用权主张优先受偿权的，不予支持。

第二十三条　因发包人原因导致承包人施工期间停窝工产生的工人工资、设备租赁等费用，承包人将该费用与工程价款一并主张优先受偿权的，应予支持。

第二十四条　本意见自 2014 年 1 月 1 日起施行。

本意见施行后，法律、行政法规和司法解释作出新规定的，按新规定执行。

（七）《山东省高级人民法院关于审理建设工程施工合同纠纷案件若干问题的解答》

施行日期：2020 年 11 月 04 日

为正确审理建设工程施工合同纠纷案件，规范自由裁量权的行使，现就有关问题解答如下：

1. 建设工程施工合同纠纷案件中，实际施工人如何认定？

实际施工人是指依照法律规定被认定为无效的施工合同中实际完成工程建设的施工主体，包括转承包人、违法分包的承包人等。当事人以实际施工人身份主张权利的，应当对其实际投入工程的资金、设备、材料、人工等事实进行举证。

2. 当事人主张以诉前达成的结算协议作为工程价款结算依据的，如何审查处理？

当事人诉前达成结算协议，经审查协议有效的，应当以结算协议作为结算工程价款的依据。对结算协议及其效力的认定应当重点审查是否为当事人真实意思表示：

（1）双方共同签字盖章的结算协议，一方仅以对方存在欺诈、胁迫等行为否认结算协议效力，没有充分证据证明的，不予支持；

（2）双方诉前共同委托有关机构、人员对工程造价出具咨询意见或者接收造价报告但未达成书面结算协议，一方当事人不予认可的，不能认定为结算协议；

（3）存在多份结算协议的，应结合当事人双方的主张和举证，确定当事人真实意思表示。

3. 政府投资和以政府投资为主的建设项目，合同约定以行政审计、财政评审作为工程款结算依据的，如何处理？

政府投资和以政府投资为主的建设项目，合同约定以行政审计、财政评审作为工程款结算依据的，按照约定处理；但发包人故意迟延提交审计或妨碍审计条件成就，以及行政审计、财政评审部门明确表示无法进行审计或无正当理由超出合同约定的审计期限三个月，仍未作出审计结论、评审意见的，当事人申请对工程造价进行司法鉴定，应当准许。

4. 建设工程施工合同约定工程价款按照固定总价结算，当事人主张施工范围、工程量增减的，如何处理？

合同约定按照固定总价结算工程价款，实际施工未超出约定施工范围的，应当适用固定价结算。当事人主张施工范围增减的，按照以下情形分别处理：

（1）合同有约定的，按照合同约定对增减的工程量进行结算；

（2）合同没有约定的，可以参照合同约定标准对工程量增减部分予以单独结算，无法参照约定标准结算的，可以参照施工地建设行政主管部门发布的计价方法或者计价标准结算；

（3）工程尚未完工的，合同约定固定总价，承包人要求支付工程款的，对于能够确定已完工工程占合同约定施工范围比例的工程，应以合同约定的固定价为基础按比例折算；无法确定已完工比例的，双方对工程造价有争议的，可将争议部分工程造价委托鉴定。

主张工程量增减的当事人，对工程量增减是否存在、实际数量及价款承担举证责任。

5. 当事人申请对工程造价、工期及停窝工损失、建设工程质量等进行鉴定的，如何审查？

当事人就建设工程造价、工期及停窝工损失、建设工程质量等事实发生争议，申请鉴定的，应当审查申请鉴定的事项与争议事实的关联性，判断鉴定的必要性。具有下列情形之一，且没有相反证据予以反驳或者推翻的，不予准许：

（1）当事人对申请鉴定的争议事项已达成协议的；

（2）当事人对申请鉴定的争议事项已共同委托有关机构、人员出具咨询意见且双方明示接受该咨询意见的；

（3）当事人约定工程价款的结算以行政审计、财政评审等第三方结论作为依据的（但发包人故意迟延提交审计或妨碍审计条件成就，以及第三方明确表示无法进行审计或者无正当理由超出合同约定的审计期限三个月仍未作出审计结论、评审意见等的除外）；

（4）当事人约定按照固定总价结算工程价款，未超出约定施工范围的；

（5）其他足以认定鉴定申请所涉争议事项的情形。

6. 如何组织对建设工程鉴定意见进行质证和审查？

鉴定意见应当经当事人质证才能作为认定事实的依据，可由当事人对鉴定机构或鉴定人的资质、鉴定范围是否准确、鉴定程序是否合法、鉴定材料是否可靠、鉴定方法是否科学、鉴定意见是否存在错漏等发表质证意见。具有下列情形之一的，鉴定意见不能作为认定事实的依据：

（1）鉴定人员与一方当事人存在利害关系，影响鉴定的公正性的；

（2）鉴定人员未实际参与鉴定，仅在鉴定报告上署名的；

（3）经人民法院通知，鉴定人拒不出庭作证的；

（4）其他不应采信的情形。

7. 当事人对工程量、已付工程款、工程质量等有争议的，一般应当审查哪些证据？

当事人对工程量有争议的，应当根据招投标文件、合同等施工前约定，由承包人对工程量清单、签证、图纸、会议纪要、往来函件、交付验收记录等施工过程中产生的文件以及施工后形成的结算报告等进行举证；发包人有异议或主张存在甩项、减项、工程未完工等情形的，应提供相应签证、会议记录、交接记录等进行证明。

当事人对已付工程款及其他应扣款项有争议的，应当根据收付款凭证、领款单、取款记录、领款人授权文件等证据，结合合同约定，收款人是否是合同相对人、是否具有表见代理情形，以及当事人之间的付款习惯等进行审查，确定款项是否为已付款。

当事人对工程质量有争议的，应结合图纸和说明、图纸会审和设计交底相关材料、承包人提供的工程材料、工程质量检验文件、交工验收报告、现场勘查记录、工程移交记录、发包人拟使用涉案工程的通知、发包人实际使用工程的照片、视频等证据审查。

8. 承包人起诉主张工程款，发包人以工程质量不合格为由提出抗辩的，如何处理？

发包人就工程质量不符合合同约定或者法律规定的进行抗辩的，应当区别情况处理。建设工程经竣工验收合格后，承包人主张工程款，发包人以工程质量不合格主张付款条件不成就或者拒付工程款的，不予支持。建设工程未经竣工验收，发包人擅自使用的，发包人以工程质量不合格主张付款条件不成就或者拒付工程款的，不予支持，确因承包人原因导致工程的地基基础、主体结构质量不合格的除外。上述情形不能免除承包人在工程保修期内的保修责任和合理使用期内的损害赔偿责任。

9. 建设工程施工合同纠纷案件中，发包人以工程质量不符合合同约定或者法律规定为由，要求承包人承担责任的，如何处理？

承包人提起的建设工程施工合同纠纷，发包人以工程质量不符合合同约定或者法律规定为由，要求承包人支付违约金或者赔偿修理、返工或改建的合理费用损失的，应当向发包人释明，发包人提起反诉的，与本诉一并审理。

10. 承包人主张工程款，发包人以承包人违反约定未开具发票为由提出抗辩的，如何处理？

支付工程款义务和开具发票义务是两种不同性质的义务，不具有对等关系。发包人以承包人违反约定未开具发票为抗辩理由拒付工程款的，一般不予支持；双方明确约定以承包人开具发票作为支付工程款条件的，可以明确承包人具有向发包人开具发票的义务。

11. 因承包人原因导致工期延误，发包人主张违约责任或赔偿损失的，如何处理？

建设工程施工合同有效，因承包人原因导致工期延误，承包人应当按照合同约定承担违约责任；承包人请求对违约金予以调整的，应根据合同约定，综合考虑承包人的过错、履行合同预期利益、发包人实际损失等，确定违约金的数额。建设工程施工合同无效，因承包人原因导致工期延误，发包人主张赔偿损失的，由发包人举证证明因工期延误导致的实际损失。

12. 因发包人原因导致工程停建、缓建，承包人主张停窝工损失的，如何处理？

因发包人原因导致工程停建、缓建，承包人主张停窝工损失的，应当举证证明；对计算停窝工损失的期间，应当综合双方履行情况合理确定。对承包人未采取措施导致损失扩大的，扩大部分的损失不予支持。

13. 建设工程施工合同约定对承包人的违约行为罚款的，如何处理？

建设工程施工合同约定对承包人的违约行为罚款的，应按照具体约定内容，对罚款的性质作出区分：

（1）建设工程施工合同约定承包人存在工期迟延、工程质量缺陷或未达到合同约定的工程质量标准、转包或违法分包等违约行为，发包人可对承包人罚款的，该约定可以视为当事人在合同中约定的违约金条款。

（2）建设工程施工合同约定对承包人实施除履行合同义务之外的行为进行罚款的，不予支持。

14. 建设工程施工合同有效，发包人逾期支付工程款，承包人同时主张逾期付款违约金和利息的，如何处理？

建设工程施工合同对发包人逾期支付工程款既约定了违约金，又约定了逾期付款利息，承包人同时主张逾期付款违约金和利息的，应予支持。但发包人主张合同约定的违约金和利息之和过分高于实际损失，请求予以适当减少的，应当以实际损失为基础，兼顾合同的履行情况、当事人的过错程度以及预期利益等综合因素，根据公平原则和诚实信用原则予以确定。

15. 借用资质签订建设工程施工合同后分包、转包工程，与借用资质人订立施工合同的实际施工人能否向出借资质人主张工程价款？

没有施工资质的施工主体借用有资质的建筑施工企业名义签订的建设工程施工合同无效，借用资质人以自己名义将工程分包、转包他人施工，实际施工人原则上仅可以向借用资质人主张工程价款。

（八）《湖南省高级人民法院关于审理建设工程施工合同纠纷案件若干问题的解答》

发文字号：湘高法〔2022〕102号
施行日期：2022年11月17日

一、建设工程施工合同纠纷案件专属管辖的范围应如何理解？

下列案件，由建设工程所在地人民法院管辖：

（一）建设工程施工合同纠纷、装饰装修合同纠纷、建设工程价款优先受偿权纠纷、建设工程监理合同纠纷、农村建房施工合同纠纷，建设工程分包合同纠纷及建设工程劳务分包合同纠纷。

（二）建设工程勘察合同纠纷、建设工程设计合同纠纷。

（三）工程款债权转让，债务人与受让人因债务履行发生的纠纷。

（四）建设工程总承包合同纠纷。

二、建设工程施工合同中仲裁条款涉及管辖等相关问题应如何认定？

发包人与承包人在建设工程施工合同中约定仲裁条款的，除非实际施工人表示认可或表示受发包人与承包人之间的仲裁条款约束，否则仲裁条款仅对合同双方具有约束力。实际施工人、合法分包人起诉承包人或直接起诉发包人的，人民法院应当审理。如果本案诉讼需要以发包人与承包人之间的仲裁结果作为依据的，可中止审理，待仲裁程序结束后再恢复审理。人民法院对已为仲裁机构的生效裁决所确认的事实应根据《最高人民法院关于民事诉讼证据的若干规定》第十条之规定予以认定。

实际施工人、合法分包人与承包人约定了仲裁条款，又以发包人为被告提起诉讼的，不予受理，已经受理的，裁定驳回起诉。实际施工人、合法分包人与承包人之间的仲裁已终结后，又起诉发包人的（包含发包人与承包人在建设工程施工合同中亦约定了仲裁条款情形），人民法院应当审理。

三、未经招投标签订的建设工程施工合同的效力如何认定？

当事人以建设工程未经招投标程序主张签订的建设工程施工合同无效的，除符合《招标投标法》第三条规定及国家发展和改革委员会2018年6月1日施行的《必须招标的工程项目规定》（中华人民共和国国家发展和改革委员会令第16号）、2018年6月6日施行的《必须招标的基础设施和公用事业项目范围规定》（发改法规〔2018〕843号）的相关规定必须招标的项目外，不予支持。

四、签订中标通知书后未正式签订建设工程施工合同时合同是否成立？

招投标过程中承包人与发包人签订中标通知书，承包人或发包人拒绝与对方签订正式建设工程施工合同文本的，此时应视为双方之间建设工程施工合同本约合同成立。

五、发包人未取得建设工程规划许可证及建设工程施工许可证时如何认定合同效力？

存在多次诉讼，发包人在本次起诉前取得建设工程规划许可证等审批手续的，可以认定建设工程施工合同有效。

六、发包人与承包人之间的承包合同无效是否必然导致分包合同也无效？

发包人与承包人之间的建设工程施工合同无效，不必然导致分包合同无效。若承包人将部分工程分包给有资质的施工方，则分包合同有效，除非案涉工程本身存在违法性，如未取得建设工程规划许可证、建设工程用地规划许可证、案涉工程被认定为违法建筑等情形。

七、如何确定"黑白合同"中作为结算依据的合同？

中标合同有效，以中标合同作为结算依据。

中标合同与其他合同均无效的，以实际履行的合同作为结算依据。无法区分实际履行的合同的，以后签订的合同作为结算依据。

招标人与中标人另行签订的建设工程施工合同约定的实质性内容与中标合同不一致的，应以中标合同作为结算依据。但因客观情况发生了招投标时难以预见的变化而另订施工合同的除外。

八、当事人已达成结算协议后又以合同无效反悔应如何处理？

当事人就建设工程价款自行达成结算协议后，又以建设工程施工合同无效为由，否定结算协议确定的工程价款的，不予支持。

九、发包人可否参照无效合同约定要求支付工程款？

建设工程施工合同无效，但是建设工程经验收合格，发包人可以参照合同关于工程价款的约定请求对承包人进行折价补偿。

十、建设工程施工合同无效，但该建设工程经竣工验收合格，当事人无法举证证明实际损失的情况下，可否参照合同的约定计算损失？

建设工程施工合同无效，但该建设工程经竣工验收合格，当事人无法举证证明实际损失的情况下，可参照合同关于质量、工期、进度款支付等索赔条款的约定计算损失。

十一、建设工程施工合同无效，当事人之间约定的管理费如何处理？

建设工程施工合同无效，合同约定的管理费原则上不予支持。当事人主张的，法院可以根据合同系借用资质或转包、违法分包等不同类型，结合出借资质人、转包人、违法分包人是否履行管理职责因素予以适当支持，一般不宜超过总工程款的3%。

十二、合同均无效情形中总包合同与转包、违法分包合同关于工程款的差额应如何处理。

建设工程施工合同均无效情形中，承包合同高于转包、违法分包合同的工程款差额的性质属非法利益，转包、违法分包人与实际施工人按转包、违法分包合同结算后又以承包合同向发包人主张支付工程款，发包人对超出部分的工程款提出不予支付抗辩的，人民法院应综合合同履行情况、施工工程内容及行业惯例等情形予以调整，一般不宜超过差额部分工程款的8%（包含税金、管理费在内）。但发包人明知且认可的，该抗辩不能成立。

十三、当事人约定以行政审计、财政评审作为工程款结算依据，一方以审计、财政评审结论不真实、客观要求重新鉴定如何处理？审计部门明确表示无法审计或拖延审计如何处理？

当事人约定以行政审计、财政评审作为工程款结算依据的，按约定处理。当事人有证据证明审计结论不真实、客观，法院可以准许当事人补充鉴定、重新鉴定或者补充质证等方法对争议事实做出认定。

行政审计或财政评审部门明确表示无法进行审计，或在约定期限及合理期限内无正当理由未出具审计结论，当事人就工程价款结算无法达成一致申请司法审计鉴定的，应予准许。

十四、借款预支工程款应如何处理？

建设工程施工合同履行过程中，当事人出具借条预支工程进度款，发包人或承包人在结算工程价款过程中主张抵扣借款本金及利息的，应当一并处理。

十五、以房抵债协议在结算中应如何处理？

工程款结算中，发包人与承包人约定以承包人建设的房屋抵冲工程价款的，在案件结算中应一并予以处理。除非承包人能够证明存在发包人拒绝履行以房抵债义务或其他履行障碍情形。

十六、发包方以承包方未开具发票拒绝支付工程款应如何处理？

发包人以承包人未开具发票为由拒绝支付工程款的，人民法院不予支持。当事人另有明确约定的除外。

承包人起诉要求发包人支付工程款，发包人以要求承包人开具发票为由提起反诉的，人民法院可以一并审理。

十七、建设工程施工合同无效，欠付工程款的逾期利息应如何认定？

建设工程施工合同无效，因欠付工程款产生的损失一般应认定为资金占用损失，资金占用费应以全国银行间同业拆借中心公布的贷款市场报价利率为计算依据，但当事人能够证明其资金占用损失高于全国银行间同业拆借中心公布的贷款市场报价利率的，可以结合过错程度、过错与损失之间的因果关系等因素予以适当调整。

十八、发包人认为建设工程主体结构质量不合格，要求司法鉴定的，应达到何种证明程度？

《最高人民法院关于审理建设工程施工合同纠纷案件适用法律若干问题的解释（一）》第十四条明确了针对建筑地基基础工程和主体结构质量承包人应承担更重的瑕疵担保责任，故在诉讼中，承包人向发包人主张工程款，发包人以地基基础或主体结构存在严重质量问题抗辩不支付工程款，并要求进行质量鉴定的，发包人应提供初步证据予以证明。

十九、如何理解《最高人民法院关于审理建设工程施工合同纠纷案件适用法律若干问题的解释（一）》第三十七条装饰装修工程承包人主张优先权应具备的折价或者拍卖条件？

装饰装修的承包人就建设工程价款主张优先受偿权应具备折价或者拍卖条件，应理解为装饰装修的承包人就建设工程价款主张优先受偿权的同时应举证证明案涉装饰装修工程可单独评估且与其他工程一并拍卖。

二十、建设工程价款债权转让，建设工程价款优先受偿权是否随之转让？

建设工程价款优先受偿权所设立的立法本意系解决拖欠工程款问题，以推动承包人价款债权的实现，具有从属性，不具有人身属性，故承包人将建设工程价款债权转让的，建设工程价款优先受偿权随之转让。

二十一、行使优先受偿权的方式应如何认定？

承包人有证据证明以发函、与发包人协议折价或申请参与对建设工程变价分配等方式行使建设工程价款优先受偿权的，应予认可。

二十二、建设工程价款优先受偿权可否通过调解确认？

以调解方式确认建设工程价款优先受偿权的，符合法律规定的，法院可以确认，但为了防止虚假诉讼、损害案外人利益等情况，法院应当进行实体审查，重点审查建设工程价款优先受偿权的行使主体、行使期限、行使方式、工程款债权的范围等实质性事项是否符合法律规定，尤其要审查是否存在当事人虚增工程款数额、伪造竣工记录、伪造付款期限、伪造行使时间等情形。未经实体审查或者经审查不符合建设工程价款优先受偿权行使条件的，不予出具调解书。

二十三、挂靠人直接起诉发包人应如何处理？

借用资质的实际施工人起诉发包人要求支付工程款的，人民法院可在查明事实的基础上按以下两种情形处理：

（一）发包人明知实际施工人借用资质而未提出异议的，根据《中华人民共和国民法典》第一百四十六条、第四百九十条规定处理，实际施工人可直接向发包人主张权利。人民法院应追加被挂靠人为第三人。

（二）发包人对借用资质不知情的，出借资质方怠于向发包人主张权利，实际施工人可参照《最高人民法院关于审理建设工程施工合同的司法解释（一）》第四十四条规定行使代位权。人民法院应追加被挂靠人为第三人。

二十四、层层转包中转包人、违法分包人的责任如何认定？

实际施工人向层层转包人或层层分包人主张给付工程价款，转包人或者违法分包人能够证明已经付清工程价款的，其前手转包人或违法分包人一般不再承担给付责任。

二十五、发包人应否承担工伤赔偿责任？

发包人将建设工程承包给符合资质的承包人，发包人不承担责任，但对合法承包人的转包、违法分包、挂靠行为予以明确认可的，应承担责任。

发包人将建设工程承包给无资质的承包人，发包人应承担责任。

发包人在对外垫付赔偿款后，有权向无资质的承包人、实际用工人或将工程转包、违法分包、挂靠的合法承包人进行追偿。

将工程转包、违法分包、挂靠的合法承包人对工伤赔偿应承担责任，且有权向实际用工人进行追偿。

二十六、合法分包的情况下，完成建设工程施工分包合同项下内容的分包人可否直接起诉发包人？

合法分包的情况下，实际完成建设工程施工分包合同项下内容的分包人可参照《最高人民法院关于审理建设工程施工合同纠纷案件适用法律若干问题的解释（一）》第四十三条之规定起诉发包人。

二十七、约定的罚款条款的性质应如何认定？

建设工程施工合同约定发包人对承包人的违约行为处以罚款的，应定性为违约金条款，当事人申请调整的，根据民法典第五百八十五条规定予以处理。

二十八、《最高人民法院关于审理建设工程施工合同纠纷案件适用法律若干问题的解释（一）》出台后措辞方面有何需要注意的问题？

不再使用"非法转包""肢解分包"措辞，改为"转包""支解分包"。

二十九、本解答仅供湖南省内各级法院审理建设工程施工合同纠纷案件作为参考，在裁判文书"本院认为"部分具体分析法律适用理由时可根据本解答的相关意见进行说理，但不能作为裁判依据进行援引。

（九）《天津市高级人民法院关于审理建设工程施工合同纠纷案件相关问题的审判委员会纪要》

施行日期：2020 年 12 月 09 日

为妥善审理建设工程施工合同纠纷案件，统一全市法院裁判尺度，依法保护当事人合法权益，促进建筑市场健康有序发展，依据《中华人民共和国建筑法》（以下简称建筑法）《最高人民法院关于审理建设工程施工合同纠纷案件适用法律问题的解释》（以下简称《建设工程司法解释（一）》）《最高人民法院关于审理建设工程施工合同纠纷案件适用法律问题的解释（二）》（以下简称《建设工程司法解释（二）》）等相关法律、司法解释的规定，结合天津法院审判实际，2020 年 12 月 9 日，天津市高级人民法院第 24 次审判委员会会议专题研究了建设工程施工合同纠纷案件审理中的若干问题。现纪要如下：

1. 【发包人的确定】

《建设工程司法解释（二）》第 24 条规定的"发包人"，是指工程建设方或者业主，不包括多层转包、分包关系下的转包人、分包人。

2. 【请求发包人支付工程价款的主体】

在建设工程施工合同纠纷案件中，当事人可依据不同法律关系依法请求发包人支付工程价款：

（1）与发包人订立合法有效施工合同的承包人，可依据合同约定请求发包人支付工程价款；

（2）借用总承包人资质（挂靠）的实际施工人，可依据《建设工程司法解释（一）》第 2 条规定，参照施工合同约定请求发包人支付工程价款；

（3）与发包人没有直接合同关系的分包人，可通过提起代位权之诉，请求发包人支付工程价款；

（4）转包或者违法分包关系中的实际施工人，可依据《建设工程司法解释（二）》第24条规定，请求发包人支付工程价款；

（5）与总承包人订立合法有效劳务分包合同的分包人，可参照《建设工程司法解释（二）》第24条规定，请求发包人支付工程价款。

3.【发包人支付工程价款的责任范围】

《建设工程司法解释（二）》第24条规定的发包人支付工程价款的责任范围，应以发包人欠付工程价款数额为限。

发包人与转包人或者违法分包人已结算的，可根据结算情况查明发包人欠付工程价款数额。发包人与转包人或者违法分包人未结算的，实际施工人请求发包人在欠付工程价款范围内承担责任的，应提供初步证据证明发包人欠付工程价款。发包人以其未欠付工程价款为由抗辩的，应提供相应证据予以证明。

审判中，应根据当事人提供的证据，查明发包人是否欠付工程价款以及欠付数额，不宜未经审理查明直接判决"发包人在欠付工程价款范围内承担责任"。

4.【优先受偿权的认定】

依据《建设工程司法解释（二）》第17条规定，享有建设工程价款优先受偿权的主体是与发包人订立施工合同的承包人。

实际施工人向发包人主张建设工程价款优先受偿权的，应在查明实际施工人与发包人之间是否存在直接合同关系的基础上，依法认定。

5.【装饰装修工程价款的优先受偿及例外】

依据《建设工程司法解释（二）》第18条规定，装饰装修工程的承包人请求工程价款就该装饰装修工程折价或者拍卖的价款优先受偿的，应予支持，但有下列情形之一的除外：

（1）工程为家庭居室装饰装修的；

（2）工程质量不合格的；

（3）发包人对该建筑物不享有所有权或者处分权的。

6.【工程质量保证金的优先受偿】

发包人未依法返还从工程价款中预扣的工程质量保证金，承包人请求就工程折价或者拍卖的价款优先受偿的，应予支持。承包人行使优先受偿权的期限自应当返还工程质量保证金之日起计算。

7.【优先受偿权行使期限的起算】

依据《建设工程司法解释（二）》第22条规定，建设工程价款优先受偿权行使期限的起算点，区分以下情形确定：

（1）施工合同对建设工程价款的支付时间、方式有约定的，以合同约定的工程价款支付时间作为起算点；

（2）施工合同对建设工程价款的支付时间、方式未约定或者约定不明，建设工程已交付或者竣工结算文件依约视为发包人认可的，以交付之日或者提交竣工结算文件之日作为起算点；工程未交付，且工程价款未结算的，以起诉之日作为起算点；

（3）施工合同解除或者中止履行，且工程价款未结算，当事人就工程价款支付事宜达成合意的，以双方约定的工程价款支付时间作为起算点。当事人未就工程价款支付事宜达成合意，但工程已交付的，以交付之日作为起算点；工程未交付的，以起诉之日作为起算点；

（4）施工合同被认定无效，但建设工程经竣工验收合格的，可参照本合同约定的应付工程价款时间认定优先受偿权行使期限的起算点。

8.【甲指分包工程的质量责任】

发包人指令总承包人将专业工程分包给特定分包人施工，又以该分包工程存在质量问题为由主张总承包人、分包人承担责任的，应当在查明质量问题的基础上，综合考虑各方当事人的过错程度和原因力大小，确定各方的责任比例。

9.【农村自建房屋】

依据《建筑法》第83条规定，农村自建房屋中二层以下（含二层）住宅，属于"农民自建低层住宅"，不受建筑法调整。审判中，当事人仅以施工人缺乏相应资质为由主张施工合同无效的，不予支持。

10.【委托监理合同】

发包人与监理人订立的建设工程委托监理合同，依法属于委托合同，不适用建设工程施工合同相关法律、司法解释的规定。因委托监理合同发生的纠纷应当依据有关委托合同的法律规定处理。

（十）《湖南省高级人民法院关于审理建设工程施工合同纠纷案件若干问题的解答》

湘高法〔2022〕102号

实施日期：2022年11月17日

一、建设工程施工合同纠纷案件专属管辖的范围应如何理解？

下列案件，由建设工程所在地人民法院管辖：

（一）建设工程施工合同纠纷、装饰装修合同纠纷、建设工程价款优先受偿权纠纷、建设工程监理合同纠纷、农村建房施工合同纠纷，建设工程分包合同纠纷及建设工程劳务分包合同纠纷。

（二）建设工程勘察合同纠纷、建设工程设计合同纠纷。

（三）工程款债权转让，债务人与受让人因债务履行发生的纠纷。

（四）建设工程总承包合同纠纷。

二、建设工程施工合同中仲裁条款涉及管辖等相关问题应如何认定？

发包人与承包人在建设工程施工合同中约定仲裁条款的，除非实际施工人表示认可或表示受发包人与承包人之间的仲裁条款约束，否则仲裁条款仅对合同双方具有约束力。实际施工人、合法分包人起诉承包人或直接起诉发包人的，人民法院应当审理。如果本案诉讼需要以发包人与承包人之间的仲裁结果作为依据的，可中止审理，待仲裁程序结束后再恢复审理。人民法院对已为仲裁机构的生效裁决所确认的事实应根据《最高人民法院关于民事诉讼证据的若干规定》第十条之规定予以认定。

实际施工人、合法分包人与承包人约定了仲裁条款，又以发包人为被告提起诉讼的，不予受理，已经受理的，裁定驳回起诉。实际施工人、合法分包人与承包人之间的仲裁已终结后，又起诉发包人的（包含发包人与承包人在建设工程施工合同中亦约定了仲裁条款情形），人民法院应当审理。

三、未经招投标签订的建设工程施工合同的效力如何认定？

当事人以建设工程未经招投标程序主张签订的建设工程施工合同无效的，除符合《招标投标法》第三条规定及国家发展和改革委员会 2018 年 6 月 1 日施行的《必须招标的工程项目规定》（中华人民共和国国家发展和改革委员会令第 16 号）、2018 年 6 月 6 日施行的《必须招标的基础设施和公用事业项目范围规定》（发改法规规〔2018〕843 号）的相关规定必须招标的项目外，不予支持。

四、签订中标通知书后未正式签订建设工程施工合同时合同是否成立？

招投标过程中承包人与发包人签订中标通知书，承包人或发包人拒绝与对方签订正式建设工程施工合同文本的，此时应视为双方之间建设工程施工合同本约合同成立。

五、发包人未取得建设工程规划许可证及建设工程施工许可证时如何认定合同效力？

存在多次诉讼，发包人在本次起诉前取得建设工程规划许可证等审批手续的，可以认定建设工程施工合同有效。

六、发包人与承包人之间的承包合同无效是否必然导致分包合同也无效？

发包人与承包人之间的建设工程施工合同无效，不必然导致分包合同无效。若承包人将部分工程分包给有资质的施工方，则分包合同有效，除非案涉工程本身存在违法性，如未取得建设工程规划许可证、建设工程用地规划许可证、案涉工程被认定为违法建筑等情形。

七、如何确定"黑白合同"中作为结算依据的合同？

中标合同有效，以中标合同作为结算依据。

中标合同与其他合同均无效的，以实际履行的合同作为结算依据。无法区分实际履行的合同的，以后签订的合同作为结算依据。

招标人与中标人另行签订的建设工程施工合同约定的实质性内容与中标合同不一致的，应以中标合同作为结算依据。但因客观情况发生了招投标时难以预见的变化而另订施工合同的除外。

八、当事人已达成结算协议后又以合同无效反悔应如何处理？

当事人就建设工程价款自行达成结算协议后，又以建设工程施工合同无效为由，否定结算协议确定的工程价款的，不予支持。

九、发包人可否参照无效合同约定要求支付工程款？

建设工程施工合同无效，但是建设工程经验收合格，发包人可以参照合同关于工程价款的约定请求对承包人进行折价补偿。

十、建设工程施工合同无效，但该建设工程经竣工验收合格，当事人无法举证证明实际损失的情况下，可否参照合同的约定计算损失？

建设工程施工合同无效，但该建设工程经竣工验收合格，当事人无法举证证明实际损失的情况下，可参照合同关于质量、工期、进度款支付等索赔条款的约定计算损失。

十一、建设工程施工合同无效，当事人之间约定的管理费如何处理？

建设工程施工合同无效，合同约定的管理费原则上不予支持。当事人主张的，法院可以根据合同系借用资质或转包、违法分包等不同类型，结合出借资质人、转包人、违法分包人是否履行管理职责因素予以适当支持，一般不宜超过总工程款的 3%。

十二、合同均无效情形中总包合同与转包、违法分包合同关于工程款的差额应如何处理。

建设工程施工合同均无效情形中，承包合同高于转包、违法分包合同的工程款差额的性质属非法利益，转包、违法分包人与实际施工人按转包、违法分包合同结算后又以承包合同向发包人主张支付工程款，发包人对超出部分的工程款提出不予支付抗辩的，人民法院应综合合同履行情况、施工工程内容及行业惯例等情形予以调整，一般不宜超过差额部分工程款的 8%（包含税金、管理费在内）。但发包人明知且认可的，该抗辩不能成立。

十三、当事人约定以行政审计、财政评审作为工程款结算依据，一方以审计、财政评审结论不真实、客观要求重新鉴定如何处理？审计部门明确表示无法审计或拖延审计如何处理？

当事人约定以行政审计、财政评审作为工程款结算依据的，按约定处理。当事人有证据证明审计结论不真实、客观，法院可以准许当事人补充鉴定、重新鉴定或者补充质证等方法对争议事实做出认定。

行政审计或财政评审部门明确表示无法进行审计，或在约定期限及合理期限内无正当理由未出具审计结论，当事人就工程价款结算无法达成一致申请司法审计鉴定的，应予准许。

十四、借款预支工程款应如何处理？

建设工程施工合同履行过程中，当事人出具借条预支工程进度款，发包人或承包人在结算工程价款过程中主张抵扣借款本金及利息的，应当一并处理。

十五、以房抵债协议在结算中应如何处理？

工程款结算中，发包人与承包人约定以承包人建设的房屋抵冲工程价款的，在案件结算中应一并予以处理。除非承包人能够证明存在发包人拒绝履行以房抵债义务或其他履行障碍情形。

十六、发包方以承包方未开具发票拒绝支付工程款应如何处理？

发包人以承包人未开具发票为由拒绝支付工程款的，人民法院不予支持。当事人另有明确约定的除外。

承包人起诉要求发包人支付工程款，发包人以要求承包人开具发票为由提起反诉的，人民法院可以一并审理。

十七、建设工程施工合同无效，欠付工程款的逾期利息应如何认定？

建设工程施工合同无效，因欠付工程款产生的损失一般应认定为资金占用损失，资金占用费应以全国银行间同业拆借中心公布的贷款市场报价利率为计算依据，但当事人能够证明其资金占用损失高于全国银行间同业拆借中心公布的贷款市场报价利率的，可以结合过错程度、过错与损失之间的因果关系等因素予以适当调整。

十八、发包人认为建设工程主体结构质量不合格，要求司法鉴定的，应达到何种证明程度？

《最高人民法院关于审理建设工程施工合同纠纷案件适用法律若干问题的解释（一）》第十四条明确了针对建筑地基基础工程和主体结构质量承包人应承担更重的瑕疵担保责任，故在诉讼中，承包人向发包人主张工程款，发包人以地基基础或主体结构存在严重质量问题抗辩不支付工程款，并要求进行质量鉴定的，发包人应提供初步证据予以证明。

十九、如何理解《最高人民法院关于审理建设工程施工合同纠纷案件适用法律若干问题的解释（一）》第三十七条装饰装修工程承包人主张优先权应具备的折价或者拍卖条件？

装饰装修的承包人就建设工程价款主张优先受偿权应具备折价或者拍卖条件，应理解为装饰装修的承包人就建设工程价款主张优先受偿权的同时应举证证明案涉装饰装修工程可单独评估且与其他工程一并拍卖。

二十、建设工程价款债权转让，建设工程价款优先受偿权是否随之转让？

建设工程价款优先受偿权所设立的立法本意系解决拖欠工程款问题，以推动承包人价款债权的实现，具有从属性，不具有人身属性，故承包人将建设工程价款债权转让的，建设工程价款优先受偿权随之转让。

二十一、行使优先受偿权的方式应如何认定？

承包人有证据证明以发函、与发包人协议折价或申请参与对建设工程变价分配等方式行使建设工程价款优先受偿权的，应予认可。

二十二、建设工程价款优先受偿权可否通过调解确认？

以调解方式确认建设工程价款优先受偿权的，符合法律规定的，法院可以确认，但为了防止虚假诉讼、损害案外人利益等情况，法院应当进行实体审查，重点审查建设工程价款优先受偿权的行使主体、行使期限、行使方式、工程款债权的范围等实质性事项是否符合法律规定，尤其要审查是否存在当事人虚增工程款数额、伪造竣工记录、伪造付款期限、伪造行使时间等情形。未经实体审查或者经审查不符合建设工程价款优先受偿权行使条件的，不予出具调解书。

二十三、挂靠人直接起诉发包人应如何处理？

借用资质的实际施工人起诉发包人要求支付工程款的，人民法院可在查明事实的基础上按以下两种情形处理：

（一）发包人明知实际施工人借用资质而未提出异议的，根据《中华人民共和国民法典》第一百四十六条、第四百九十条规定处理，实际施工人可直接向发包人主张权利。人民法院应追加被挂靠人为第三人。

（二）发包人对借用资质不知情的，出借资质方怠于向发包人主张权利，实际施工人可参照《最高人民法院关于审理建设工程施工合同的司法解释（一）》第四十四条规定行使代位权。人民法院应追加被挂靠人为第三人。

二十四、层层转包中转包人、违法分包人的责任如何认定？

实际施工人向层层转包人或层层分包人主张给付工程价款，转包人或者违法分包人能够证明已经付清工程价款的，其前手转包人或违法分包人一般不再承担给付责任。

二十五、发包人应否承担工伤赔偿责任？

发包人将建设工程承包给符合资质的承包人，发包人不承担责任，但对合法承包人的转包、违法分包、挂靠行为予以明确认可的，应承担责任。

发包人将建设工程承包给无资质的承包人，发包人应承担责任。

发包人在对外垫付赔偿款后，有权向无资质的承包人、实际用工人或将工程转包、违法分包、挂靠的合法承包人进行追偿。

将工程转包、违法分包、挂靠的合法承包人对工伤赔偿应承担责任，且有权向实际用工人进行追偿。

二十六、合法分包的情况下，完成建设工程施工分包合同项下内容的分包人可否直接起诉发包人？

合法分包的情况下，实际完成建设工程施工分包合同项下内容的分包人可参照《最高人民法院关于审理建设工程施工合同纠纷案件适用法律若干问题的解释（一）》第四十三条之规定起诉发包人。

二十七、约定的罚款条款的性质应如何认定？

建设工程施工合同约定发包人对承包人的违约行为处以罚款的，应定性为违约金条款，当事人申请调整的，根据民法典第五百八十五条规定予以处理。

二十八、《最高人民法院关于审理建设工程施工合同纠纷案件适用法律若干问题的解释（一）》出台后措辞方面有何需要注意的问题？

不再使用"非法转包""肢解分包"措辞，改为"转包""支解分包"。

二十九、本解答仅供湖南省内各级法院审理建设工程施工合同纠纷案件作为参考，在裁判文书"本院认为"部分具体分析法律适用理由时可根据本解答的相关意见进行说理，但不能作为裁判依据进行援引。

五、关于建设工程的会议纪要及案例指导意见

（一）建设工程施工合同无效后约定"管理费"的处理

1. 建设工程施工合同被认定为无效，合同中约定的"管理费"应当审查转包方是否实际参与施工组织管理协调等进行具体判断。

（《最高人民法院第二巡回法庭 2020 年第 7 次法官会议纪要》）

建设工程施工合同因非法转包、违法分包或挂靠行为无效时，对于该合同中约定的由转包方收取"管理费"的处理，应结合个案情形根据合同目的等具体判断。如该"管理费"属于工程价款的组成部分，而转包方也实际参与了施工组织管理协调的，可参照合同约定处理；对于转包方纯粹通过转包谋利，未实际参与施工组织管理协调，合同无效后主张"管理费"的，应不予支持。合同当事人以作为合同价款的"管理费"应予收缴为由主张调整工程价款的，不予支持。基于合同的相对性，非合同当事人不能以转包方与转承包方之间有关"管理费"的约定主张调整应支付的工程款。

2. 合同无效，承包人请求实际施工人按照合同约定支付管理费的，不予支持。

（《最高人民法院民事审判第一庭 2021 年第 21 次专业法官会议纪要》）

转包合同、违法分包合同及借用资质合同均违反法律的强制性规定，属于无效合同。前述合同关于实际施工人向承包人或者出借资质的企业支付管理费的约定，应为无效。实践中，有的承包人、出借资质的企业会派出财务人员等个别工作人员从发包人处收取工程款，并向实际施工人支付工程款，但不实际参与工程施工，既不投入资金，也不承担风险。

实际施工人自行组织施工，自负盈亏，自担风险。承包人、出借资质的企业只收取一定比例的管理费。该管理费实质上并非承包人、出借资质的企业对建设工程施工进行管理的对价，而是一种通过转包、违法分包和出借资质违法套取利益的行为。此类管理费属于违法收益，不受司法保护。因此，合同无效，承包人或者出借资质的建筑企业请求实际施工人按照合同约定支付管理费的，不予支持。

（二）借用资质的实际施工人的权利

3. 可以突破合同相对性原则请求发包人在欠付工程款范围内承担责任的实际施工人不包括借用资质及多层转包和违法分包关系中的实际施工人。

（《最高人民法院民事审判第一庭 2021 年第 20 次专业法官会议纪要》）

《建工合同案件司法解释一（2020）》第四十三条规定："实际施工人以转包人、违法分包人为被告起诉的，人民法院应当依法受理。实际施工人以发包人为被告主张权利的，人民法院应当追加转包人或者违法分包人为本案第三人，在查明发包人欠付转包人或者违法分包人建设工程价款的数额后，判决发包人在欠付建设工程价款范围内对实际施工人承担责任。"

本条解释涉及三方当事人两个法律关系：一是发包人与承包人之间的建设工程施工合同关系；二是承包人与实际施工人之间的转包或者违法分包关系。

原则上，当事人应当依据各自的法律关系，请求各自的债务人承担责任。本条解释为保护农民工等建筑工人的利益，突破合同相对性原则，允许实际施工人请求发包人在欠付工程款范围内承担责任。对该条解释的适用应当从严把握。该条解释只规范转包和违法分包两种关系，未规定借用资质的实际施工人以及多层转包和违法分包关系中的实际施工人有权请求发包人在欠付工程款范围内承担责任。因此，可以依据《建工合同案件司法解释一（2020）》第四十三条的规定，突破合同相对性原则，请求发包人在欠付工程款范围内承担责任的实际施工人不包括借用资质及多层转包和违法分包关系中的实际施工人。

4. 借用资质的实际施工人与发包人形成事实上的建设工程施工合同关系且工程经验收合格的，可以请求发包人参照合同约定折价补偿。

（《最高人民法院民事审判第一庭2021年第20次专业法官会议纪要》）

没有资质的实际施工人借用有资质的建筑施工企业名义与发包人签订建设工程施工合同，在发包人知道或者应当知道系借用资质的实际施工人进行施工的情况下，发包人与借用资质的实际施工人之间形成事实上的建设工程施工合同关系。该建设工程施工合同因违反法律的强制性规定而无效。《中华人民共和国民法典》第七百九十三条第一款规定："建设工程施工合同无效，但是建设工程经验收合格的，可以参照合同关于工程价款的约定折价补偿承包人。"因此，在借用资质的实际施工人与发包人之间形成事实上的建设工程施工合同关系且建设工程经验收合格的情况下，借用资质的实际施工人有权请求发包人参照合同关于工程价款的约定折价补偿。

（三）涉及工程欠款的处理

5. 承包人已起诉发包人支付工程款的，实际施工人可以在一审辩论终结前申请作为第三人参加诉讼，其另诉请求发包人在欠付工程款范围内承担责任的，不应受理。

（《最高人民法院民事审判第一庭2021年第21次专业法官会议纪要》）

转包和违法分包涉及三方当事人两个法律关系。一是发包人与承包人之间的建设工程施工合同关系；二是承包人与实际施工人之间的转包或者违法分包关系。承包人有权依据与发包人之间的建设工程施工合同关系请求发包人支付工程款。实际施工人有权依据转包或者违法分包的事实请求承包人承担民事责任。

《建工合同案件司法解释一（2020）》第四十三条第二款规定："实际施工人以发包人为被告主张权利的，人民法院应当追加转包人或者违法分包人为本案第三人，在查明发包人欠付转包人或者违法分包人建设工程价款的数额后，判决发包人在欠付建设工程价款范围内对实际施工人承担责任。"本款解释是为保护农民工等建筑工人利益所作的特别规定。

实践中存在承包人与实际施工人分别起诉请求发包人承担民事责任的情况。为防止不同生效判决判令发包人就同一债务分别向承包人和实际施工人清偿的情形，需要对承包人和实际施工人的起诉做好协调。在承包人已经起诉发包人支付工程款的情况下，实际施工人可以在一审辩论终结前申请作为第三人参加诉讼，其另诉请求发包人在欠付工程款范围内承担责任的，不应受理。实际施工人作为第三人参加诉讼后，如果请求发包人在欠付工程款范围内承担责任，应当将承包人的诉讼请求和实际施工人的诉讼请求合并审理。

6. 受让房地产开发项目的部分区域开发经营权的受让方应与转让方对整个项目的工程欠款承担连带清偿责任。

（《最高人民法院第一巡回法庭民商事主审法官会议》）

没有充分证据证明受让方与转让方有就项目分别与承包人进行结算的意思表示，应认定项目工程作为一个整体发包和进行结算，受让方应当对整个项目的工程欠款与转让方承担连带清偿责任，这样处理也有利于保护实际施工人的权益。

7. 发包人与承包人在合同中约定的能够对承包人行使的抗辩权，发包人亦有权对转承包人行使。

（《最高人民法院第二巡回法庭 2020 年第 3 次法官会议纪要》）

发包人与承包人签订合法有效的《建设工程施工合同》，承包人未经发包人同意，将所承包工程转包给转承包人，属于违法转包行为。相对于发包人而言，转承包人仅系承包人在违反法律规定和合同约定情况下所使用的履行辅助人，根据合同相对性原则，该履行辅助人通常不能取得针对发包人的直接请求权（承包人未经发包人同意擅自将其所承包的建设工程转包，该行为违反我国法律关于禁止转包的规定，违法转承包人因其违法承包，所享有的权利自然不能超过合法承包人所享有的权利）。

鉴于《建工合同案件司法解释（2004）》第二十六条（现《建工合同案件司法解释（2020）》第四十三条）、《保障农民工工资支付条例》已经明确了转承包人可以取得对发包人的直接请求权，故发包人与承包人在合同中约定的能够对承包人行使的抗辩权，发包人亦有权对转承包人行使。

（四）不同情形下建设工程价款优先受偿权的应用

8. 实际施工人不属于"与发包人订立建设工程施工合同的承包人"，不享有建设工程价款优先受偿权。

（《最高人民法院民事审判第一庭 2021 年第 21 次专业法官会议纪要》）

建设工程价款优先受偿权是指在发包人经承包人催告支付工程款后的合理期限内仍未支付工程款的情况下，承包人享有的与发包人协议将该工程折价或者请求人民法院将该工程依法拍卖，并就该工程折价或者拍卖的价款优先受偿的权利。

《中华人民共和国民法典》第八百零七条规定："发包人未按照约定支付价款的，承包人可以催告发包人在合理期限内支付价款。发包人逾期不支付的，除根据建设工程的性质不宜折价、拍卖外，承包人可以与发包人协议将该工程折价，也可以请求人民法院将该工程依法拍卖。建设工程的价款就该工程折价或者拍卖的价款优先受偿。"《建工解释一》第35 条规定："与发包人订立建设工程施工合同的承包人，依据民法典第八百零七条的规定请求其承建工程的价款就工程折价或者拍卖的价款优先受偿的，人民法院应予支持。"

依据上述规定，只有与发包人订立建设工程施工合同的承包人才享有建设工程价款优先受偿权。实际施工人不属于"与发包人订立建设工程施工合同的承包人"，不享有建设工程价款优先受偿权。

9. 违章建筑不宜折价、拍卖，承包人对违章建筑不享有建设工程价款优先受偿权。

（《最高人民法院民事审判第一庭 2021 年第 21 次专业法官会议纪要》）

建设工程价款优先受偿权制度系以建设工程的交换价值优先清偿承包人享有的建设工

程价款债权。承包人享有建设工程价款优先受偿权的前提是其建设完成的建设工程依法可以流转。对此，《中华人民共和国民法典》第八百零七条规定："发包人未按照约定支付价款的，承包人可以催告发包人在合理期限内支付价款。发包人逾期不支付的，除根据建设工程的性质不宜折价、拍卖外，承包人可以与发包人协议将该工程折价，也可以请求人民法院将该工程依法拍卖。建设工程的价款就该工程折价或者拍卖的价款优先受偿。"根据该条规定，承包人享有建设工程价款优先受偿权的条件是建设工程宜折价、拍卖。违章建筑不宜折价、拍卖，故承包人对违章建筑不享有建设工程价款优先受偿权。

10. 建设工程价款优先受偿权不因工程建成的房屋已经办理预售合同网签而消灭。

（《最高人民法院民事审判第一庭2021年第21次专业法官会议纪要》）

建设工程价款优先受偿权不因工程建成的房屋已经办理商品房预售合同网签而消灭，如符合建设工程价款优先受偿权的成立要件，承包人仍有权就工程折价或者拍卖的价款优先受偿。

《中华人民共和国民法典》第八百零七条规定："发包人未按照约定支付价款的，承包人可以催告发包人在合理期限内支付价款。发包人逾期不支付的，除根据建设工程的性质不宜折价、拍卖外，承包人可以与发包人协议将该工程折价，也可以请求人民法院将该工程依法拍卖。建设工程的价款就该工程折价或者拍卖的价款优先受偿。"《建工合同案件司法解释一（2020）》第三十五至第四十二条进一步明确了行使建设工程价款优先受偿权的条件。

由此可见，建设工程价款优先权是承包人的法定权利，在符合法律及司法解释规定的条件时，建设工程价款优先受偿权就已经成立。商品房预售合同网签是为规范商品房预售而采用的行政管理手段，并非法律规定的不动产物权设立、变更、转让和消灭的公示方式，不能产生物权变动的效力，亦不导致承包人原本享有的建设工程价款优先受偿权因此不成立或者消灭。如承包人行使建设工程价款优先受偿权时与房屋买受人之间发生权利冲突的，属于权利顺位问题，可另行解决。

11. 承包人向执行法院主张优先受偿权的，属于行使建设工程价款优先受偿权的合法方式。

（指导案例171号，〔2019〕最高法民终255号）

根据《最高人民法院关于建设工程价款优先受偿权问题的批复》第1条规定，建设工程价款优先受偿权的效力优先于设立在建设工程上的抵押权和发包人其他债权人所享有的普通债权。人民法院依据发包人的其他债权人或抵押权人申请对建设工程采取强制执行行为，会对承包人的建设工程价款优先受偿权产生影响。此时，如承包人向执行法院主张其对建设工程享有建设工程价款优先受偿权的，属于行使建设工程价款优先受偿权的合法方式。

（五）建设工程施工合同无效的工伤认定处理

12. 违法发包、转包、分包或者挂靠情形下的工伤认定。

（《最高人民法院行政审判庭法官会议纪要（七）》）

生效裁判或者仲裁裁决确认违法发包、转包、分包或者挂靠情形下的工伤职工与具备用工主体资格的单位之间不存在劳动关系，但工伤职工具有《最高人民法院关于审理工伤保险行政案件若干问题的规定》第 3 条规定的情形，且其工伤认定申请符合《工伤保险条例》有关工伤认定条件的，人民法院应予支持。

（六）建设工程施工合同中不履行协作义务的责任

13. 发包人不履行告知变更后的施工方案、施工技术交底、完善施工条件等协作义务，承包人有权要求赔偿停（窝）工损失。

（《第八次全国法院民事商事审判工作会议（民事部分）纪要》）

发包人不履行告知变更后的施工方案、施工技术交底、完善施工条件等协作义务致使承包人停（窝）工，以至难以完成工程项目建设的，承包人催告在合理期限内履行，发包人逾期仍不履行的，人民法院视违约情节，可以依据《合同法》第二百五十九条、第二百八十三条（现《民法典》第七百七十八条、第八百零三条）规定裁判顺延工期，并有权要求赔偿停（窝）工损失。

14. 承包人不履行配合工程档案备案、开具发票等协作义务，发包人可依法要求其限期履行、承担赔偿责任。

（《第八次全国法院民事商事审判工作会议（民事部分）纪要》）

承包人不履行配合工程档案备案、开具发票等协作义务，人民法院视违约情节，可以依据《合同法》第六十条、第一百零七条（现《民法典》第五百零九条、第五百七十七条）规定，判令承包人限期履行、赔偿损失等。

（七）建设工程施工合同的结算依据

15. 在当事人双方无特殊约定的情形下，转包合同的结算不以承包合同的结算为前提。

（《最高人民法院第五巡回法庭 2019 年第 5 次法官会议纪要》）

承包合同与转包合同仅具有事实上的牵连关系而非法律上的牵连关系，分属于独立合同。在当事人双方无特殊约定的情形下，转包合同的结算不以承包合同的结算为前提。实际施工人向承包人提交结算资料后，承包人理应在合理期间内审核并及时向实际施工人提出核定意见。承包人未对结算资料提出异议，而仅以发包人尚未与其结算作为抗辩事由的，应不予支持。

即便在发包人与承包人、承包人与实际施工人的不同诉讼中可能会出现工程价款差异，但此种差异乃是两个合同事实牵连关系的体现，不能作为其具有法律牵连的理由。实际施工人提交的结算资料具有"水分"只是可能而非现实，且承包人可以通过审核结算资料挤掉"水分"，而不能将此项工作完全交由发包人处理。承包人长期怠于行使此项权利，造成的损失应由其自行承担。

16. 不论是否属于必招项目，当事人选择以招标投标方式缔结合同，就应受招投标制度的约束，应以中标合同为据确定工程款。

（《最高人民法院第五巡回法庭 2019 年第 44 次法官会议纪要》）

甲公司选择以招投标方式缔结合同。经过招标、投标、开标、评标等环节，最终确定乙公司为中标人，并向其发送了《中标通知书》。按照要约、承诺合同订立的规定，甲公司的招标为要约邀请，乙公司的投标为要约，中标通知书为承诺。甲公司向乙公司发出《中标通知书》时，双方合同关系已经成立。乙公司在投标过程中所作的澄清系不构成对承诺的变更。根据《招标投标法》第四十六条的规定，双方不得再行订立背离合同实质性内容的其他协议。该条并未区分必招项目与非必招项目，应当一体适用。

17. 存在多份施工合同且均无效的情况下，工程价款的结算一般应参照符合当事人真实意思表示并实际履行的合同约定。

（公报案例〔2017〕最高法民终 175 号）

在当事人存在多份施工合同且均无效的情况下，一般应参照符合当事人真实意思表示并实际履行的合同作为工程价款结算依据；在无法确定实际履行合同时，可以根据两份争议合同之间的差价，结合工程质量、当事人过错、诚实信用原则等予以合理分配。

18. 在当事人未明确约定将行政审计作为确定民事法律关系依据的情况下，国家审计机关作出的审计报告，不必然影响双方结算协议的效力。

（公报案例〔2012〕民提字第 205 号）

根据审计法的规定，国家审计机关对工程建设单位进行审计是一种行政监督行为，在民事合同中，当事人对接受行政审计作为确定民事法律关系依据的约定，应当具体明确，而不能通过解释推定的方式，认为合同签订时，当事人已经同意接受国家机关的审计行为对民事法律关系的介入。在双方当事人已经通过结算协议确认了工程结算价款并已基本履行完毕的情况下，国家审计机关作出的审计报告，不影响双方结算协议的效力。

（八）项目经理对外借款的责任承担问题

19. 项目经理以工程项目部名义对外借款，在无法证明所借款项实际用于工程建设的情况下，应由项目经理个人承担还款责任。

（《最高人民法院第五巡回法庭 2019 年第 49 次法官会议纪要》）

项目经理以工程项目部名义对外借款由公司承担还款责任需要满足三个条件。

首先，行为人具有代理权外观。项目经理有权以公司名义进行与工程项目相关的活动。案涉行为人以项目经理的身份与相对人进行过多次与工程相关的活动，其所出具的借条上不仅签有公司项目经理的签名，且加盖有公司工程项目部的印章，因此，相对人有理由相信项目经理具有代理权。

其次，相对人善意且无过失。相对人知道或者应当知道项目经理只有权进行与工程有关的行为，对外借款一般情况下不属于其职责范围内的事务。在对外借款的情况下，借条上应写明所借款项的实际用途，否则无法证明相对人并无过失。

最后，所借款项实际用于工程建设。案涉借条上并未写明所借款项的实际用途，且借款均进入项目经理的个人账户，相对人亦无任何证据证明借款实际用于工程建设。因此，在无法证明所借款项实际用于工程建设的情况下，应由项目经理个人承担还款责任。

（九）建设工程合同效力

20. "未招先定"签订的建设工程施工合同无效。

（公报案例〔2017〕最高法民终175号）

《民法典》第一百五十三条第一款规定："违反法律、行政法规的强制性规定的民事法律行为无效。但是，该强制性规定不导致该民事法律行为无效的除外。"而《建工合同案件司法解释一（2020）》第一条规定："建设工程施工合同具有下列情形之一的，应当依据民法典第一百五十三条第一款的规定，认定无效：（三）建设工程必须进行招标而未招标或者中标无效的。"因此，根据上述规定，必须进行招标的项目，存在"未招先定"等违反《招标投标法》禁止性规定行为的，即使系经过招投标程序签订，并在建设行政主管部门进行备案的合同，该合同还是无效。

（十）施工合同无效时建设工程价款利息的处理

21. 建设工程施工合同被认定为无效，应从工程竣工验收合格交付始计付工程价款利息。

（公报案例〔2017〕最高法民终175号）

建设工程施工合同均被认定无效，一方面，合同约定的工程价款给付时间无法参照合同约定适用，另一方面，发包人支付工程欠款利息性质为法定孳息，建设工程竣工验收合格交付发包人后，其已实际控制，有条件对诉争建设工程行使占有、使用、收益权利，故从工程竣工验收合格交付计付工程价款利息符合当事人利益平衡。

（十一）涉及施工、竣工验收问题的处理

22. 提交竣工验收资料是施工单位的法定义务。

（公报案例〔2017〕最高法民终175号）

《建筑法》第六十一条第一款规定："交付竣工验收的建筑工程，必须符合规定的建筑工程质量标准，有完整的工程技术经济资料和经签署的工程保修书，并具备国家规定的其他竣工条件。"提交竣工验收资料是施工单位的法定义务，即使在特定情况下享有抗辩权，并不意味着可以一直不履行交付竣工资料的义务。

23. 承包人不可以发包人拒不付款为由拒绝返还施工资料。

（公报案例〔2014〕民一终字第69号）

已完工程的施工资料和全部工程图纸，承包方有义务交付和退还，这属于承包人的附随义务，与工程款不具有对价关系，故该义务不因发包人拒付工程款而免除，且根据《建工合同案件司法解释一（2020）》第六条第一款的规定"建设工程施工合同无效，一方当事人请求对方赔偿损失的，应当就对方过错、损失大小、过错与损失之间的因果关系承担举证责任"，故迟延交付、拒不交付竣工材料造成发包人损失时，承包人应予赔偿。

24. 未经发包人同意，承包人单方请求质检部门出具的验收报告及工程优良证书侵害

了发包人工程验收权利，不产生相应的法律效力。

（公报案例〔2010〕民提字第 210 号）

依照《合同法》第二百七十九条（现《民法典》第七百九十九条）、《建设工程质量管理条例》第十六条的规定，建设工程竣工后，发包人应当按照相关施工验收规定对工程及时组织验收，该验收既是发包人的义务，亦是发包人的权利。承包人未经发包人同意对工程组织验收，单方向质量监督部门办理竣工验收手续的，侵害了发包人工程验收权利。在此情况下，质检部门对该工程出具的验收报告及工程优良证书因不符合法定验收程序，不能产生相应的法律效力。

（十二）涉及停工损失的指导意见

25. 发包人提供错误的地质报告致使建设工程停工，当事人对停工时间未作约定或未达成协议的，应根据案件事实综合确定一定的合理期间作为停工时间。

（公报案例〔2011〕民提字第 292 号）

因发包人提供错误的地质报告致使建设工程停工，当事人对停工时间未作约定或未达成协议的，承包人不应盲目等待而放任停工状态的持续以及停工损失的扩大。计算导致停工损失的停工时间，也不能简单地以停工状态的自然持续时间为准，而是应根据案件事实综合确定一定的合理期间作为停工时间。